校园足球教学指导

任定猛　袁博　主编

北京体育大学出版社

策划编辑 佟　晖

责任编辑 佟　晖

责任校对 潘海英

版式设计 联众恒创

图书在版编目（CIP）数据

校园足球教学指导 / 任定猛，袁博主编 . — 北京：
北京体育大学出版社，2023.9
　　ISBN 978-7-5644-3874-6

　　Ⅰ . ①校… Ⅱ . ①任… ②袁… Ⅲ . ①足球运动—教
学研究—中小学 Ⅳ . ① G633.962

　　中国国家版本馆 CIP 数据核字 (2023) 第 157489 号

校园足球教学指导

XIAOYUAN ZUQIU JIAOXUE ZHIDAO

任定猛　袁博　主编

出版发行：北京体育大学出版社
地　　址：北京市海淀区农大南路 1 号院 2 号楼 2 层办公 B-212
邮　　编：100084
网　　址：http://cbs.bsu.edu.cn
发 行 部：010-62989320
邮 购 部：北京体育大学出版社读者服务部 010-62989432
印　　刷：三河市龙大印装有限公司
开　　本：787mm×1092mm　1/16
成品尺寸：185mm×260mm
印　　张：26
字　　数：666 千字
版　　次：2023 年 9 月第 1 版
印　　次：2023 年 9 月第 1 次印刷
定　　价：120.00 元

编 委 会

主　编：任定猛　袁　博

副主编：张　搏　肖　辉　李悦慷

编　委：（排名不分先后）

王雪婷　徐晓凡　陈　欢　于浩洋

高胜杰　赵宇航　王成楷　郭浩洋

何世明　郝若旻　高　哲　王静杰

张羽婕　刘　娟　刘艺珂　涂航博

赵建淮

目 录

第一章　校园足球课程教学概述

一、校园足球课程的教学理念

校园足球课程的教学理念是指在校园足球实践和理性认识的基础上，对其本质和规律的看法、持有的基本态度和观念，是从事校园足球教学活动的信念。校园足球课程的教学理念具有主观性、多样性和实践性的特征，可分为宏观、核心和操行三个层面。

（一）宏观层面的教学理念

宏观层面的教学理念内涵丰富，是校园足球战略设计和可持续发展的方向指引，是把校园足球统一于校园文化建设和全面教育的设计，是把足球作为教育的内容和素质教育的手段。校园足球要配合学校教育和家庭教育，与智育和德育达成同步，要利用足球项目的特点及其教育元素，促进学生身心、品行的全面发展和强健体魄的形成，并在普及的基础上发掘有足球天赋的学生，重视足球特长和专业人才的培养。

（二）核心层面的教学理念

核心层面的教学理念是校园足球的规划、宣传和组织实施的中心思想，反映和体现了校园足球的本质属性，以"足球游戏和比赛"作为核心教学内容，坚持"健康第一"的指导思想，促进学生的健康成长，以学生发展为中心，开展体育与健康的教学和学习活动。

（三）操行层面的教学理念

操行层面的教学理念是关于校园足球工作实践的具体操作思想。要让参与足球活动的学生每一堂课都感受到快乐，让学生没有任何压力和约束；要利用学生喜欢做游戏的心理，以游戏形式为主导，更多地采用有球、有同伴、有对手和有球门的游戏方法，把游戏作为主要的练习形式；以培养兴趣为基点和任务，使学生形成对足球的情感寄托，引导学生养成足球兴趣，让足球运动成为校园生活的一部分内容；要以比赛争胜为荣誉，培养团队精神和责任感。

二、校园足球课程的教学原则

校园足球课程的教学原则（图1-1）是足球教师在教学活动中所遵循的基本准则，是校园足球教学训练的基本规律和训练理念的反映，指导教师有效地开展教学工作，取得预期的教学效果。

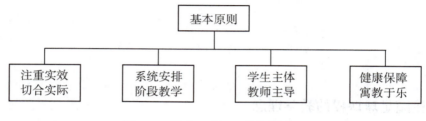

图 1-1　校园足球课程的教学原则

（一）注重实效，切合实际

实效性是检验教学效果的重要指标，教学过程中应注重提高理论教学和实践教学的效果，避免形式主义。教师在进行理论课授课的过程中，要充分考虑学生的智力水平、身心特点等因素，避免内容过于枯燥生硬；在实践课的教学过程中，要结合小学足球课训练人数多、场地有限、学生水平参差不齐等客观因素，设定教学目标、选择教学内容和方法，尽可能在有限的条件下切实提高学生的身心素质和足球运动技能。

（二）系统安排，阶段教学

知识、技能的学习是一个不断积累和循序渐进的过程，要求足球教师在制订足球教学计划时，要统筹协调好整个学年的教学安排，系统地设计教学的内容和结构，使学生较为全面地了解和掌握足球基本知识和技能。此外，学生的生长发育和运动技能的发展都具有阶段性特征，不同的运动技能和身体素质有着不同的发展敏感期，要求足球教师在保证教学训练连续性的前提下做好阶段性教学训练安排，抓住学生学习的敏感期，提升教学效果。

（三）学生主体，教师主导

在教学活动中应充分发挥学生的主观能动性，以学生为中心设计教学方法、手段，调动学生的学习兴趣，激发学习动机，从思想上提高学生参与足球训练的主动性，使学生的学习态度由"让我学"转变为"我想学"再到"我要学"。教师作为教学训练的设计者、组织者，应积极发挥主导作用，将教师的"教"与学生的"学"结合起来，在教学训练中把握好方向，引领学生朝着预设的教学目标稳步迈进。

（四）健康保障，寓教于乐

教学过程中，要始终把学生的健康和安全放在第一位，通过教学训练，使学生达到锻炼身体、掌握基本足球运动技能的目的，通过适当的组织和训练方式，使学生能够全身心地投入到教学活动中，体验到足球运动带来的乐趣，在此基础上，培养学生团结合作、积极拼搏的体育精神，以足球运动为教育手段，树立正确的人生观和价值观，达到教书育人的目的。

三、校园足球课程的教学目标

校园足球课程的教学目标是指在教学活动中所期待得到的学习结果，在教学中起着十分重要的导向作用，根据足球运动的特点以及学生的身心发育特征，可将课程教学目标分为技能、体能、知识和情感四个方面（图1-2）。

图1-2　校园足球课程的教学目标

（一）技能目标

通过足球实践课的教学，使学生掌握运球、传球、射门等基本技术动作，以及简单的2V1小组战术方法，并能够在足球比赛中熟练运用。

（二）体能目标

通过足球实践课的教学，提高学生的灵敏性、柔韧性、敏捷性等身体素质，达到增强学生体质、增进学生健康的目的，提高学生参与足球运动的积极性，养成良好的足球运动习惯。

（三）知识目标

通过学习足球理论课程和开展各种形式的足球文化活动，普及足球运动知识、竞赛规则、运动营养、运动防护等基本常识，进一步提高学生对于足球的全面认识。

（四）情感目标

通过组织学生参与足球活动，使学生从中体会到足球运动的乐趣，形成良好的个人品格和顽强的意志品质，学会积极面对与他人的合作和竞争，勇于展现自我，建立良好的人际关系。

四、校园足球课程的教学方法

校园足球课程的教学方法是指教师和学生在足球教学过程中，为了达到教学目标和完成教学任务，所采取的一系列方式和手段，包括教师"教的方法"和学生"学的方法"，两者相互联系，共同构成完整的教学方法。在足球课教学中，常见的教学方法有练习法、讲解示范法、纠错法、案例教学法、发现教学法、程序教学法和合作教学法。除此之外，还有许多其他的教学方法，如迁移教学法、微格教学法等。

教学方法是多种多样的，其应用也是灵活多变的。在运用教学方法时，应充分发挥教师的主导作用和学生的主体作用，提高教学质量。为此，需要注意以下几点。

（1）教师在选择教学方法时，应综合考虑教学目标、内容、时间、学生特点、教师自身的特点及教学环境等方面的因素，选择合适的、操作性强的教学方法。

（2）教师应掌握多种教学方法，明确各种方法的优缺点，根据实际情况灵活地进行运用和改变，从而使教学方法能够更加适合具体的足球教学实践活动，最大限度地发挥出教学方法的作用。

（3）在教学方法的选择上要注意关系的构建。加强教师和学生之间以及学生与学生之间的相互关系，从而培养学生的合作意识和竞争意识，加强凝聚力，引导学生心理和社会情感的良好发展。

五、校园足球教师的基本素养

校园足球教师既要具备体育教师的基本素养，也要具备足球教师的专业素养，从而体现出体育教师共性和足球专项教师个性的特点。

（1）教师是文化的传播者、学生的引路人，首先要具备过硬的思想政治素养和扎实的理论知识素养，要有忠于党和人民、无私奉献的精神和高度的责任感。这些是一名教师必须具有的品质。

（2）校园足球教师要具备相应的体育教学能力，能够通过各种教育教学手段启发学生积极思考，使学生积极参与教学活动。扎实的专业知识是教师开展教学训练的基础，体育教师只有掌握专业学科的理论知识，如教育学、体育心理学、运动训练学、运动生理学、学校体育学等学科知识，才能更好地完成教学训练任务，保证教学训练的科学性。

（3）作为一名校园足球教师，既要掌握足球教学训练的理论知识（包括足球技术、战术、身体素质的训练原理等），还应具备相应的教学示范能力，通过正确合理的示范加深学生对足球技术的理解，促进学生全面高效地学习。

六、校园足球课程教学的注意事项

（1）坚持健康第一的指导思想，促进学生健康成长。校园足球课程的教学应以促进学生身心健康为首要目标，课堂上要紧紧围绕"健康"开展教学。

（2）激发学生对足球运动的兴趣，培养学生体育锻炼的意识和习惯。兴趣是最好的教师，体育课是培养学生兴趣、贯彻终身体育的起跑线，教师在课堂教学中要避免上课内容生硬无味，形式枯燥。

（3）以学生为中心，关注个体差异，尽可能地保证每一位学生参与其中、受益其中。学生的主观能动性对提高课堂效果至关重要，在教学过程中应始终把学生的"学"放在第一位。

（4）根据学生全面发展的需求以及身心发展的特征，划分学习水平，制定课程目标和课程内容。不同年龄段的学生处在不同的运动能力发展敏感期，合理的教学内容和教学规划能够促进学生身心全面发展。

（5）注意教学内容与形式的多样化，避免学生产生不良情绪。小学生注意力集中时间短，理解能力弱且易情绪化，教师在上课过程中要根据学生的心理特点开展教学训练。

（6）注重教学之后学生的心理变化。一些学生在练习之后并不能达到理想的学习效果，特别是低年级学生，易产生自卑心理，此时授课教师应注意其心理的变化并对其进行安抚与疏导。

（7）加强校园足球文化的建设，使足球成为校园生活中不可缺少的一部分内容。

（8）加强学生的人生观与价值观教育，树立规则意识，培养学生的合作意识和坚韧不拔的意志品质。教师在教学过程中应积极主动地向学生传递正确的价值观，把足球运动作为教育手段，落实体教融合的教育理念。

第二章　校园足球课程的设计与实施

一、校园足球课程的结构划分与内容设计

（一）校园足球课程的结构划分

校园足球课程应依据教学原则结合教学目标和学生、教师、学校的实际情况，选择适宜的教学内容，设计教学内容的搭配结构。本书以身体素质、足球技战术、足球基本知识等作为课程的主要内容，通过"阶梯模型"的结构分别将不同模块和不同比例的内容呈现在小学阶段一至六年级足球教学的整个过程之中，具体结构如图 2-1 所示。

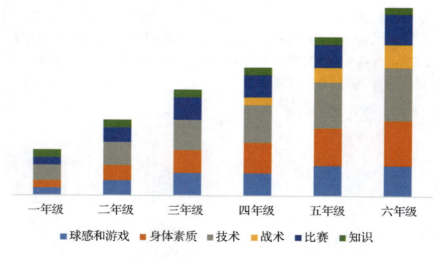

图 2-1　校园足球课程的阶梯模型

（二）校园足球课程的内容设计

校园足球课程的内容包括理论和实践两个方面。理论课主要以普及足球运动基本知识和体育健康知识为主。实践课中，在技战术层面，主要以足球运动中的球性、球感练习，以及运球、传球、射门、二过一等基本技战术为主，旨在使学生掌握基本的足球运动技能；在身体素质层面，把提高学生的灵敏性、协调性、柔韧性和反应能力等基本素质作为主要内容，全面培养学生的基本运动能力；同时将足球比赛作为培养学生兴趣、检验课堂教学效果的手段贯穿于整个教学课程之中。

1. 一年级

课程内容以认识足球、培养兴趣、磨炼基本技术为主（表 2-1）。

表 2-1　小学一年级足球课程内容

球感和游戏	身体素质	技术	比赛	知识
足球游戏	柔韧性	脚背正面运球	3V3、5V5比赛	足球故事
踩球	灵敏性	脚背外侧运球		
拉球	反应能力	脚内侧踢球		
颠球	协调性	脚内侧接球		
敲球		脚背正面踢球		

2. 二年级

课程内容仍以基本技术作为主要教学内容，同时增加了足球基本知识的学习（表 2-2）。

表 2-2　小学二年级足球课程内容

球感和游戏	身体素质	技术	比赛	知识
足球游戏	柔韧性	脚背正面运球	3V3、5V5比赛	足球基础知识
踩球	灵敏性	脚背外侧运球		
拉球	反应能力	脚内侧踢球		
颠球	协调性	脚内侧接球		
敲球		脚背正面踢球		

3. 三年级

随着学生身体素质的提高，在三年级的课程中加入了更多形式的球感和运球练习，同时进一步学习足球比赛规则（表 2-3）。

表 2-3　小学三年级足球课程内容

球感和游戏	身体素质	技术	比赛	知识
足球游戏	柔韧性	脚背正面运球	5V5、8V8比赛	足球比赛规则
踩球、敲球	灵敏性	脚背内、外侧运球		
拉球、推球	反应能力	脚内侧踢球		
颠球	协调性	脚内侧接球		
扣球、拨球		脚背正面踢球		

4. 四年级

进一步丰富足球教学内容，技术层面增加了射门和假动作的练习，同时增加了战术的学习（表2-4）。

表 2-4　小学四年级足球课程内容

球感和游戏	身体素质	技术	战术	比赛	知识
足球游戏	柔韧性	多部位接球	1V1	5V5、8V8比赛	足球比赛规则
踩球、敲球	灵敏性	多部位传球			
拉球、推球	反应能力	多部位运球			
扣球、拨球	协调性	射门			
颠球		假动作			

5. 五年级

随着学生的运动能力和理解能力的提高，在理论知识方面加入足球专项的运动营养和运动卫生知识（表2-5）。

表 2-5　小学五年级足球课程内容

球感和游戏	身体素质	技术	战术	比赛	知识
足球游戏	柔韧性	多部位接球	1V1	5V5、8V8比赛	运动营养
踩球、敲球	灵敏性	多部位传球	2V2		运动卫生
拉球、推球	反应能力	多部位运球			
扣球、颠球	协调性	射门			
		假动作			

6. 六年级

在巩固学习的基础上，进一步提高学生的足球运动技能，增加头顶球和空中球的传接练习以及实战比赛的课时，提高学生的足球技战术运用能力，同时普及运动防护的基础知识（表2-6）。

表 2-6　小学六年级足球课程内容

球感和游戏	身体素质	技术	战术	实战比赛	知识
足球游戏	柔韧性	多部位接球	1V1	5V5、8V8比赛	运动防护
踩球、敲球	灵敏性	多部位传球	2V2		
拉球、推球	反应能力	多部位运球			
扣球、颠球	协调性	射门			
	平衡能力	假动作			
	速度	头顶球和空中球			

二、校园足球教学的组织形式

校园足球教学的组织形式多种多样，主要包括足球课、足球比赛、校队训练、足球大课间、足球游戏、足球节、足球兴趣班等。每一种组织形式又可以细分，如足球课包括技术练习、对抗练习、素质练习、游戏、比赛、足球理论知识教学等；足球比赛包括赛前动员、赛前热身、比赛战术、比赛规则、比赛过程、赛后总结、赛前与赛后礼仪等。

校园足球教学中最主要的组织形式是足球课，足球课可划分为不同的类型和结构。

根据课程类型的不同，足球课分为技术学习课程、战术学习课程、比赛课程和理论课程等，其中技术学习课程是小学阶段的主体部分。技术学习课程的组织又可以分为基础学习与能力应用两部分，二者均要遵循循序渐进原则。校园足球教学较为常见的课程类型为比赛课程，比赛课程的目的主要是将前一阶段所学技战术进行实战应用，并检验教学效果。比赛的形式主要有五人制、八人制。理论课程主要内容是学习体育运动基础知识、学习足球比赛规则、伤病预防以及运动防护等。

在结构上，理论课程的教学环节包括导入部分、基本部分、结束部分，实践课程的教学环节包括准备部分（课前讲解、场地器材布置以及热身活动）、基本部分（技术、技能练习）和结束部分（放松拉伸与总结）（图 2-2）。

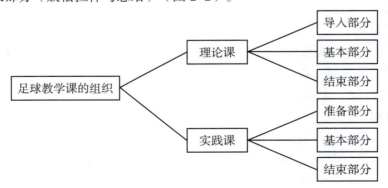

图 2-2　小学足球教学课的组织形式

三、校园足球课的组织与指导

校园足球课的组织与指导贯穿于整个教学过程中，是教学实施的重要保障。根据课程类型的不同，课堂的组织与指导也有着不同的形式和特点。

（一）足球教学理论课的组织

足球教学理论课的组织形式大多为室内教学，目的是让学生掌握足球基础理论知识和竞赛规则等内容。在小学阶段，通过在课堂讲授足球故事的方式，培养和激发学生对于足球运动的兴趣，随着学生身心的不断发展，逐渐在课堂中加入专业的理论知识，丰富学生对足球运动的认识。在理论教学中，教师应在传统讲授的基础上，运用现代化的多媒体技术，提高教学的趣味性，高效普及足球知识。

课程基本分为以下三个部分。

1. 导入部分

以提问或观看视频的形式引入课程的教学内容，让学生了解本节课的教学目标和主题，也可加入复习回顾的内容。

2. 基本部分

讲授本节课的主要内容，可以在教学中加入相关视频和动画，提高学生的兴趣。对于教学重点、难点内容，可以采用小组讨论和课堂作业等形式进行强化和掌握。

3. 结束部分

总结概括本节课的重点，可以采用抽查提问或知识竞赛的形式开展。最后布置课后作业，让学生对所学知识进行巩固并加深理解。

（二）足球教学实践课的组织

足球教学实践课主要以室外教学为主，需要教师对场地、器材、学生等进行组织安排。教师要在有限的时间内，进行快速有效的教学组织，最大限度地保证有效练习时间，从而提高教学质量。

1. 场地器材

教师在上课前，应提前检查场地和器材是否存在安全隐患，是否能满足教学需求。如不能，应及时做出调整；如一切正常，应根据教学设计提前将场地和器材摆放布置整齐，提前布置好练习场地，提高变换练习时的效率。

2. 学生分组

在校园足球课堂中，学生人数一般在40人左右，学生分组对组织教学是极为重要的。在上课之前，教师应根据教学的内容设计好学生分组的预案，在此基础之上，根据实际情况进行调整，保证教学的顺利进行。分组时，教师应考虑学生的训练水平、个人能力等因素，可以以小组为单位，设置小组长等方式进行练习，尽可能减少大面积的人员交换，也可以根据学生情况，进行个别调整。同时，教师还要考虑出现见习、伤病学生的情况，提前为他们做出安排。

3.教学环节

（1）准备部分：校园足球课程的时间短，课时少，为了让学生更多地接触足球，准备部分的热身活动应尽可能采用与教学主题相关的有球热身，可以采取足球游戏或简单的技术练习形式。同时，还要配合积极的拉伸，充分激活学生的肌肉和关节，避免受伤。

（2）基本部分：这一部分应该突出教学的重点内容，尽可能增加学生的触球次数，练习之间要相互联系，难度逐渐递进。同时，要合理安排练习时间和间歇时间，控制练习负荷。充分利用场地器材，尽可能减少转换练习时器材的重新摆放。教师还要根据学生状态和完成情况及时对练习做出调整，提高学生练习的质量和效果。

（3）结束部分：主要以放松拉伸为主，根据练习情况，也可以安排一些低负荷的游戏进行放松。此外，教师要对本节课进行简要的总结和客观评价，表扬优秀学生，树立学习的榜样，也要指出不足，明确努力方向。

（三）足球教学课的指导

在足球教学课中，教师的指导是帮助学生发现问题、解决问题、快速掌握正确动作的关键。教师要遵循校园足球教学课的指导步骤（图2-3），明确指导要点，有的放矢、卓有成效地进行教学指导。

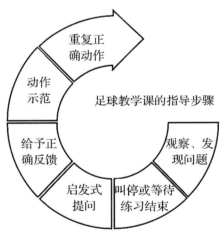

图2-3 校园足球教学课的指导步骤

1.以课程目标为重心进行指导

在足球教学课中，教师应该围绕本节课的课程目标进行有针对性的指导。校园足球课程时间紧，人数多，如果将所有出现的问题都进行指导，那么就很难取得良好的教学效果。因此，教师必须将本节课所要解决的主要问题作为重点指导内容，主要指导那些直接影响练习活动完成的关键点、难点和典型问题，重点突破才能取得好的指导效果。

2. 以学生为主体，有针对性地进行指导

教师在进行指导时，应充分考虑学生的个体差异，有针对性地进行指导。每名学生都是一个独立的个体，具有不同的训练水平、智力水平及个性特征。对训练水平较高、理解能力较强的学生可以适当地增加指导的深度；对能力相对较差的学生，主要以直观的示范指导为主；对性格较为内向的学生，以鼓励为主；对自尊心较强的学生，应注意指导时的语气。总之，教师应该以学生为主体，运用不同的指导方法对待不同的学生。此外，教师还要注意发挥学生骨干的辅助指导作用，营造团结合作的学习氛围，充分调动学生的主动性和积极性。

3. 进行启发式的指导

启发式的指导并不是教师直接将正确答案告诉学生，而是在教师的启发下，学生主动地领会和思考。学生在思考的过程中，可以对知识点有更深的理解，更加深刻地掌握知识和技能，再遇到相似的问题也能做到举一反三。因此，教师在进行指导时，应该以启发为主，充分发挥学生的主观能动性，提高学生独立思考和解决问题的能力。

4. 掌握不同教学阶段的指导方法

不同教学阶段有着不同的教学内容和指导要点，教师在指导时，应根据教学的不同阶段调整指导的时机、频率、方式和力度，以提高指导的效果。

（1）热身阶段：这一阶段的主要目标是让学生的身体得到充分的激活，进入良好的学习状态。在此阶段，教师应采用简短的提示性语言和口令、哨音等进行提醒，不做过多的集体指导，尽可能保持练习的连贯性。

（2）学习阶段：这一阶段主要为了让学生掌握正确的技术动作，建立正确的动作表象。在此阶段，教师的指导不应过多，要抓住重点，帮助学生初步形成动作轮廓即可，发现学生的共性问题，在练习间歇时进行整体或小组的示范讲解指导，在练习过程中发现学生个体反复出现的技术错误时，可进行单独指导。

（3）巩固和提高阶段：这一阶段主要为了让学生将所学动作连贯且灵活地表现出来，由技术转化为技能，并合理运用在实际比赛中。在此阶段，教师应紧扣教学主题，在练习间歇时间对于共性且突出的问题进行整体指导，同时，也可进行小组指导或单独指导。

第三章　校园足球教学课示例

一、小学一年级足球课

一年级足球教学计划

一年级足球教学计划见表3-1。

表3-1　一年级足球课教学计划（以32课时为例）

学习目标	学习内容		课时	教学要点
	类别	内容		
1.通过参与足球活动，促进学生身心健康，培养团队合作精神 2.通过技术教学法培养学生的球感 3.通过体验足球活动，激发学生的兴趣与自信心	游戏与球感	足球游戏、踩球、敲球、拉球、颠球	8	1.以结合球、多触球为主要教学指导思想 2.以游戏、比赛的形式培养学生对足球的兴趣 3.通过教学使学生掌握足球练习的基本方法
	技术	脚背正面、外侧、内侧运球	12	
		脚内侧踢球、接球		
		脚背正面踢球		
	身体素质	柔韧性、灵敏性、协调性、反应能力	4	
	比赛	小场地比赛	4	
	知识	足球故事	4	

一年级足球课教学课次内容示例

一年级足球教学课次内容示例见表 3-2。

表 3-2　一年级足球教学课次内容示例（以 32 课时为例）

一年级上学期		一年级下学期	
课次	主要内容	课次	主要内容（进阶）
第一课	学习原地两脚前脚交替掌踩球技术	第十七课	提高两脚前脚交替掌踩球技术
第二课	学习原地脚内侧敲球技术	第十八课	提高脚内侧敲球技术
第三课	学习原地前脚掌拉球技术	第十九课	提高前脚掌拉球技术
第四课	小场地 5V5 比赛	第二十课	小场地 5V5 比赛
第五课	学习脚背正面颠球技术	第二十一课	提高脚背正面颠球技术
第六课	学习脚背正面运球技术	第二十二课	学习脚内侧直线运球技术
第七课	复习脚背正面运球技术	第二十三课	复习脚内侧运球技术
第八课	身体素质练习	第二十四课	身体素质练习
第九课	学习脚背外侧运球技术	第二十五课	学习原地脚内侧传地滚球技术
第十课	复习脚背外侧运球技术	第二十六课	学习脚内侧传接球技术
第十一课	学习脚内侧踢地滚球技术	第二十七课	学习原地脚背正面踢地滚球技术
第十二课	学习脚内侧接球技术	第二十八课	巩固行进间脚内侧传接球技术
第十三课	身体素质练习	第二十九课	身体素质练习
第十四课	小场地 5V5 比赛	第三十课	小场地比赛
第十五课	足球比赛知识与兴趣培养	第三十一课	足球安全知识与兴趣培养
第十六课	足球技能考试	第三十二课	足球技能考试

一年级上学期
足球教学课次内容示例

第一课　学习原地两脚前脚交替掌踩球技术

技能目标：通过本节课的学习，学生基本掌握原地两脚前脚掌交替踩球的技术动作。
体能目标：通过练习，发展学生的灵敏性、协调性和平衡性。
情感目标：通过练习，提高学生的专注度和自信心，培养学生对足球的兴趣。

场区设置（教师可依教学实际情况进行调整）	课程结构（40min）
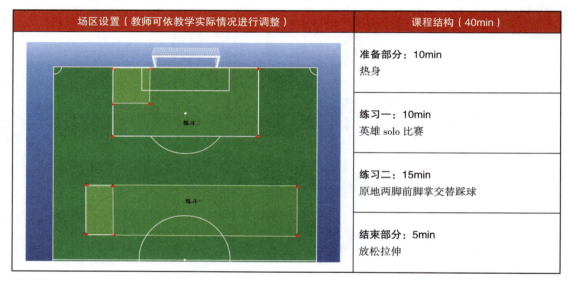	准备部分：10min 热身
	练习一：10min 英雄 solo 比赛
	练习二：15min 原地两脚前脚掌交替踩球
	结束部分：5min 放松拉伸

准备部分：热身	
场地设置	组织方法

场地设置		组织方法
场地	40m × 20m	1. 绕场地进行慢跑热身； 2. 教师将学生分成 4 排横队，所有人之间一臂间隔，教师带领学生做徒手操； 3. 徒手操包括：头部运动、肩部运动、扩胸运动、体转运动、腹背运动、弓步压腿、膝关节运动、手腕及踝关节运动。
时间	10min	
器材	无	
		指导要点
		1. 动作舒展、协调； 2. 注意力集中。

练习一：英雄 Solo 比赛

场地设置		组织方法
场地	10m×4m	1.教师将学生分成2人一组，共20组；（图示以3组为例） 2.每组2名学生相对而站，中间区域摆放足球； 3.听到教师的口令之后，学生迅速跑向中间争夺球，抱球跑回本方线后，得球多的一方获胜； 4.每组进行完练习后把足球放回原位。 变化：（1）增加一个口令，如跑、抱球； 　　　　（2）学生争夺足球前做不同的准备动作，如蹲下、趴下、坐下等； 　　　　（3）得到球的学生快速运球回到起始位置，无球的学生"抓捕"。
时间	10min：练习3min，间歇30s，共3组	
器材	足球、标志盘	

	指导要点
	1.注意力集中，快速反应； 2.注意学生的安全和秩序。

练习二：原地两脚前脚掌交替踩球

场地设置		组织方法
场地	12m×12m	1.教师将学生分成4人一组，共10组；（图示以1组为例） 2.每名学生1球，在区域内进行原地两脚前脚掌交替踩球练习； 3.在教师的口令下先进行分解动作练习，再过渡到两脚交替练习。 变化：球不动，学生转圈踩球练习。
时间	15min：练习3min，间歇1min，共4组	
器材	足球、标志盘	

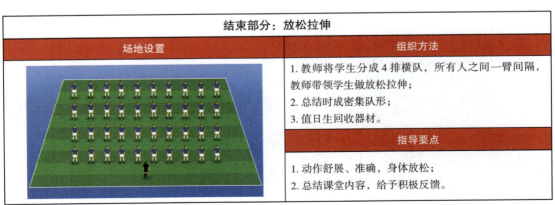

	指导要点
	1.触球时腿抬高，前脚掌触球正上方； 2.保持身体平衡，不要后仰，上肢放松，重心应在支撑脚上； 3.熟练后，尽量不看球进行练习。

结束部分：放松拉伸

场地设置	组织方法
	1.教师将学生分成4排横队，所有人之间一臂间隔，教师带领学生做放松拉伸； 2.总结时成密集队形； 3.值日生回收器材。

	指导要点
	1.动作舒展、准确，身体放松； 2.总结课堂内容，给予积极反馈。

第二课　学习原地脚内侧敲球技术

技能目标： 通过本节课的学习，学生基本掌握原地脚内侧敲球的技术动作。
体能目标： 通过练习，提高学生的速度，发展学生的协调性和平衡性。
情感目标： 通过练习，培养学生对足球的兴趣，提高学生的专注度。

场区设置（教师可依教学实际情况进行调整）	课程结构（40min）
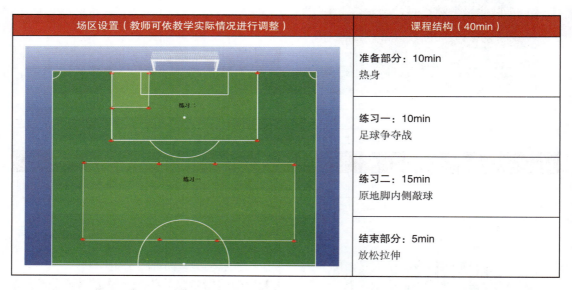	**准备部分：10min** 热身
	练习一：10min 足球争夺战
	练习二：15min 原地脚内侧敲球
	结束部分：5min 放松拉伸

准备部分：热身		
场地设置		**组织方法**
场地	40m×20m	1.绕场地进行慢跑热身；
时间	10min	2.教师将学生分成4排横队，所有人之间一臂间隔，教师带领学生做徒手操；
器材	无	3.徒手操包括：头部运动、肩部运动、扩胸运动、体转运动、腹背运动、弓步压腿、膝关节运动、手腕及踝关节运动。

指导要点
1.动作舒展、协调； 2.注意力集中。

练习一：足球争夺战

场地设置		组织方法
场地	20m×20m	1. 教师将学生分成 5 人一组，共 8 组，分两个场地；（图示以 4 组为例） 2. 每组学生占据一条边线，将足球放在 3m×3m 区域内； 3. 听到教师的口令之后，学生迅速跑向中间区域拿起一个足球放回自己出发的边线上，最先全部返回的小组得金牌，第二完成的小组得银牌，第三完成的得铜牌； 4. 每进行完一轮练习后把足球放回原位。 变化：（1）学生们返回时运球回到起始位置； （2）学生争夺足球前做不同的准备动作，如蹲下、趴下、坐下等； （3）改变返回时的位置。
时间	10min：练习 3min，间歇 30s，共 3 组	
器材	足球、标志桶、标志盘	

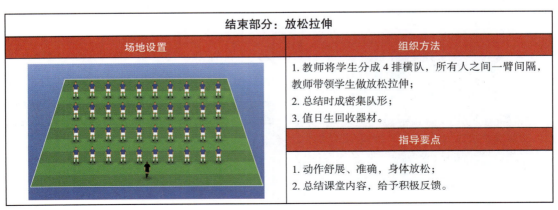

	指导要点
	1. 注意力集中，快速反应； 2. 注意学生的安全和秩序。

练习二：原地脚内侧敲球

场地设置		组织方法
场地	12m×12m	1. 教师将学生分成 4 人一组，共 10 组；（图示以 1 组为例） 2. 每名学生 1 球，在区域内进行脚内侧敲球练习； 3. 在教师的口令下先进行分解动作，再过渡到连续动作。 变化：进行敲球比赛，对累积 1 分钟敲球次数最多的组提出表扬。
时间	15min：练习 3min，间歇 1min，共 4 组	
器材	足球、标志盘	

	指导要点
	1. 两腿开立，与肩同宽，注意脚内侧触球部位准确性； 2. 保持身体平衡，上肢放松； 3. 熟练后，尽量不看球练习。

结束部分：放松拉伸

场地设置	组织方法
	1. 教师将学生分成 4 排横队，所有人之间一臂间隔，教师带领学生做放松拉伸； 2. 总结时成密集队形； 3. 值日生回收器材。
	指导要点
	1. 动作舒展、准确，身体放松； 2. 总结课堂内容，给予积极反馈。

第三课　学习原地前脚掌拉球技术

技能目标：通过本节课的学习，学生基本掌握原地前脚掌拉球的技术动作。
体能目标：通过练习，发展学生的灵敏性和协调性。
情感目标：通过练习，提高学生的专注度和自信心，培养学生的团队合作精神。

场区设置（教师可依教学实际情况进行调整）	课程结构（40min）
	**准备部分：10min** 热身
	练习一：10min 击鼓传球
	练习二：15min 原地前脚掌拉球
	结束部分：5min 放松拉伸

准备部分：热身	
场地设置	**组织方法**
场地　40m×20m 时间　10min 器材　无	1. 绕场地进行慢跑热身； 2. 教师将学生分成 4 排横队，所有人之间一臂间隔，教师带领学生做徒手操； 3. 徒手操包括：头部运动、肩部运动、扩胸运动、体转运动、腹背运动、弓步压腿、膝关节运动、手腕及踝关节运动。
	指导要点
	1. 动作舒展、协调； 2. 注意力集中。

练习一：击鼓传球

场地设置		组织方法
场地	10m × 10m	1. 教师将学生分成 10 人一组，共 4 组； 2. 每组学生站成一路纵队； 3. 教师击鼓开始，排头学生拿球依次向后上举传递，到最后一名学生时再向前传递，直到教师停止击鼓时，正在拿球的学生淘汰出局，若球在 2 名学生手中，2 人同时淘汰，传递中将球落到地上的学生淘汰； 4. 每组练习鼓停 5 次，最后累计剩余人数最多组获胜。 变化：（1）学生从胯下传递足球； 　　　（2）整体向前移动中进行传递。
时间	10min：练习 3min，间歇 30s，共 3 组	
器材	足球、小鼓、标志盘	
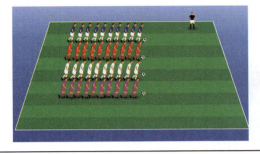		**指导要点**
		1. 注意观察，动作准确，将球递到同伴手中，注意团队配合； 2. 淘汰的学生可代替教师进行击鼓，教师进行指导。

练习二：原地前脚掌拉球

场地设置		组织方法
场地	12m × 12m	1. 每名学生 1 球在区域内进行前脚掌拉球练习；（图示以 4 名学生为例） 2. 在教师的口令下先进行分解动作，共 4 种动作： （1）左脚踩在球上，向外侧拉球； （2）左脚脚内侧将球横向推至右脚； （3）右脚前脚掌触球将球向外侧拉球； （4）右脚脚内侧将球横向推至左脚。 3. 分解动作熟练后再过渡到连续动作。 变化：循序渐进，逐渐加快动作速度。
时间	15min：练习 3min，间歇 1min，共 4 组	
器材	足球、标志盘	
		指导要点
		1. 上肢放松，注意力集中； 2. 前脚掌拉球后连接脚内侧向内推球的转换要紧凑； 3. 掌控触球点和力度； 4. 将球控制在身体重心下，注意身体重心的转换。

结束部分：放松拉伸

场地设置	组织方法
	1. 教师将学生分成 4 排横队，所有人之间一臂间隔，教师带领学生做放松拉伸； 2. 总结时成密集队形； 3. 值日生回收器材。
	指导要点
	1. 动作舒展、准确，身体放松； 2. 总结课堂内容，给予积极反馈。

第四课 小场地 5V5 比赛

技能目标：通过本节课的练习，提高学生在比赛中运用技术的能力。
体能目标：通过比赛，提高学生的速度，发展学生的协调性。
情感目标：通过比赛，培养学生的团队合作精神和竞争意识。

场区设置（教师可依教学实际情况进行调整）	课程结构（40min）
	**准备部分**：10min 热身 **练习**：25min 小场地 5V5 比赛 **结束部分**：5min 放松拉伸

准备部分：热身	
场地设置	**组织方法**

场地设置		组织方法
场地	40m×20m	1.绕场地进行慢跑热身； 2.教师将学生分成4排横队，所有人之间一臂间隔，教师带领学生做徒手操； 3.徒手操包括：头部运动、肩部运动、扩胸运动、体转运动、腹背运动、弓步压腿、膝关节运动、手腕及踝关节运动。
时间	10min	
器材	无	

指导要点

1.动作舒展、协调；
2.注意力集中。

练习：小场地 5V5 比赛	
场地设置	**组织方法**

场地	25m × 15m
时间	25min：练习 10min，间歇 5min，共 2 组
器材	足球、球门

组织方法

1. 教师将学生分为 5 人一组，共 8 组；（图示以 2 组为例）
2. 8 组学生分别在编号为 1、2、3、4 的四块场地进行比赛，比赛分为两节，每节 10min；
3. 第一节比赛结束后，1 号场地和 2 号场地的队伍随机交换比赛对手，3 号场地和 4 号场地的队伍随机交换比赛对手，继续进行第二节比赛。

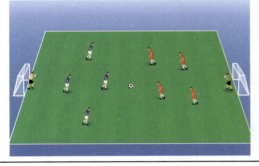

指导要点

1. 比赛中积极运用所学技术；
2. 比赛中互相协作及交流；
3. 比赛中互相鼓励，积极参与。

结束部分：放松拉伸	
场地设置	**组织方法**

组织方法

1. 教师将学生分成 4 排横队，所有人之间一臂间隔，教师带领学生做放松拉伸；
2. 总结时成密集队形；
3. 值日生回收器材。

指导要点

1. 动作舒展、准确，身体放松；
2. 总结课堂内容，给予积极反馈。

第五课 学习脚背正面颠球技术

技能目标：通过本节课的学习，学生基本掌握脚背正面颠球的技术动作。
体能目标：通过练习，发展学生的灵敏性和协调性。
情感目标：通过练习，培养学生的专注度和团队合作精神。

场区设置（教师可依教学实际情况进行调整）	课程结构（40min）
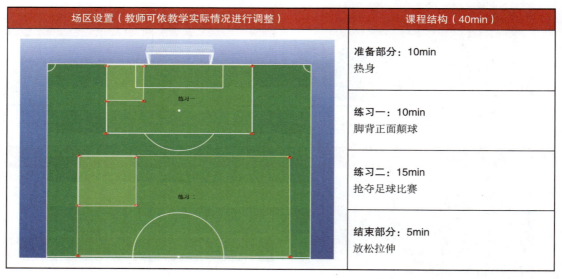	**准备部分**：10min 热身
	练习一：10min 脚背正面颠球
	练习二：15min 抢夺足球比赛
	结束部分：5min 放松拉伸

准备部分：热身		

场地设置		组织方法
场地	40m×20m	1. 绕场地进行慢跑热身；
时间	10min	2. 教师将学生分成4排横队，所有人之间一臂间隔，教师带领学生做徒手操；
器材	无	3. 徒手操包括：头部运动、肩部运动、扩胸运动、体转运动、腹背运动、弓步压腿、膝关节运动、手腕及踝关节运动。

指导要点
1. 动作舒展、协调； 2. 注意力集中。

练习一：脚背正面颠球

场地设置		组织方法

场地设置		组织方法
场地	12m×12m	1.教师将学生分成4人一组，共10组；（图示以1组为例） 2.每名学生1球，在标志盘规定的区域内练习脚背正面颠球技术； 3.学生自己向上轻轻抛球，随后看准球下坠后弹起的路线，伸展脚腕轻轻击球的中下部，使球向上弹起。 变化：（1）衔接击球，使球不落到地面； 　　　（2）左右脚交替击球。
时间	10min：练习3min，间歇30s，共3组	
器材	足球、标志盘	

指导要点

1.脚向前上方摆动，伸展脚腕，用脚背正面去踢球；
2.击球时踝关节固定，击球的中下部；
3.身体其他部位放松，防止身体僵硬；
4.把握击球的时机。

练习二：抢夺足球比赛

场地设置		组织方法
场地	20m×4m	1.教师将学生分成10人一组，共4组；（图示以1组为例） 2.将每组学生分为两队，站在标志盘区域外等待，并在中间中线处放一个足球； 3.听教师哨声后，双方迅速冲上抢球，首先得到球权者获胜。 变化：增加两个小球门，拿到球以后，将球射入球门得分。
时间	15min：练习3min，间歇1min，共4组	
器材	足球、标志盘	

指导要点

1.等待学生在区域外等候，哨声响起前不得超过标志盘区域；
2.引导学生在触球前降低重心，避免碰撞。

结束部分：放松拉伸

场地设置	组织方法

1.教师将学生分成4排横队，所有人之间一臂间隔，教师带领学生做放松拉伸；
2.总结时成密集队形；
3.值日生回收器材。

指导要点

1.动作舒展、准确，身体放松；
2.总结课堂内容，给予积极反馈。

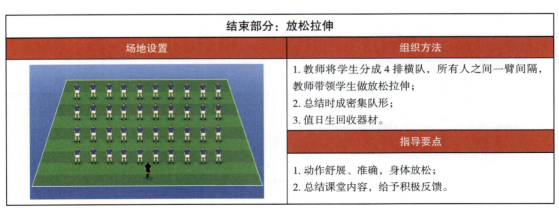

第六课　学习脚背正面运球技术

技能目标：通过本节课的学习，学生初步掌握脚背正面运球技术。
体能目标：通过练习，发展学生的协调性。
情感目标：通过练习，提高学生的专注度和自信心。

场区设置（教师可依教学实际情况进行调整）	课程结构（40min）
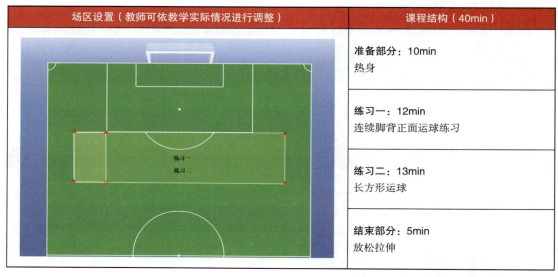	**准备部分：10min** 热身
	练习一：12min 连续脚背正面运球练习
	练习二：13min 长方形运球
	结束部分：5min 放松拉伸

准备部分：热身	
场地设置	**组织方法**

场地	40m×20m	1. 绕场地进行慢跑热身； 2. 教师将学生分成 4 排横队，所有人之间一臂间隔，教师带领学生做徒手操； 3. 徒手操包括：头部运动、肩部运动、扩胸运动、体转运动、腹背运动、弓步压腿、膝关节运动、手腕及踝关节运动。
时间	10min	
器材	无	

	指导要点
	1. 动作舒展、协调； 2. 注意力集中。

练习一：连续脚背正面运球练习

场地设置		组织方法
场地	10m×5m	1.教师将学生分成5人一组，共8组；（图示以3组为例） 2.教师发出指令，排头学生用脚背正面运球到达对面，交给下一名学生，下一名学生接球后，同样运球到对面，循环练习。 变化：左右脚交替运球。
时间	12min：练习2min，间歇30s，共5组	
器材	足球、标志盘	

	指导要点
	1.运球时上体稍微前倾，身体放松； 2.运球时脚腕收紧，脚尖指向地面； 3.脚背正面触球后中部； 4.控制触球力量，触完球身体快速跟进。

练习二：长方形运球

场地设置		组织方法
场地	10m×5m	1.教师将学生分成8人一组，共5组；学生持球站在标志盘外侧；（图示以1组为例） 2.教师发出指令，排头学生外脚背正面运球，逆时针围着标志盘组成的四边形运球，一个指令出发一名学生； 3.等所有学生运球一圈后，开始第二轮运球。 变化：（1）一次出发两个学生； 　　　（2）顺时针方向运球。
时间	13min：练习4min，间歇30s，共3组	
器材	足球、标志盘	

	指导要点
	1.跑动时身体自然放松，上体前倾，两臂自然摆动； 2.运球时运球脚提起，膝关节弯曲，脚尖向下，脚面绷紧； 3.注意触球部位准确，触球后身体快速跟进。

结束部分：放松拉伸

场地设置	组织方法
	1.教师将学生分成4排横队，所有人之间一臂间隔，教师带领学生做放松拉伸； 2.总结时成密集队形； 3.值日生回收器材。

指导要点
1.动作舒展、准确，身体放松； 2.总结课堂内容，给予积极反馈。

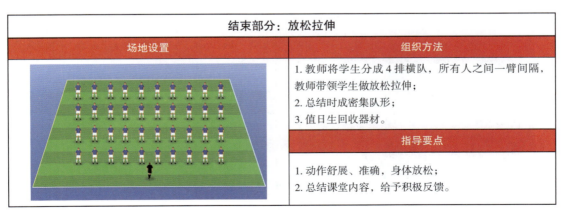

第七课　复习脚背正面运球技术

技能目标： 通过本节课的学习，学生熟练掌握脚背正面运球技术。
体能目标： 通过练习，发展学生的灵敏性和协调性。
情感目标： 通过练习，提高学生的专注度和自信心，加强同学间的交流。

场区设置（教师可依教学实际情况进行调整）	课程结构（40min）
	准备部分：10min 热身
	练习一：12min 运球游戏
	练习二：13min 脚背正面运球
	结束部分：5min 放松拉伸

准备部分：热身	
场地设置	**组织方法**
场地　40m×20m 时间　10min 器材　无	1. 绕场地进行慢跑热身； 2. 教师将学生分成4排横队，所有人之间一臂间隔，教师带领学生做徒手操； 3. 徒手操包括：头部运动、肩部运动、扩胸运动、体转运动、腹背运动、弓步压腿、膝关节运动、手腕及踝关节运动。
	指导要点
	1. 动作舒展、协调； 2. 注意力集中。

练习一：运球游戏

场地设置		组织方法
场地	15m×4m	1. 教师将学生分成5人一组，共8组；（图示以4组为例） 2. 每名学生1球，教师发出指令后，每组排头学生从起点向终点运球。运球时，如教师吹哨，则学生将球踩停，没有踩到球的学生返回前一次起始位置，教师再吹哨，学生继续运球； 3. 第一组全部到达终点后第二组开始。 变化：（1）限制触球次数； 　　　（2）左右脚交替进行练习。
时间	12min：练习2min，间歇30s，共5组	
器材	足球、标志盘	

指导要点
1. 运球时保持节奏，不盲目追求运球速度； 2. 注意力集中，反应迅速。

练习二：脚背正面运球

场地设置		组织方法
场地	15m×4m	1. 教师将学生分成5人一组，共8组，一人一球；（图示以4组为例） 2. 教师发出指令，每组排头学生从起点处脚背正面运球向终点（起点与终点相距15m）； 3. 全部学生运球到终点后，教师讲解要点，再按先前顺序运球回起点。 变化：可以各组竞赛，用时最少的组获胜。
时间	13min：练习4min，间歇30s，共3组	
器材	足球、标志盘	

指导要点
1. 运球时身体放松，重心降低，上半身稍微前倾； 2. 运球过程中注意抬头观察； 3. 脚背正面触球； 4. 注意触球的力量与运球的节奏； 5. 将球控制在身体范围之内。

结束部分：放松拉伸

场地设置	组织方法
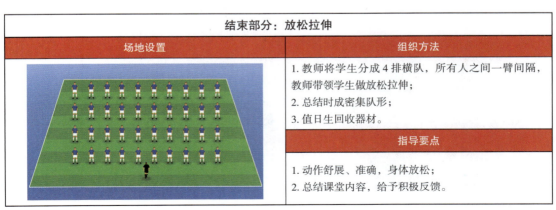	1. 教师将学生分成4排横队，所有人之间一臂间隔，教师带领学生做放松拉伸； 2. 总结时成密集队形； 3. 值日生回收器材。

指导要点
1. 动作舒展、准确，身体放松； 2. 总结课堂内容，给予积极反馈。

第八课　身体素质练习

体能目标：通过练习，发展学生的灵敏性。
情感目标：通过练习，培养学生对足球的兴趣，增强学生的团队意识。

场区设置（教师可依教学实际情况进行调整）	课程结构（40min）
	准备部分：10min 热身
	练习一：10min 球感游戏
	练习二：15min 灵敏练习
	结束部分：5min 放松拉伸

准备部分：热身	
场地设置	组织方法

场地	40m×20m	1.绕场地进行慢跑热身； 2.教师将学生分成4排横队，所有人之间一臂间隔，教师带领学生做徒手操； 3.徒手操包括：头部运动、肩部运动、扩胸运动、体转运动、腹背运动、弓步压腿、膝关节运动、手腕及踝关节运动。
时间	10min	
器材	无	
		指导要点
		1.动作舒展、协调； 2.注意力集中。

练习一：球感游戏	
场地设置	**组织方法**

场地	20m×20m
时间	10min：练习 3min，间歇 30s，共 3 组
器材	足球、标志盘

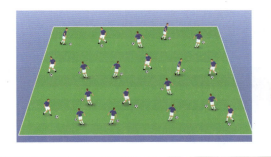

组织方法

1. 教师将学生分为 20 人一组，共 2 组；（图示以 1 组为例）
2. 学生在 20m×20m 区域内自由运球；
3. 教师发出"头""膝盖""脚踩球"等指令，学生听到指令后分别用以上部位触球；
4. 反应最慢者或没有把球控制好的学生被淘汰出圈，作为裁判员继续参与游戏。
变化：（1）改变场地大小；
　　　（2）教师丰富下达指令的形式（使用不同颜色的标志盘、手势等）。

指导要点

1. 集中注意力，快速反应；
2. 运球时将球控制在脚下，随时抬头观察。

练习二：灵敏练习	
场地设置	**组织方法**

场地	20m×20m
时间	15min：练习 3min，间歇 1min，共 4 组
器材	足球、标志盘

组织方法

1. 教师将学生分为 10 人一组，共 4 组；（图示以 1 组为例）
2. 每组两人背对背，间隔 4m，中线放置足球；
3. 听教师指令开始做动作（纵跳、高抬腿、小步跑等）；
4. 再次吹哨后开始用手抢球，抢到球后转身冲刺到标志盘结束。
变化：（1）改为用脚抢球、运球；
　　　（2）限制使用左脚或者右脚抢球、运球；
　　　（3）可以让没抢到球的学生变为防守者，追赶抢到球的学生。

指导要点

1. 集中注意力，快速反应；
2. 要求动作完成质量。

结束部分：放松拉伸	
场地设置	**组织方法**

组织方法

1. 教师将学生分成 4 排横队，所有人之间一臂间隔，教师带领学生做放松拉伸；
2. 总结时成密集队形；
3. 值日生回收器材。

指导要点

1. 动作舒展、准确，身体放松；
2. 总结课堂内容，给予积极反馈。

第九课 学习脚背外侧运球技术

> **技能目标：**通过本节课的学习，学生初步掌握脚背外侧运球技术。
> **体能目标：**通过练习，发展学生的灵敏性、协调性、平衡性。
> **情感目标：**通过练习，提高学生的专注度，加强同学间的交流。

场区设置（教师可依教学实际情况进行调整）	课程结构（40min）
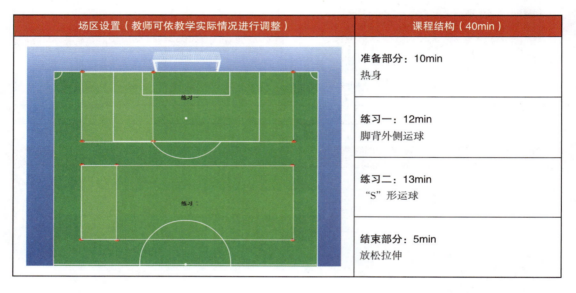	**准备部分：**10min 热身
	练习一：12min 脚背外侧运球
	练习二：13min "S"形运球
	结束部分：5min 放松拉伸

准备部分：热身	

场地设置		组织方法
场地	40m×20m	1.绕场地进行慢跑热身； 2.教师将学生分成4排横队，所有人之间一臂间隔，教师带领学生做徒手操； 3.徒手操包括：头部运动、肩部运动、扩胸运动、体转运动、腹背运动、弓步压腿、膝关节运动、手腕及踝关节运动。
时间	10min	
器材	无	

	指导要点
	1.动作舒展、协调； 2.注意力集中。

练习一：脚背外侧运球

场地设置		组织方法
场地	20m×20m	1. 教师将学生分成5人一组，共8组；（图示以2组为例）
时间	12min：练习2min，间歇30s，共5组	2. 5名学生一组站在标志盘的起点，每名学生1个球；
器材	足球、标志盘	3. 教师发出指令，排头学生开始运球，按图示路线进行脚背外侧运球；运球10m到终点后返回起始位置。

变化：（1）一次出发2个学生；
　　　（2）熟练后进行接力比赛。

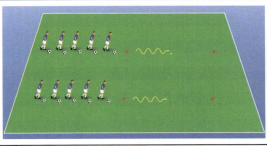

指导要点

1. 运球时上体稍微前倾，身体放松；
2. 运球时脚腕收紧，脚尖斜30°~40°指向地面；
3. 脚背外侧触球的中后部；
4. 控制触球力量，触完球身体快速跟进。

练习二："S"形运球

场地设置		组织方法
场地	20m×10m	1. 教师将学生分成5人一组，共8组，每名学生1个球；（图示以2组为例）
时间	13min：练习4min，间歇30s，共3组	2. 教师发出指令，排头学生脚背外侧运球，运球路线为"S"形；
器材	足球、标志盘	3. 全部学生运球到终点后短暂休息，然后运球回到起始位置。

变化：各组竞赛，每次出发一个学生，运球到终点后下一个学生开始，用时最少的组获胜。

指导要点

1. 运球时身体放松，重心降低，上半身稍微前倾；
2. 运球过程中注意抬头观察；
3. 脚背外侧触球；
4. 变向时注意蹬地加速；
5. 注意触球的力量与运球的节奏；
6. 将球控制在身体范围之内。

结束部分：放松拉伸

场地设置	组织方法
	1. 教师将学生分成4排横队，所有人之间一臂间隔，教师带领学生做放松拉伸；
	2. 总结时成密集队形；
	3. 值日生回收器材。

指导要点

1. 动作舒展、准确，身体放松；
2. 总结课堂内容，给予积极反馈。

第十课　复习脚背外侧运球技术

技能目标：通过本节课的复习，学生熟练掌握脚背外侧运球技术。
体能目标：通过练习，发展学生的灵敏性、协调性、平衡性。
情感目标：通过练习，提高学生的专注度和自信心，加强同学间的交流。

场区设置（教师可依教学实际情况进行调整）	课程结构（40min）
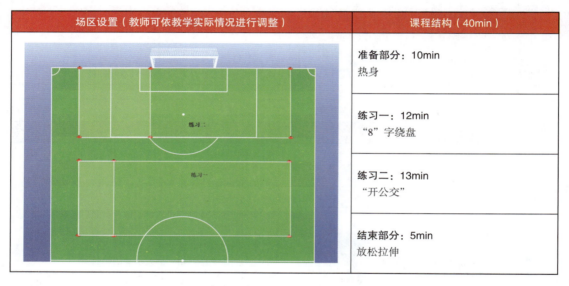	**准备部分：10min** 热身
	练习一：12min "8"字绕盘
	练习二：13min "开公交"
	结束部分：5min 放松拉伸

准备部分：热身	
场地设置	组织方法

场地设置		组织方法
场地	40m×20m	1. 绕场地进行慢跑热身； 2. 教师将学生分成4排横队，所有人之间一臂间隔，教师带领学生做徒手操； 3. 徒手操包括：头部运动、肩部运动、扩胸运动、体转运动、腹背运动、弓步压腿、膝关节运动、手腕及踝关节运动。
时间	10min	
器材	无	

指导要点
1. 动作舒展、协调； 2. 注意力集中。

练习一："8"字绕盘

场地设置		组织方法
场地	8m×4m	1.教师将学生分成2人一组，共20组，每名学生1个球。（图示以3组为例）
时间	12min：练习2min，间歇30s，共5组	2.每名学生两个标志盘，在规定区域内使用脚背外侧围绕标志盘进行"8"字运球练习，练习过程中只允许脚背外侧触球。
器材	足球、标志盘	变化：左右脚交替练习。

指导要点

1. 运球时重心降低，控制好触球力量；
2. 运球时注意触球的部位要准确；
3. 切勿一直低头看球，注意抬头观察。

练习二："开公交"

场地设置		组织方法
场地	10m×10m	1.教师将学生分成8人一组，共5组，学生为"巴士司机"，要尽量确保"乘客"（球）安全通过每个"站点"（标志盘）回到起点；（图示以1组为例）
时间	13min：练习4min，间歇30s，共3组	2.教师发出指令，排头学生使用脚背外侧运球，沿着标志盘1-2-3-4-4-3-2-1的路线依次通过各站点；
器材	足球、标志桶	变化：（1）通过标志盘时转一圈再继续运球；（2）改变通过站点的顺序。

指导要点

1. 上肢放松，注意抬头观察；
2. 使用脚背外侧触球的后中部，控制触球力量；
3. 变向时重心降低，触球后身体快速跟进。

结束部分：放松拉伸

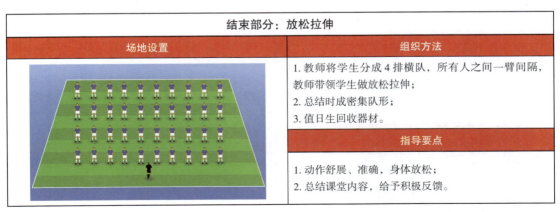

组织方法

1. 教师将学生分成4排横队，所有人之间一臂间隔，教师带领学生做放松拉伸；
2. 总结时成密集队形；
3. 值日生回收器材。

指导要点

1. 动作舒展、准确，身体放松；
2. 总结课堂内容，给予积极反馈。

第十一课　学习脚内侧踢地滚球技术

技能目标：通过本节课的学习，学生基本掌握脚内侧踢地滚球的技术动作。
体能目标：通过练习，发展学生的协调性和平衡性。
情感目标：通过练习，培养学生的团队合作精神和竞争意识。

场区设置（教师可依教学实际情况进行调整）	课程结构（40min）
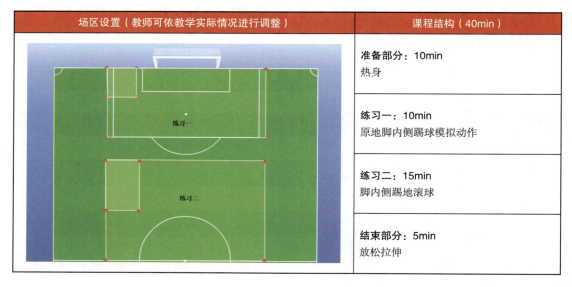	**准备部分：10min** 热身
	练习一：10min 原地脚内侧踢球模拟动作
	练习二：15min 脚内侧踢地滚球
	结束部分：5min 放松拉伸

准备部分：热身	
场地设置	**组织方法**

场地	40m×20m
时间	10min
器材	无

组织方法

1. 绕场地进行慢跑热身；
2. 教师将学生分成 4 排横队，所有人之间一臂间隔，教师带领学生做徒手操；
3. 徒手操包括：头部运动、肩部运动、扩胸运动、体转运动、腹背运动、弓步压腿、膝关节运动、手腕及踝关节运动。

指导要点

1. 动作舒展、协调；
2. 注意力集中。

练习一：原地脚内侧踢球模拟动作

场地设置		组织方法
场地	6m×4m	1. 教师将学生分为2人一组，共20组；（图示以4组为例） 2. 每组学生在规定的区域内，面对面进行原地脚内侧踢地滚球的动作模拟练习； 3. 一名学生用前脚掌抵住球，另一名学生做原地脚内侧踢球动作模拟练习。 变化：（1）变换踢球脚（右脚，左脚）； （2）加入助跑。
时间	10min：练习4min，间歇2min，共2组	
器材	足球、标志盘	
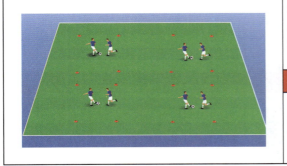		**指导要点**
		1. 支撑脚离球一拳左右，脚尖指向出球的方向； 2. 触球时脚掌与地面平行，用脚内侧踢球中部或中下部，紧绷脚踝； 3. 动作连贯。

练习二：脚内侧踢地滚球

场地设置		组织方法
场地	10m×4m	1. 教师将学生分为2人一组，共20组；（图示以3组为例） 2. 两名学生在规定区域内，进行脚内侧传地滚球练习。 变化：（1）改变踢球脚（右脚，左脚）； （2）改变传球距离； （3）以组间竞赛的形式，比较各组在规定时间内的传球次数，次数最多的组获胜。
时间	15min：练习3min，间歇1min，共4组	
器材	足球、标志盘	
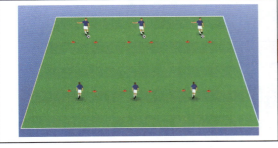		**指导要点**
		踢球动作要点同练习一。此外，还要注意当膝关节摆动接近球的正上方时小腿做快速摆动，击球后身体跟随向前移动，髋关节向前送。

结束部分：放松拉伸

场地设置	组织方法
	1. 教师将学生分成4排横队，所有人之间一臂间隔，教师带领学生做放松拉伸； 2. 总结时成密集队形； 3. 值日生回收器材。
	指导要点
	1. 动作舒展、准确，身体放松； 2. 总结课堂内容，给予积极反馈。

第十二课　学习脚内侧接球技术

> **技能目标**：通过本节课的学习，学生基本掌握脚内侧接球的技术动作。
> **体能目标**：通过练习，发展学生的协调性和平衡性。
> **情感目标**：通过练习，提高学生的专注度。

场区设置（教师可依教学实际情况进行调整）	课程结构（40min）
	**准备部分**：10min 热身
	练习一：10min 原地脚内侧接球
	练习二：15min 移动脚内侧接球
	结束部分：5min 放松拉伸

准备部分：热身	
场地设置	**组织方法**
场地　40m×20m 时间　10min 器材　无	1. 绕场地进行慢跑热身； 2. 教师将学生分成4排横队，所有人之间一臂间隔，教师带领学生做徒手操； 3. 徒手操包括：头部运动、肩部运动、扩胸运动、体转运动、腹背运动、弓步压腿、膝关节运动、手腕及踝关节运动。
	指导要点
	1. 动作舒展、协调； 2. 注意力集中。

练习一：原地脚内侧接球

场地设置	
场地	10m × 4m
时间	10min：练习 3min，间歇 30s，共 3 组
器材	足球、标志盘

组织方法

1. 教师将学生分成 2 人一组，共 20 组；（图示以 3 组为例）
2. 每组学生在规定区域的两侧，面对面站立；
3. 学生相互进行脚内侧传球，将球接到脚下。
变化：改变接球脚（右脚，左脚）。

指导要点

1. 接球前观察，调整身体姿态，同侧肩正对来球方向；
2. 支撑腿到位，脚尖正对来球；
3. 接球腿屈膝抬高，膝、踝关节外展，脚尖微翘，脚底基本与地面平行，脚内侧对准来球，脚内侧稍前迎去接球，触球时顺着球的运行方向引撤缓冲，将球接到自己所需的位置；
4. 身体重心跟上，衔接下一个动作。

练习二：移动脚内侧接球

场地设置	
场地	10m × 10m
时间	15min：练习 3min，间歇 1min，共 4 组
器材	足球、标志盘

组织方法

1. 教师将学生分成 2 人一组，共 20 组；（图示以 1 组为例）
2. 学生在规定区域的两侧，面对面站立；
3. 一侧学生传球，另一侧学生向左右两个标志盘移动进行接球；
4. 练习一组后，两人交换进行练习。
变化：（1）改变接球脚（右脚，左脚）。
　　　（2）两侧同时进行练习。

指导要点

1. 接球前调整身体姿势，脚下移动要快；
2. 注意支撑脚站位；
3. 接球时要用脚内侧触球引撤，固定脚形。

结束部分：放松拉伸

场地设置	

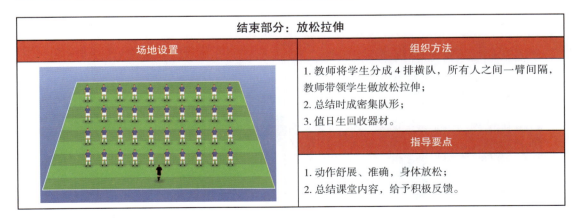

组织方法

1. 教师将学生分成 4 排横队，所有人之间一臂间隔，教师带领学生做放松拉伸；
2. 总结时成密集队形；
3. 值日生回收器材。

指导要点

1. 动作舒展、准确，身体放松；
2. 总结课堂内容，给予积极反馈。

第十三课　身体素质练习

体能目标：通过练习，发展学生的灵敏性。
情感目标：通过练习，培养学生的自信心。

场区设置（教师可依教学实际情况进行调整）	课程结构（40min）
	**准备部分：**10min 热身
	练习一：10min 敏捷梯练习
	练习二：15min "8"字灵敏跑
	结束部分：5min 放松拉伸

准备部分：热身	
场地设置	**组织方法**

场地	40m×20m
时间	10min
器材	无

组织方法：
1. 绕场地进行慢跑热身；
2. 教师将学生分成 4 排横队，所有人之间一臂间隔，教师带领学生做徒手操；
3. 徒手操包括：头部运动、肩部运动、扩胸运动、体转运动、腹背运动、弓步压腿、膝关节运动、手腕及踝关节运动。

指导要点

1. 动作舒展、协调；
2. 注意力集中。

练习一：敏捷梯练习

场地设置		组织方法
场地	20m×10m	1.教师将学生分成5人一组，共8组；（图示以2组为例） 2.学生从标志盘出发，采用左右脚交替、一步一格的方法通过敏捷梯，然后加速跑至对面标志盘结束。 变化：（1）可根据学生能力变为两步一格、三步一格等练习，循序渐进提高难度； （2）变换步法，如开合跳、单脚跳等。
时间	10min：练习3min，间歇30s，共3组	
器材	敏捷梯、标志盘	

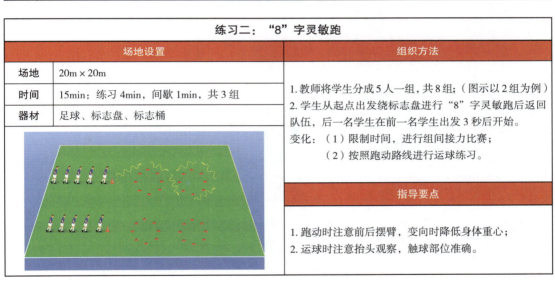

指导要点

1.注意手脚协调性；
2.要求动作频率；
3.练习全力以赴。

练习二："8"字灵敏跑

场地设置		组织方法
场地	20m×20m	1.教师将学生分成5人一组，共8组；（图示以2组为例） 2.学生从起点出发绕标志盘进行"8"字灵敏跑后返回队伍，后一名学生在前一名学生出发3秒后开始。 变化：（1）限制时间，进行组间接力比赛； （2）按照跑动路线进行运球练习。
时间	15min：练习4min，间歇1min，共3组	
器材	足球、标志盘、标志桶	

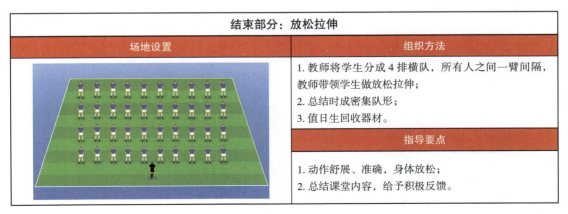

指导要点

1.跑动时注意前后摆臂，变向时降低身体重心；
2.运球时注意抬头观察，触球部位准确。

结束部分：放松拉伸

场地设置	组织方法
	1.教师将学生分成4排横队，所有人之间一臂间隔，教师带领学生做放松拉伸； 2.总结时成密集队形； 3.值日生回收器材。

指导要点

1.动作舒展、准确，身体放松；
2.总结课堂内容，给予积极反馈。

第十四课 小场地 5V5 比赛

技能目标：通过本节课的练习，提高学生在比赛中运用技术的能力。
体能目标：通过比赛，提高学生的速度，发展学生的协调性。
情感目标：通过比赛，培养学生的团队合作精神和竞争意识。

场区设置（教师可依教学实际情况进行调整）	课程结构（40min）
	**准备部分：10min** 热身
	练习：25min 小场地 5V5 比赛
	结束部分：5min 放松拉伸

准备部分：热身	
场地设置	**组织方法**

场地	40m × 20m
时间	10min
器材	无

组织方法：

1. 绕场地进行慢跑热身；
2. 教师将学生分成 4 排横队，所有人之间一臂间隔，教师带领学生做徒手操；
3. 徒手操包括：头部运动、肩部运动、扩胸运动、体转运动、腹背运动、弓步压腿、膝关节运动、手腕及踝关节运动。

指导要点

1. 动作舒展、协调；
2. 注意力集中。

练习：小场地 5V5 比赛

场地设置		组织方法
场地	25m×15m	1.教师将学生分为5人一组，共8组；（图示以2组为例） 2.8组学生分别在编号为1、2、3、4的四块场地进行比赛，比赛分为两节，每节10min； 3.第一节比赛结束后，1号场地和2号场地的队伍随机交换比赛对手，3号场地和4号场地的队伍随机交换比赛对手，继续进行第二节比赛。
时间	25min：练习10min，间歇5min，共2组	
器材	足球、球门	

指导要点

1.比赛中积极运用所学技术；
2.比赛中互相协作及交流；
3.比赛中互相鼓励，积极参与。

结束部分：放松拉伸

场地设置	组织方法
	1.教师将学生分成4排横队，所有人之间一臂间隔，教师带领学生做放松拉伸； 2.总结时成密集队形； 3.值日生回收器材。

指导要点

1.动作舒展、准确，身体放松；
2.总结课堂内容，给予积极反馈。

第十五课　足球比赛知识与兴趣培养

> **知识目标：**通过本节课的学习，学生掌握足球比赛基本知识。
> **情感目标：**通过观看视频和提问，培养学生对足球的兴趣和独立思考的能力。

课程结构（40min）			
开始部分（5min）	内容一（20min）	内容二（10min）	结束部分（5min）
介绍本节课内容	足球比赛基本知识	足球动画短片	总结

开始部分：介绍本节课内容			
组织方法			**指导要点**
时间	5min	地点	多媒体教室
1. 提问； 2. 介绍本节课内容。			1. 问题：你们喜欢足球吗？ 　　　　你们是怎么接触到足球的？ 　　　　你们对足球有什么了解吗？ 2. 内容：足球比赛基本知识，足球动画短片。

指导要点列（对应上表）：
1. 问题：你们喜欢足球吗？
　你们是怎么接触到足球的？
　你们对足球有什么了解吗？
2. 内容：足球比赛基本知识，足球动画短片。

内容一：足球比赛基本知识			
组织方法			**指导要点**
时间	20min	地点	多媒体教室
1. 提问导入； 2. 学生观看视频学习； 3. 教师提问，讲解足球起源； 4. 教师提问，讲解足球比赛的种类和场地设置。			1. 问题：谁知道足球起源于哪里？学生回答。 2. 推荐视频《熊猫说球》第1集"足球的起源"、第3集"球与球场"、第4集"学生"、第5集"学生装备"。 3. 问题：刚才的问题你们回答对了吗？ 　讲解：关于足球起源的知识。 4. 问题：你们知道的足球比赛有哪些？ 　讲解：关于足球比赛的种类和场地设置。

内容二：足球动画短片			
组织方法			**指导要点**
时间	10min	地点	多媒体教室
1. 学生观看足球动画短片； 2. 教师提问。			1. 推荐视频《汪星撞地球》第1集"叫我肿头龙"、第2集"可怕的小测试"、第3集"汪星星的秘密武器"、第4集"都是球鞋惹的祸"。 2. 问题：小测试的内容是什么，你们能答对吗？

结束部分：总结			
组织方法			**指导要点**
时间	5min	地点	多媒体教室
1. 提问； 2. 总结； 3. 课后作业。			1. 问题：我们这节课学习了什么？ 2. 总结：足球比赛基本知识。 3. 作业：写出自己喜欢的足球明星的故事。

第十六课　足球技能考试

技能目标：通过考试，考查学生的球性与球感。
体能目标：通过考试，检测学生的协调性、灵敏性、平衡性等素质。
情感目标：通过考试，考查学生的专注度。

场区设置（教师可依教学实际情况进行调整）	课程结构（40min）
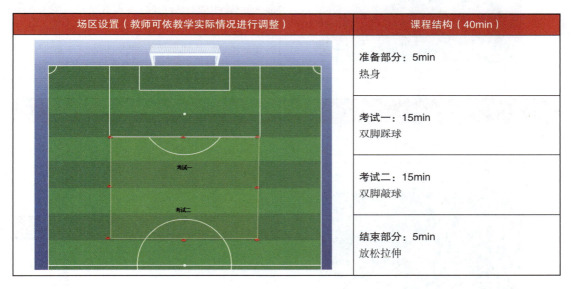	**准备部分：5min** 热身
	考试一：15min 双脚踩球
	考试二：15min 双脚敲球
	结束部分：5min 放松拉伸

准备部分：热身	
场地设置	**组织方法**

场地	40m × 20m	1. 绕场地进行慢跑热身； 2. 教师将学生分成4排横队，所有人之间一臂间隔，教师带领学生做徒手操； 3. 徒手操包括：头部运动、肩部运动、扩胸运动、体转运动、腹背运动、弓步压腿、膝关节运动、手腕及踝关节运动。
时间	10min	
器材	无	

	指导要点
	1. 动作舒展、协调； 2. 注意力集中。

考试一：双脚踩球

场地设置		组织方法
场地	20m×20m	1.考试场地与组织形式：考试学生在20m×20m的区域内分成2排，两臂侧平举散开，每名学生1个球；
时间	15min	2.考试方法：教师给出指令后，学生双脚前脚掌连续交替做踩球动作，球保持原地或移动状态皆可。球失去控制可重新开始。测评时间不超过2min。
器材	足球	

指导要点

测评员根据学生的控球表现进行评分，评分为整数分，满分为100分。

考试二：双脚敲球

场地设置		组织方法
场地	20m×20m	1.考试场地与组织形式：考试学生在20m×20m的区域内分成2排，两臂侧平举散开，每名学生1个球；
时间	15min	2.考试方法：教师给出指令后，学生做双脚敲球动作，球保持原地或移动状态皆可。球失去控制可重新开始。测评时间不超过2min。
器材	足球	

指导要点

测评员根据学生的控球表现进行评分，评分为整数分，满分为100分。

结束部分：放松拉伸

场地设置	组织方法
	1.教师将学生分成4排横队，所有人之间一臂间隔，教师带领学生做放松拉伸；
	2.总结时成密集队形；
	3.值日生回收器材。

指导要点

1.动作舒展、准确，身体放松；
2.总结课堂内容，给予积极反馈。

评分标准											
考试内容	单位	单项得分									
双脚踩球	（分）	100	90	80	70	60	50	40	30	20	10
双脚敲球	（分）	100	90	80	70	60	50	40	30	20	10

注：教师可根据学生掌握技能的实际情况对考试标准进行适度调整。

综合评分：双脚踩球得分×0.5+双脚敲球得分×0.5。

一年级下学期
足球教学课次内容示例

第十七课　提高两脚前脚掌交替踩球技术

技能目标： 通过本节课的学习，提高学生两脚前脚掌交替踩球技术。
体能目标： 通过练习，发展学生的耐力、协调性和平衡性。
情感目标： 通过练习，培养学生对足球的兴趣，提高学生的专注度。

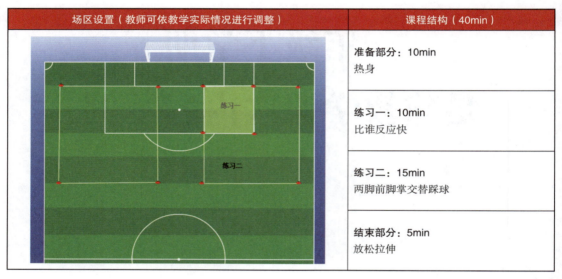

场区设置（教师可依教学实际情况进行调整）	课程结构（40min）
练习一 练习二	**准备部分：** 10min 热身
	练习一： 10min 比谁反应快
	练习二： 15min 两脚前脚掌交替踩球
	结束部分： 5min 放松拉伸

准备部分：热身

场地设置		组织方法
场地	40m×20m	1. 绕场地进行慢跑热身； 2. 教师将学生分成4排横队，所有人之间一臂间隔，教师带领学生做徒手操； 3. 徒手操包括：头部运动、肩部运动、扩胸运动、体转运动、腹背运动、弓步压腿、膝关节运动、手腕及踝关节运动。
时间	10min	
器材	无	
		指导要点
		1. 动作舒展、协调； 2. 注意力集中。

练习一：比谁反应快

场地设置		组织方法
场地	10m×10m	1.教师将学生分成8人一组，共5组；（图示以1组为例） 2.每名学生1球，在指定区域内自由运球，教师手持红色、绿色两种颜色的标志盘； 3.学生运球时需关注教师的动作。当教师手举红色标志盘时，学生用右脚前脚掌踩住球；当教师手举绿色标志盘时，学生用左脚前脚掌踩住球。 变化：教师改变举盘的频率。
时间	10min：练习3min，间歇30s，共3组	
器材	足球、标志盘	
		指导要点
		1.抬头观察； 2.注意力集中； 3.遵守规则。

练习二：两脚前脚掌交替踩球

场地设置		组织方法
场地	10m×10m	1.教师将学生分为5人一组，共8组；（图示以2组为例） 2.每名学生1球，在区域内进行两脚前脚掌交替踩球练习； 3.在教师的口令下先进行原地练习，之后再过渡到行进间练习。 变化：听教师口令改变踩球的频率。
时间	15min：30次一组，间歇20s，共8组	
器材	足球	
		指导要点
		1.触球时腿抬高，前脚掌触球正上方； 2.保持身体平衡，上肢放松，重心应在支撑脚上； 3.熟练后，尽量不看球进行练习。

结束部分：放松拉伸

场地设置	组织方法
	1.教师将学生分成4排横队，所有人之间一臂间隔，教师带领学生做放松拉伸； 2.总结时成密集队形； 3.值日生回收器材。
	指导要点
	1.动作舒展、准确，身体放松； 2.总结课堂内容，给予积极反馈。

第十八课　提高脚内侧敲球技术

技能目标：通过本节课的学习，提高学生脚内侧敲球技术。
体能目标：通过练习，发展学生的灵敏性和协调性。
情感目标：通过练习，增强学生的专注力和自信心，培养学生对足球的兴趣。

场区设置（教师可依教学实际情况进行调整）	课程结构（40min）
	准备部分：10min 热身
	练习一：10min 捕鱼
	练习二：15min 脚内侧敲球
	结束部分：5min 放松拉伸

准备部分：热身	
场地设置	**组织方法**

场地	40m × 20m
时间	10min
器材	无

组织方法

1. 绕场地进行慢跑热身；
2. 教师将学生分成 4 排横队，所有人之间一臂间隔，教师带领学生做徒手操；
3. 徒手操包括：头部运动、肩部运动、扩胸运动、体转运动、腹背运动、弓步压腿、膝关节运动、手腕及踝关节运动。

指导要点

1. 动作舒展、协调；
2. 注意力集中。

练习一：捕鱼

场地设置		组织方法
场地	20m×20m	1.教师将学生分成10人一组，共4组，分4个场地；（图示以1组为例）
时间	10min：练习3min，间歇30s，共3组	2.在规定区域内进行"捕鱼"游戏，2名学生为"捕鱼者"，手拉手进行"捕鱼"，其余学生作为"鱼"，在规定区域内进行运球；
器材	足球、标志桶	3."捕鱼者"将"鱼"的球踢出界外，"鱼"即变成"捕鱼者"，3min之内将"鱼"捕完即为获胜。

变化：（1）要求运球学生使用弱势脚运球；
　　　（2）缩小区域增加难度。

指导要点
1.将球控制在身体范围之内； 2.注意观察、沟通和交流。

练习二：脚内侧敲球

场地设置		组织方法
场地	20m×20m	1.教师将学生分成5人一组，共8组；（图示以2组为例）
时间	15min：30次一组，间歇20s，共8组	2.每名学生1个球，在规定区域内进行脚内侧敲球练习；
器材	足球、标志盘	2.在教师的口令下先进行原地动作练习，之后再过渡到行间动作练习。

变化：（1）行进间围绕标志盘踩球练习；
　　　（2）行进间前后左右移动到标志盘练习。

指导要点
1.双脚与肩同宽，注意脚内侧触球部位准确性和敲球的角度； 2.保持身体平衡，上肢放松； 3.熟练后尽量不看球进行练习。

结束部分：放松拉伸

场地设置	组织方法
	1.教师将学生分成4排横队，所有人之间一臂间隔，教师带领学生做放松拉伸； 2.总结时成密集队形； 3.值日生回收器材。

指导要点
1.动作舒展、准确，身体放松； 2.总结课堂内容，给予积极反馈。

第十九课　提高前脚掌拉球技术

技能目标：通过本节课的学习，提高学生前脚掌拉球技术。
体能目标：通过练习，提高学生的速度，发展学生的灵敏性和协调性。
情感目标：通过练习，增强学生的专注度和自信心。

场区设置（教师可依教学实际情况进行调整）	课程结构（40min）
	**准备部分**：10min 热身
	练习一：15min 前脚掌拉球
	练习二：10min 红黄大战
	结束部分：5min 放松拉伸

准备部分：热身		
场地设置		**组织方法**
场地	40m×20m	1.绕场地进行慢跑热身； 2.教师将学生分成4排横队，所有人之间一臂间隔，教师带领学生做徒手操； 3.徒手操包括：头部运动、肩部运动、扩胸运动、体转运动、腹背运动、弓步压腿、膝关节运动、手腕及踝关节运动。
时间	10min	
器材	无	
		指导要点
		1.动作舒展、协调； 2.注意力集中。

练习一：前脚掌拉球

场地设置		组织方法
场地	8m×4m	1.教师将学生分成4人一组，共10组；（图示以2组为例） 2.每名学生1个球，站在区域一侧； 3.听教师口令，单脚向后拉球到区域另一侧，全部学生做完再反向进行。练习两种动作：单脚向后拉球、双脚交替拉球。 变化：（1）改变拉球速度和方向； 　　　　（2）结合敲球进行练习。
时间	15min：练习3min，间歇1min，共4组	
器材	足球、标志盘	
		指导要点
		1.抬头观察； 2.注意力集中； 3.遵守规则。

练习二：红黄大战

场地设置		组织方法
场地	12m×8m	1.教师将学生分为4人一组，共10组；（图示以2组为例） 2.使用红黄两色标志盘摆出两个4m×4m的正方形，教师站在两个正方形的正前方，手持红黄两色标志盘； 3.开始之前可先做一些简单的足球动作，如踩球、敲球、拉球等，教师突然将手中一个标志盘举起，学生看到相应标志盘的颜色后，迅速运球至相应颜色的正方形区域内； 4.最后到达的学生做3个蹲起或俯卧撑。 变化：双脚拉球至目标区域。
时间	10min：练习3min，间歇30s，共3组	
器材	足球、标志盘	
		指导要点
		1.规范学生的技术动作； 2.注意力集中，遵守规则意识。

结束部分：放松拉伸

场地设置	组织方法
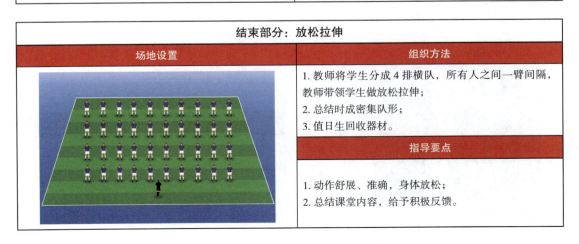	1.教师将学生分成4排横队，所有人之间一臂间隔，教师带领学生做放松拉伸； 2.总结时成密集队形； 3.值日生回收器材。
	指导要点
	1.动作舒展、准确，身体放松； 2.总结课堂内容，给予积极反馈。

第二十课　小场地 5V5 比赛

技能目标：通过本节课的练习，提高学生在比赛中运用技术的能力。
体能目标：通过比赛，提高学生的速度，发展学生的协调性。
情感目标：通过比赛，培养学生的团队合作精神和竞争意识。

场区设置（教师可依教学实际情况进行调整）	课程结构（40min）
	准备部分：10min 热身
	练习：25min 小场地 5V5 比赛
	结束部分：5min 放松拉伸

准备部分：热身		
场地设置		组织方法
场地	40m × 20m	1. 绕场地进行慢跑热身； 2. 教师将学生分成 4 排横队，所有人之间一臂间隔，教师带领学生做徒手操； 3. 徒手操包括：头部运动、肩部运动、扩胸运动、体转运动、腹背运动、弓步压腿、膝关节运动、手腕及踝关节运动。
时间	10min	
器材	无	
		指导要点
		1. 动作舒展、协调； 2. 注意力集中。

练习：小场地 5V5 比赛	
场地设置	组织方法

场地	25m×15m
时间	25min：练习 10min，间歇 5min，共 2 组
器材	足球、球门

组织方法

1. 教师将学生分为 5 人一组，共 8 组；（图示以 2 组为例）
2. 8 组学生分别在编号为 1、2、3、4 的四块场地进行比赛，比赛分为两节，每节 10min。
3. 第一节比赛结束后，1 号场地和 2 号场地的队伍随机交换比赛对手，3 号场地和 4 号场地的队伍随机交换比赛对手，继续进行第二节比赛。

指导要点

1. 比赛中积极运用所学技术；
2. 比赛中互相协作及交流；
3. 比赛中互相鼓励，积极参与。

结束部分：放松拉伸	
场地设置	组织方法

组织方法

1. 教师将学生分成 4 排横队，所有人之间一臂间隔，教师带领学生做放松拉伸；
2. 总结时成密集队形；
3. 值日生回收器材。

指导要点

1. 动作舒展、准确，身体放松；
2. 总结课堂内容，给予积极反馈。

第二十一课　提高脚背正面颠球技术

技能目标：通过本节课的学习，提高学生脚背正面颠球技术。
体能目标：通过练习，发展学生的协调性和平衡性。
情感目标：通过练习，培养学生的专注度和团队合作精神。

场区设置（教师可依教学实际情况进行调整）	课程结构（40min）
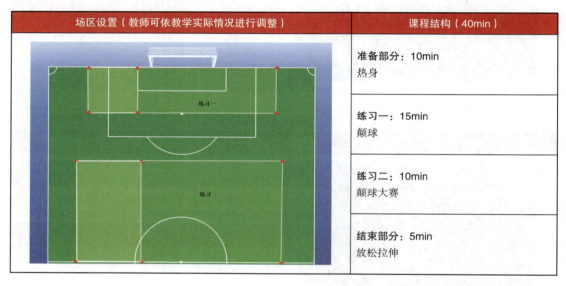	准备部分：10min 热身
	练习一：15min 颠球
	练习二：10min 颠球大赛
	结束部分：5min 放松拉伸

准备部分：热身		
场地设置		**组织方法**
场地	40m × 20m	1.绕场地进行慢跑热身； 2.教师将学生分成4排横队，所有人之间一臂间隔，教师带领学生做徒手操； 3.徒手操包括：头部运动、肩部运动、扩胸运动、体转运动、腹背运动、弓步压腿、膝关节运动、手腕及踝关节运动。
时间	10min	
器材	无	
		指导要点
		1.动作舒展、协调； 2.注意力集中。

练习一：颠球

场地设置		组织方法
场地	8m×8m	1.教师将学生分成5人一组，共8组；（图示以1组为例） 2.每名学生1球，学生在标志盘区域间先复习手抛球颠球练习； 3.再学习挑球衔接颠球。前脚掌踩在球正上方，向后拉球，用脚尖把球朝上挑起来后用手接球。熟练之后，将挑球与颠球衔接； 变化：左右脚交替颠球练习。
时间	15min：练习3min，间歇1min，共4组	
器材	足球、标志盘	
		**指导要点** 1.控制好球与身体的距离； 2.注意拉球的力度不要过大； 3.控制好挑球的高度； 4.颠球时触球部位要准确，击球力度适中。

练习二：颠球大赛

场地设置		组织方法
场地	30m×15m	1.教师将学生分为10人一组，共4组；（图示以2组为例） 2.两组学生先在场上规定区域内进行颠球比赛，场下两组学生人盯人进行计数，交替进行，比一比规定时间内谁颠球次数最多。 变化：改变时间和场地大小以增加难度。
时间	10min：练习3min，间歇30s，共3组	
器材	足球	
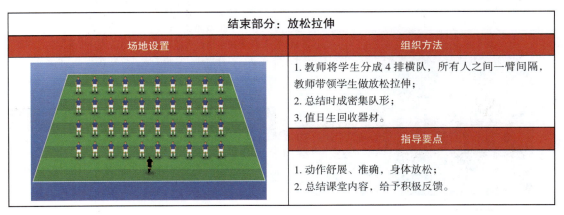		**指导要点** 1.规定时间内尽可能地多次颠球； 2.计数学生要公平、公正； 3.保持注意力集中。

结束部分：放松拉伸

场地设置	组织方法
	1.教师将学生分成4排横队，所有人之间一臂间隔，教师带领学生做放松拉伸； 2.总结时成密集队形； 3.值日生回收器材。
	指导要点 1.动作舒展、准确，身体放松； 2.总结课堂内容，给予积极反馈。

第二十二课　学习脚内侧直线运球技术

技能目标： 通过本节课的学习，使学生掌握脚内侧运球技术。
体能目标： 通过练习，发展学生的灵敏性和协调性。
情感目标： 通过练习，提高学生的专注度和自信心。

场区设置（教师可依教学实际情况进行调整）	课程结构（40min）
	**准备部分：10min** 热身
	练习一：12min 脚内侧直线运球
	练习二：13min 闪电运球
	结束部分：5min 放松拉伸

准备部分：热身	
场地设置	**组织方法**

场地	40m×20m
时间	10min
器材	无

组织方法

1. 绕场地进行慢跑热身；
2. 教师将学生分成4排横队，所有人之间一臂间隔，教师带领学生做徒手操；
3. 徒手操包括：头部运动、肩部运动、扩胸运动、体转运动、腹背运动、弓步压腿、膝关节运动、手腕及踝关节运动。

指导要点

1. 动作舒展、协调；
2. 注意力集中。

练习一：脚内侧直线运球

场地设置		组织方法
场地	10m×5m	1. 教师将学生分为 5 人一组，共 8 组，每名学生 1 个球；（图示以 2 组为例）
时间	12min：练习 2min，间歇 30s，共 5 组	2. 教师发出指令，每组排头学生从起点处脚内侧直线运球到终点。
器材	足球、标志盘	3. 全部学生运球到终点后，教师讲解要点，再按先前顺序运球回起点。 变化：改变场地大小。

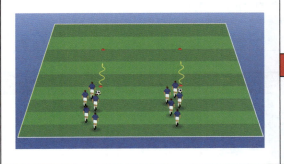

指导要点

1. 运球准备姿势：双脚前后开立，距离不要太大，膝关节稍微弯曲，上体稍微前倾，身体放松；
2. 运球时脚腕收紧，脚尖微微上翘；
3. 脚内侧触球的中部；
4. 控制触球力量，触球后身体重心快速跟进。

练习二：闪电运球

场地设置		组织方法
场地	10m×5m	1. 教师将学生分为 5 人一组，共 8 组，每名学生 1 个球；（图示以 2 组为例）
时间	13min：练习 4min，间歇 30s，共 3 组	2. 教师发出指令，学生脚内侧运球绕过标志杆，到达终点后，运球回到队尾；
器材	足球、标志盘、标志杆	3. 学生依次进行练习。 变化：（1）改变场地大小； （2）改变运球脚； （3）各组运球接力比赛，用时少的一组获胜。

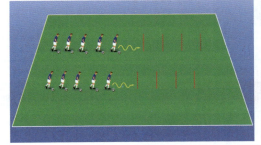

指导要点

1. 脚内侧触球的中后部；
2. 运球变向时，注意触球角度和身体姿态；
3. 控制触球力量，触球后身体重心快速跟上。

结束部分：放松拉伸

场地设置	组织方法
	1. 教师将学生分成 4 排横队，所有人之间一臂间隔，教师带领学生做放松拉伸； 2. 总结时成密集队形； 3. 值日生回收器材。

指导要点

1. 动作舒展、准确，身体放松；
2. 总结课堂内容，给予积极反馈。

第二十三课 复习脚内侧运球技术

> **技能目标：** 通过本节课的复习，学生熟练掌握脚内侧运球技术。
> **体能目标：** 通过练习，发展学生的灵敏性、协调性、平衡性。
> **情感目标：** 通过练习，提高学生的专注度和自信心。

场区设置（教师可依教学实际情况进行调整）	课程结构（40min）
	**准备部分：** 10min 热身
	练习一： 12min 甜甜圈
	练习二： 13min 穿越山谷
	结束部分： 5min 放松拉伸

准备部分：热身		
场地设置		**组织方法**
场地	40m×20m	1. 绕场地进行慢跑热身； 2. 教师将学生分成4排横队，所有人之间一臂间隔，教师带领学生做徒手操； 3. 徒手操包括：头部运动、肩部运动、扩胸运动、体转运动、腹背运动、弓步压腿、膝关节运动、手腕及踝关节运动。
时间	10min	
器材	无	
		指导要点
		1. 动作舒展、协调； 2. 注意力集中。

练习一：甜甜圈

场地设置		组织方法
场地	直径 5 米的圆	1. 教师将学生分成 4 人一组，共 10 组，每名学生 1 个球；（图示以 2 组为例） 2. 每组学生分别站在运球区域的起点，教师发出指令，学生按规定的路线进行脚内侧运球。 变化：（1）改变标志盘的数量； （2）改变运球的轨迹。
时间	12min：练习 2min，间歇 30s，共 5 组	
器材	足球、标志盘	

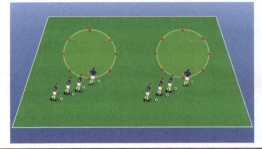

	指导要点
	1. 脚内侧触球的后中部； 2. 运球变向时，触球侧方，身体向运球方向倾斜； 3. 控制触球力量，触球结束后，身体重心快速跟上。

练习二：穿越山谷

场地设置		组织方法
场地	10m × 10m	1. 教师将学生分为 4 人一组，共 10 组，学生持球站在标志盘旁；（图示以 2 组为例） 2. 教师发出指令，标志盘旁每组排头学生进行脚内侧运球，向对角前进，期间要穿过中间的标志盘； 3. 到达对角的标志盘后，下一名学生运球出发。 变化：（1）改变场地大小； （2）改变标志盘多少。
时间	13min：练习 4min，间歇 30s，共 3 组	
器材	足球、标志盘	

	指导要点
	1. 运球准备姿势：双脚前后开立，距离不要太大，膝关节稍微弯曲，上体稍微前倾，身体放松； 2. 运球时脚腕收紧，脚尖微微上翘； 3. 运球变向时，触球侧方，身体向运球方向倾斜； 4. 控制触球力量，触球后身体重心快速跟进。

结束部分：放松拉伸

场地设置	组织方法
	1. 教师将学生分成 4 排横队，所有人之间一臂间隔，教师带领学生做放松拉伸； 2. 总结时成密集队形； 3. 值日生回收器材。

	指导要点
	1. 动作舒展、准确，身体放松； 2. 总结课堂内容，给予积极反馈。

第二十四课　身体素质练习

体能目标：通过练习，发展学生的灵敏性。
情感目标：通过练习，培养学生对足球课的兴趣和团队合作精神。

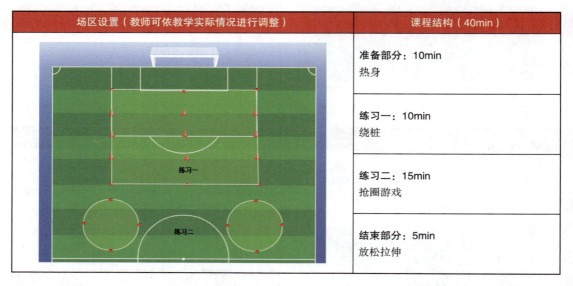

场区设置（教师可依教学实际情况进行调整）	课程结构（40min）
	准备部分：10min 热身
	练习一：10min 绕桩
	练习二：15min 抢圈游戏
	结束部分：5min 放松拉伸

准备部分：热身	
场地设置	**组织方法**
场地　40m×20m 时间　10min 器材　无	1. 绕场地进行慢跑热身； 2. 教师将学生分成4排横队，所有人之间一臂间隔，教师带领学生做徒手操； 3. 徒手操包括：头部运动、肩部运动、扩胸运动、体转运动、腹背运动、弓步压腿、膝关节运动、手腕及踝关节运动。
	指导要点
	1. 动作舒展、协调； 2. 注意力集中。

练习一：绕桩

场地设置		组织方法
场地	20m×20m	1. 教师将学生分为5人一组，共8组；（图示以2组为例） 2. 每组一块练习区域，每名学生1个球； 3. 练习开始后，学生从标志盘出发运球绕标志桶，依次绕完4个标志桶后，加速到达终点标志盘处； 4. 后面的学生在前一名学生到达第二个标志桶处时再出发。 变化：（1）对学生绕桩时的触球部位进行要求，如要求学生使用脚内侧扣球、脚外侧拨球等技术； （2）限制时间，进行组间接力比赛。
时间	10min：练习3min，间歇30s，共3组	
器材	足球、标志盘、标志桶	
		指导要点
		1. 运球时触球部位要准确、频率变化要快； 2. 运球时抬头观察； 3. 身体重心要及时跟进。

练习二：抢圈游戏

场地设置		组织方法
场地	5m×5m	1. 教师将学生分为10人一组，共4组；（图示以1组为例） 2. 每组10人，9个人围成一圈，1个人在圈内抢球； 3. 围圈的人用脚传球，圈内的人抢球，如果抢到球则与传球失误的同学互换位置。 变化：（1）可降低难度，先用手传球； （2）改变场地大小。
时间	15min：练习3min，间歇1min，共4组	
器材	足球、标志盘	
		指导要点
		1. 相互呼应； 2. 注意传球的准确性和力度。

结束部分：放松拉伸

场地设置	组织方法
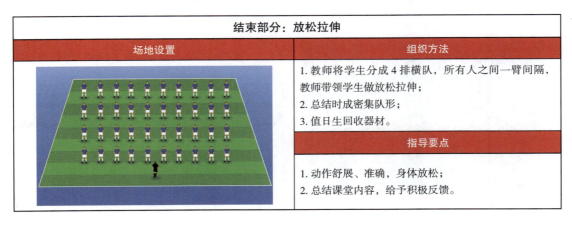	1. 教师将学生分成4排横队，所有人之间一臂间隔，教师带领学生做放松拉伸； 2. 总结时成密集队形； 3. 值日生回收器材。
	指导要点
	1. 动作舒展、准确，身体放松； 2. 总结课堂内容，给予积极反馈。

第二十五课　学习行进间脚内侧传地滚球技术

> **技能目标**：通过本节课的学习，学生熟练掌握脚内侧传地滚球技术。
> **体能目标**：通过练习，发展学生的协调性和平衡性。
> **情感目标**：通过练习，培养学生的团队合作精神和竞争意识。

场区设置（教师可依教学实际情况进行调整）	课程结构（40min）
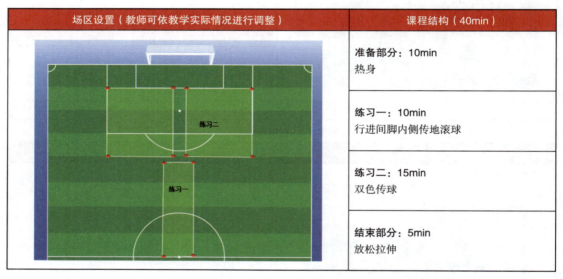	**准备部分**：10min 热身
	练习一：10min 行进间脚内侧传地滚球
	练习二：15min 双色传球
	结束部分：5min 放松拉伸

准备部分：热身	
场地设置	**组织方法**
场地　40m×20m 时间　10min 器材　无	1. 绕场地进行慢跑热身； 2. 教师将学生分成4排横队，所有人之间一臂间隔，教师带领学生做徒手操； 3. 徒手操包括：头部运动、肩部运动、扩胸运动、体转运动、腹背运动、弓步压腿、膝关节运动、手腕及踝关节运动。
	指导要点
	1. 动作舒展、协调； 2. 注意力集中。

练习一：行进间脚内侧传地滚球

场地设置		组织方法
场地	15m×5m	1.20 人一大组，2 人一小组，每小组 1 个球；（图示以 2 个小组为例） 2. 两人相距 5m，行进间脚内侧传球； 3. 前一组互相进行一次传球后，下一组再出发。 变化：（1）改变踢球脚（右脚，左脚）； 　　　（2）增加障碍物。
时间	10min：练习 3min，间歇 30s，共 3 组	
器材	足球、标志盘	

	指导要点
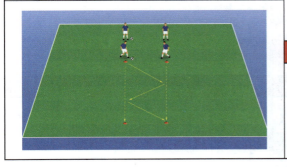	1. 观察，调整身体姿势； 2. 注意支撑脚站位，充分考虑在行进过程中支撑脚着地时球滚动的距离； 3. 注意踢球的脚形； 4. 注意传球力度及准确性。

练习二：双色传球

场地设置		组织方法
场地	20m×20m	1.教师将学生分成 10 人一组，共 4 组；（图示以 1 组为例） 2. 教师将组内学生分成两队，分别着红、蓝标志服，每队 1 球； 3. 两队在区域内做行进间脚内侧传球练习，要求只能将球传给本队学生。 变化：（1）改变传球对象，要求红队得球后将球传给蓝队，蓝队将球传给红队； 　　　（2）每队由 1 个球增加为 2 ~ 3 个球。
时间	15min：练习 3min，间歇 1min，共 4 组	
器材	足球、标志盘、标志服	

	指导要点
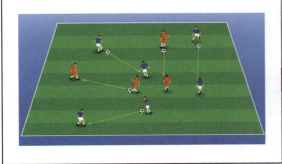	1. 传球前呼应； 2. 接球前提前观察接球学生所在位置； 3. 选择合理的接球学生进行传球； 4. 注意传球准确性。

结束部分：放松拉伸

场地设置	组织方法
	1.教师将学生分成 4 排横队，所有人之间一臂间隔，教师带领学生做放松拉伸； 2. 总结时成密集队形； 3. 值日生回收器材。

	指导要点
	1. 动作舒展、准确，身体放松； 2. 总结课堂内容，给予积极反馈。

第二十六课　学习脚内侧传接球技术

技能目标：通过本节课的学习，学生掌握脚内侧传接球技术。
体能目标：通过练习，提高学生的速度，发展学生的协调性。
情感目标：通过练习，培养学生的沟通交流能力和团队合作精神，增强学生公平竞争的意识。

场区设置（教师可依教学实际情况进行调整）	课程结构（40min）
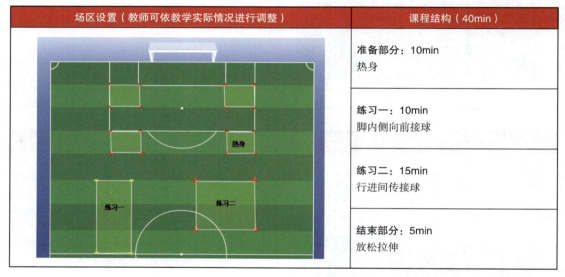	**准备部分：**10min 热身
	练习一：10min 脚内侧向前接球
	练习二：15min 行进间传接球
	结束部分：5min 放松拉伸

准备部分：热身	
场地设置	**组织方法**
场地　40m×20m	1.绕场地进行慢跑热身；
时间　10min	2.教师将学生分成4排横队，所有人之间一臂间隔，教师带领学生做徒手操；
器材　无	3.徒手操包括：头部运动、肩部运动、扩胸运动、体转运动、腹背运动、弓步压腿、膝关节运动、手腕及踝关节运动。
	指导要点
	1.动作舒展、协调； 2.注意力集中。

练习一：脚内侧向前接球

场地设置		组织方法
场地	10m × 4m	1.教师将学生分成4人一组，共10组；（图示以3组为例） 2.每组学生分为两队，面对面站在标志盘线后； 3.1人传球，对面学生向前迎球、接球，再传回对侧； 4.传完球倒退回队友身后，两人交替进行。 变化：（1）改变接球脚（左脚，右脚）； 　　　　（2）1名学生可以站在前面作为干扰学生，接 　　　　　　球学生要绕到干扰学生身前接球。
时间	10min：练习3min，间歇30s，共3组	
器材	足球、标志盘	

	指导要点
	1.注意接球前的身体姿态和支撑脚站位； 2.注意接球的力度； 3.动作衔接迅速。

练习二：行进间传接球

场地设置		组织方法
场地	10m × 10m	1.教师将学生分成8人一组，共5组；（图示以1组为例） 2.每组4名学生站在规定区域外，4名学生站在规定区域内； 3.区域外学生向区域内学生传球，区域内学生跑动中用脚内侧接球回传。 变化：（1）改变接球脚； 　　　　（2）接球后传给不同的队友。
时间	15min：练习3min，间歇1min，共4组	
器材	足球、标志桶	

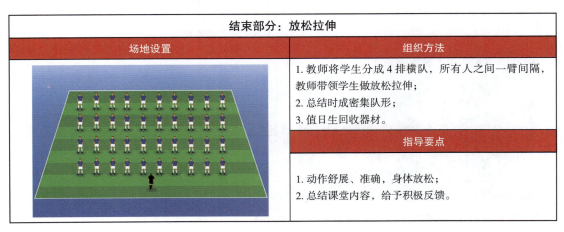

	指导要点
	1.接球前注意身体姿态和支撑脚站位； 2.注意接球的力度； 3.接球后重心及时跟上，迅速衔接下一个动作。

结束部分：放松拉伸

场地设置	组织方法
	1.教师将学生分成4排横队，所有人之间一臂间隔，教师带领学生做放松拉伸； 2.总结时成密集队形； 3.值日生回收器材。

	指导要点
	1.动作舒展、准确，身体放松； 2.总结课堂内容，给予积极反馈。

第二十七课　学习原地脚背正面踢地滚球技术

技能目标：通过本节课的学习，学生掌握原地脚背正面踢地滚球技术。
体能目标：通过练习，发展学生的协调性和平衡性。
情感目标：通过练习，培养学生的团队合作精神和竞争意识。

场区设置（教师可依教学实际情况进行调整）	课程结构（40min）
	**准备部分：** 10min 热身
	练习一： 10min 原地脚背正面踢地滚球模拟动作
	练习二： 15min 原地脚背正面踢地滚球
	结束部分： 5min 放松拉伸

准备部分：热身	
场地设置	**组织方法**

场地	40m×20m
时间	10min
器材	无

组织方法

1. 绕场地进行慢跑热身；
2. 教师将学生分成 4 排横队，所有人之间一臂间隔，教师带领学生做徒手操；
3. 徒手操包括：头部运动、肩部运动、扩胸运动、体转运动、腹背运动、弓步压腿、膝关节运动、手腕及踝关节运动。

指导要点

1. 动作舒展、协调；
2. 注意力集中。

练习一：原地脚背正面踢地滚球模拟动作	
场地设置	组织方法
场地 6m×4m **时间** 10min：练习 3min，间歇 30s，共 3 组 **器材** 足球、标志盘 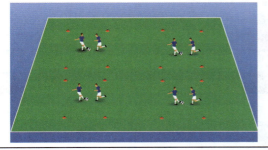	1. 教师将学生分成 2 人一组，共20组；（图示以4组为例） 2. 一名学生脚踩球固定住球；另一名学生做原地脚背正面传球模拟练习； 3. 每人左右脚各踢 1.5min，交换练习。 变化：改变踢球脚（右脚，左脚）。
	指导要点
	1. 支撑脚踏在球的一侧，距离球 25cm 左右，支撑脚脚尖指向出球方向； 2. 踢球腿由后向前摆动； 3. 踢球脚脚尖指向地面，脚腕要收紧，用脚背正面踢球的后中部。

练习二：原地脚背正面踢地滚球	
场地设置	组织方法
场地 8m×4m **时间** 15min：练习 3min，间歇 1min，共 4 组 **器材** 足球、标志盘	1. 教师将学生分成 2 人一组，共20组；（图示以3组为例） 2. 两名学生相距 8m，进行脚背正面踢地滚球练习。 变化：（1）改变踢球脚（右脚，左脚）； 　　　　（2）增加传球距离。
	指导要点
	1. 直线助跑，支撑脚踏在球的一侧，距离球 25cm 左右，支撑脚脚尖指向出球方向； 2. 踢球腿向后充分摆动，踢球脚脚尖指向地面，脚腕要收紧，用脚背正面踢球中部。

结束部分：放松拉伸	
场地设置	组织方法
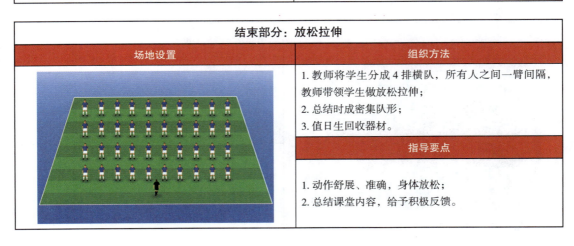	1. 教师将学生分成 4 排横队，所有人之间一臂间隔，教师带领学生做放松拉伸； 2. 总结时成密集队形； 3. 值日生回收器材。
	指导要点
	1. 动作舒展、准确，身体放松； 2. 总结课堂内容，给予积极反馈。

第二十八课　巩固行进间脚内侧传接球技术

> **技能目标：**通过本节课的学习，学生掌握行进间脚内侧接球技术。
> **体能目标：**通过练习，发展学生的耐力、协调性和平衡性。
> **情感目标：**通过练习，培养学生的团队合作意识。

场区设置（教师可依教学实际情况进行调整）	课程结构（40min）
	**准备部分：**10min 热身
	练习一：12min 前后行进间传接球
	练习二：13min 左右行进间传接球
	结束部分：5min 放松拉伸

准备部分：热身	
场地设置	**组织方法**

场地	40m×20m
时间	10min
器材	无

组织方法：

1. 绕场地进行慢跑热身；
2. 教师将学生分成 4 排横队，所有人之间一臂间隔，教师带领学生做徒手操；
3. 徒手操包括：头部运动、肩部运动、扩胸运动、体转运动、腹背运动、弓步压腿、膝关节运动、手腕及踝关节运动。

指导要点

1. 动作舒展、协调；
2. 注意力集中。

练习一：前后行进间传接球

场地设置		组织方法
场地	20m×20m	1. 教师将学生分成 2 人一组，共 20 组，每 10 组用一块场地；（图示以 3 组为例） 2. 每组 2 名学生，在起点边线前后相距 5m 站立； 3. 两人做行进间传接球练习，向前移动到另一边线，带球到旁边的区域再反向进行练习，做完回到队尾； 4. 前一组做到第二个标志盘时，下一组开始。 变化：（1）改变接球脚（右脚，左脚）； 　　　（2）改变传接球距离。
时间	12min：练习 5min，间歇 2min，共 2 组	
器材	足球、标志盘	
		**指导要点**
		1. 注意接球前的身体姿态和支撑脚站位； 2. 注意接球时控制身体重心和触球力度； 3. 注意移动的速度。

练习二：左右行进间传接球

场地设置		组织方法
场地	20m×20m	1. 教师将学生分成 2 人一组，共 20 组，每 10 组用一块场地；（图示以 3 组为例） 2. 每组 2 名学生在起点标志盘处站立； 3. 两人一左一右做行进间传接球练习，到另一边线，带球到旁边区域再反向进行，做完回到队尾； 4. 前一组做到第二个标志盘时，下一组开始。 变化：改变触球次数（不限制触球脚）。
时间	13min：练习 4min，间歇 30s，共 3 组	
器材	足球、标志盘	
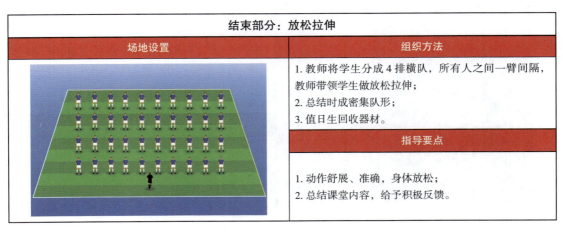		**指导要点**
		1. 接球前打开身体，注意支撑脚的站位； 2. 注意第一次触球的方向和力度； 3. 注意移动的速度，多进行传递。

结束部分：放松拉伸

场地设置	组织方法
	1. 教师将学生分成 4 排横队，所有人之间一臂间隔，教师带领学生做放松拉伸； 2. 总结时成密集队形； 3. 值日生回收器材。
	指导要点
	1. 动作舒展、准确，身体放松； 2. 总结课堂内容，给予积极反馈。

第二十九课　身体素质练习

体能目标： 通过练习，发展学生的灵敏性、协调性。
情感目标： 通过练习，培养学生对足球运动的兴趣，增强学生的自信心。

场区设置（教师可依教学实际情况进行调整）	课程结构（40min）
	**准备部分：** 10min 热身
	练习一： 10min 敏捷梯练习
	练习二： 15min 抓尾巴
	结束部分： 5min 放松拉伸

准备部分：热身

场地设置		组织方法
场地	40m×20m	1.绕场地进行慢跑热身； 2.教师将学生分成4排横队，所有人之间一臂间隔，教师带领学生做徒手操； 3.徒手操包括：头部运动、肩部运动、扩胸运动、体转运动、腹背运动、弓步压腿、膝关节运动、手腕及踝关节运动。
时间	10min	
器材	无	
		指导要点
		1.动作舒展、协调； 2.注意力集中。

练习一：敏捷梯练习

场地设置		组织方法
场地	20m×20m	教师将学生分成8人一组，共5组，采用以下方法完成敏捷梯练习：（图示以2组为例） （1）单脚跳，一步一格； （2）小步跑，一步一格； （3）交叉跑，一步一格； （4）一只脚在敏捷梯格内，另一只脚在敏捷梯格外，一步一格。 变化：（1）限制时间； 　　　（2）改变场地大小。
时间	10min：练习3min，间歇30s，共3组	
器材	敏捷梯、标志盘	
		**指导要点**
		1.注意手和脚的协调性； 2.要求动作频率； 3.练习全力以赴。

练习二：抓尾巴

场地设置		组织方法
场地	20m×20m	1.教师将学生分成10人一组，共4组，每组在规定的区域内，学生每人一件标志服放于身后充当"尾巴"；（图示以1组为例） 2.练习开始后，学生跑动中在保护自己"尾巴"的同时，捉到别人"尾巴"并拿在手中；最后捉到最多"尾巴"的学生获胜。 变化：（1）可以加入足球，在运球中进行游戏； 　　　（2）改变场地大小。
时间	15min：练习3min，间歇1min，共4组	
器材	标志服	
		指导要点
		1.保持移动； 2.注意观察四周情况； 3.利用假动作进行摆脱。

结束部分：放松拉伸

场地设置	组织方法
	1.教师将学生分成4排横队，所有人之间一臂间隔，教师带领学生做放松拉伸； 2.总结时成密集队形； 3.值日生回收器材。
	指导要点
	1.动作舒展、准确，身体放松； 2.总结课堂内容，给予积极反馈。

第三十课 小场地比赛

技能目标：通过本节课的练习，提高学生在比赛中运用技术的能力。
体能目标：通过比赛，发展学生的速度和协调性。
情感目标：通过比赛，培养学生的团队合作精神和竞争意识。

场区设置（教师可依教学实际情况进行调整）	课程结构（40min）
	准备部分：10min 热身
	练习：25min 小场地 5V5 比赛
	结束部分：5min 放松拉伸

准备部分：热身	
场地设置	**组织方法**

场地	40m × 20m
时间	10min
器材	无

组织方法

1. 绕场地进行慢跑热身；
2. 教师将学生分成 4 排横队，所有人之间一臂间隔，教师带领学生做徒手操；
3. 徒手操包括：头部运动、肩部运动、扩胸运动、体转运动、腹背运动、弓步压腿、膝关节运动、手腕及踝关节运动。

指导要点

1. 动作舒展、协调；
2. 注意力集中。

练习：小场地 5V5 比赛

场地设置		组织方法
场地	25m×15m	1.教师将学生分为5人一组，共8组；（图示以2组为例） 2.8组学生分别在编号为1、2、3、4的四块场地进行比赛，比赛分为两节，每节10min； 3.第一节比赛结束后，1号场地和2号场地的队伍随机交换比赛对手，3号场地和4号场地的队伍随机交换比赛对手，继续进行第二节比赛。
时间	25min：练习10min，间歇5min，共2组	
器材	足球、球门	

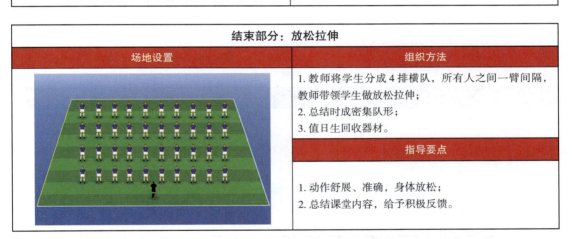

指导要点

1.比赛中积极运用所学技术；
2.比赛中互相协作及交流；
3.比赛中互相鼓励，积极参与。

结束部分：放松拉伸

场地设置	组织方法
	1.教师将学生分成4排横队，所有人之间一臂间隔，教师带领学生做放松拉伸； 2.总结时成密集队形； 3.值日生回收器材。

指导要点

1.动作舒展、准确，身体放松；
2.总结课堂内容，给予积极反馈。

第三十一课　足球安全知识与兴趣培养

课程结构（40min）			
开始部分（5min）	内容一（20min）	内容二（10min）	结束部分（5min）
介绍本节课内容	足球安全知识	足球动画短片	总结

开始部分：介绍本节课内容			
组织方法			**指导要点**
时间	5min	地点	多媒体教室
1. 视频导入； 2. 介绍本节课内容。			1. 推荐视频：足球比赛中的犯规视频。 2. 内容：足球安全基本知识；足球兴趣动画短片。

表头说明（内容一）：

内容一：足球安全知识			
组织方法			**指导要点**
时间	20min	地点	多媒体教室
1. 提问导入； 2. 学生观看视频学习； 3. 教师提问，讲解足球比赛常见犯规行为。			1. 问题：你们知道哪些足球比赛的犯规行为？ 2. 推荐视频《熊猫说球》第14集"犯规与违规行为"。 3. 问题：通过刚才的视频，同学们现在再回答一下我之前的问题？ 讲解：关于足球比赛常见犯规行为的知识。

内容二：足球动画短片			
组织方法			**指导要点**
时间	10min	地点	多媒体教室
1. 学生观看足球动画短片； 2. 教师提问。			1. 推荐视频《汪星撞地球》第34集"什么是越位犯规"、第35集"威严的红色"、第36集"哨子的故事"。 2. 问题：视频中都出现了哪些犯规动作？

结束部分：总结			
组织方法			**指导要点**
时间	5min	地点	多媒体教室
1. 提问； 2. 总结； 3. 课后作业。			1. 问题：我们这节课学习了什么？ 2. 总结：足球比赛常见犯规行为。 3. 作业：自由选择一段足球比赛视频，写出视频中出现的犯规行为。

第三十二课　足球技能考试

技能目标： 通过考试，考查学生的球性与球感。
体能目标： 通过考试，测试学生的协调性、灵敏性、平衡性等。
情感目标： 通过考试，考查学生的专注度。

场区设置（教师可依教学实际情况进行调整）	课程结构（40min）
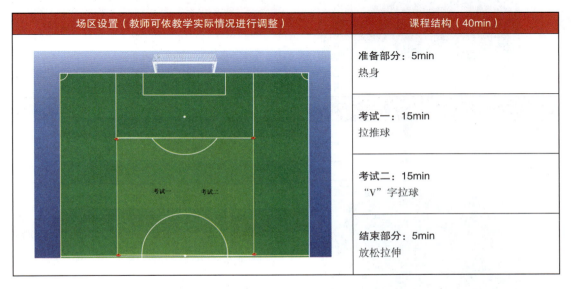	**准备部分：5min** 热身
	考试一：15min 拉推球
	考试二：15min "V"字拉球
	结束部分：5min 放松拉伸

准备部分：热身	
场地设置	**组织方法**

场地	40m×20m
时间	10min
器材	无

1. 绕场地进行慢跑热身；
2. 教师将学生分成4排横队，所有人之间一臂间隔，教师带领学生做徒手操；
3. 徒手操包括：头部运动、肩部运动、扩胸运动、体转运动、腹背运动、弓步压腿、膝关节运动、手腕及踝关节运动。

指导要点

1. 动作舒展、协调；
2. 注意力集中。

考试一：拉推球

场地设置	
场地	20m×20m
时间	15min
器材	足球

组织方法

1.考试场地与组织形式：教师将学生分成8人一组，共5组，每名学生1球，在规定区域内进行考试；

2.考试方法：教师给出指令后，学生拉推球。球失去控制可重新开始。测评时间不超过2min。

指导要点

教师根据学生的控球表现进行评分，评分为整数分，满分为100分。

考试二："V"字拉球

场地设置	
场地	20m×20m
时间	15min
器材	足球

组织方法

1.考试场地与组织形式：教师将学生分成8人一组，共5组，每名学生1球，在规定区域内进行考试；

2.考试方法：教师给出指令后，学生用"V"字拉球动作开始考试。球失去控制可重新开始。测评时间不超过2min。

指导要点

教师根据学生的控球表现进行评分，评分为整数分，满分为100分。

结束部分：放松拉伸

场地设置

组织方法

1.教师将学生分成4排横队，所有人之间一臂间隔，教师带领学生做放松拉伸；

2.总结时成密集队形；

3.值日生回收器材。

指导要点

1.动作舒展、准确，身体放松；

2.总结课堂内容，给予积极反馈。

评分标准

考试内容	单位	单项得分									
拉推球	（分）	100	90	80	70	60	50	40	30	20	10
"V"字拉球	（分）	100	90	80	70	60	50	40	30	20	10

注：教师可根据学生掌握技能的实际情况对考试标准进行适度调整。

综合评分：拉推球得分×0.4+"V"字拉球得分×0.6。

二、小学二年级足球课

二年级足球教学计划

二年级足球教学计划见表3–3。

表3–3　二年级足球教学计划（以32课时为例）

学习目标	学习内容		课时	教学要点
	类别	内容		
1.通过参与足球活动，促进学生身心健康，培养团队合作精神 2.通过技术教学法，培养学生的球感 3.通过体验足球活动，激发学生的兴趣与自信心	游戏与球感	足球游戏、踩球、敲球、拉球、颠球	8	1.以结合球、多触球为主要教学指导思想 2.以游戏、比赛的形式培养学生对足球的兴趣 3.通过教学使学生掌握足球练习的基本方法
	技术	脚背正面、外侧、内侧运球	12	
		脚内侧踢球、接球		
		脚背正面踢球		
	身体素质	柔韧性、灵敏性、协调性、反应能力	4	
	比赛	小场地比赛	4	
	知识	足球故事	4	

二年级足球教学课次内容示例

二年级足球教学课次内容示例见表 3-4。

表 3-4　二年级足球教学课次内容示例（以 32 课时为例）

二年级上学期		二年级下学期	
课次	主要内容	课次	主要内容
第一课	学习揉球技术	第十七课	拉球进阶
第二课	提高踩球技术能力	第十八课	学习"V"字拉球技术
第三课	提高敲球技术能力	第十九课	提高"V"字拉球技术
第四课	小场地 5V5 比赛	第二十课	小场地 5V5 比赛
第五课	学习脚内侧颠球技术	第二十一课	提高脚内侧颠球技术
第六课	巩固脚背正面运球技术	第二十二课	巩固脚背正面运球技术
第七课	巩固脚背外侧运球技术	第二十三课	巩固脚背外侧运球技术
第八课	身体素质练习	第二十四课	身体素质练习
第九课	强化脚内侧传接球技术	第二十五课	巩固脚内侧传接球技术
第十课	提高脚内侧传接球技术	第二十六课	提高脚内侧传接球技术
第十一课	巩固脚背正面传空中球技术	第二十七课	巩固脚背正面传接球技术
第十二课	复习脚背正面接球技术	第二十八课	提高脚背正面传接球技术
第十三课	身体素质练习	第二十九课	身体素质练习
第十四课	小场地 5V5 比赛	第三十课	小场地 5V5 比赛
第十五课	五人制足球基本知识与兴趣培养	第三十一课	五人制足球比赛基本规则与兴趣培养
第十六课	足球技能考试	第三十二课	足球技能考试

二年级上学期

足球教学课次内容示例

第一课　学习揉球技术

技能目标：通过本节课的学习，学生掌握揉球技术。
体能目标：通过练习，发展学生的速度、协调性和平衡性。
情感目标：通过练习，培养学生对足球的兴趣，提高学生的专注度。

场区设置（教师可依教学实际情况进行调整）	课程结构（40min）
	准备部分：10min 热身
练习一	练习一：10min 鸭子过河
练习二	练习二：15min 揉球
	结束部分：5min 放松拉伸

准备部分：热身	
场地设置	**组织方法**
场地　40m×20m 时间　10min 器材　无	1.绕场地进行慢跑热身； 2.教师将学生分成4排横队，所有人之间一臂间隔，教师带领学生做徒手操； 3.徒手操包括：头部运动、肩部运动、扩胸运动、体转运动、腹背运动、弓步压腿、膝关节运动、手腕及踝关节运动。
	指导要点
	1.动作舒展、协调； 2.注意力集中。

练习一：鸭子过河

场地设置		组织方法
场地	25m×20m	1.教师将学生分成10人一组，共4组；（图示以2组为例） 2.使用标志盘摆出两个25m×20m的长方形场地； 3.一组学生扮演"鸭子"站在两侧的线上向对面运球"过河"，另一组的学生充当"鳄鱼"，"鳄鱼"将球破坏即可（根据学生水平可要求进行抢断），"鸭子"运球过河后将球踩在对面的线上得1分，完成之后双方交换，得分多的组获胜。 变化：（1）学生只用左脚运球； 　　　（2）学生用脚外侧运球； 　　　（3）学生统一站在一条线上开始。
时间	10min：练习3min，间歇30s，共3组	
器材	足球、标志盘	

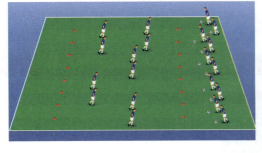

	指导要点
	1.抬头观察； 2.注意力集中； 3.遵守规则。

练习二：揉球

场地设置		组织方法
场地	20m×20m	1.教师将学生分成10人一组，共4组。每名学生1个球，在各自区域里，依据教师要求完成相应的揉球练习；（图示以1组为例） 2.双腿分开站立，用整个脚底踩住足球做绕圈动作，左右脚交替进行； 3.双腿分开站立，用脚踩住足球由脚内侧横向揉球至脚外侧，循环练习，踝关节放松。 变化：改变触球脚（左脚、右脚）。
时间	15min：练习1min，间歇10s，共13组	
器材	足球	

	指导要点
	1.双手自然打开，身体保持平衡； 2.注意抬头观察。

结束部分：放松拉伸

场地设置	组织方法
	1.教师将学生分成4排横队，所有人之间一臂间隔，教师带领学生做放松拉伸； 2.总结时成密集队形； 3.值日生回收器材。

	指导要点
	1.动作舒展、准确，身体放松； 2.总结课堂内容，给予积极反馈。

第二课　提高踩球技术能力

技能目标：通过本节课的学习，提高学生踩球技术能力。
体能目标：通过练习，发展学生的速度、协调性和平衡性。
情感目标：通过练习，培养学生对足球的兴趣，提高学生的专注度。

场区设置（教师可依教学实际情况进行调整）	课程结构（40min）
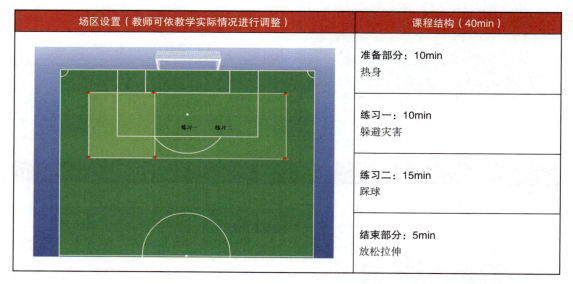	**准备部分：10min** 热身
	练习一：10min 躲避灾害
	练习二：15min 踩球
	结束部分：5min 放松拉伸

准备部分：热身	
场地设置	**组织方法**
场地　40m×20m 时间　10min 器材　无	1.绕场地进行慢跑热身； 2.教师将学生分成4排横队，所有人之间一臂间隔，教师带领学生做徒手操； 3.徒手操包括：头部运动、肩部运动、扩胸运动、体转运动、腹背运动、弓步压腿、膝关节运动、手腕及踝关节运动。
	指导要点
	1.动作舒展、协调； 2.注意力集中。

练习一：躲避灾害

场地设置		组织方法
场地	20m×20m	1. 每名学生1个球；（图示以10名学生为例） 2. 在20m×20m的区域内，用四种颜色的标志盘放置四个5m×5m的方块。黄色为沙尘暴躲避区，红色为火灾躲避区，蓝色为洪水躲避区，绿色为地震躲避区； 3. 所有学生在区域内自由运球，当教师发出指令如"地震"时，所有学生向绿色区域运球，最后到达的两名学生需要接受惩罚，做5个蹲起。 变化：（1）教师指令两个区域，学生可选择去一个区域（简单版）； 　　　（2）教师指令两个区域，学生需要依次运球至相应的区域。
时间	10min：练习3min，间歇30s，共3组	
器材	足球、标志盘	
		**指导要点**
		1. 注意观察，避免相撞； 2. 掌握好触球力度； 3. 注意力集中，快速反应。

练习二：踩球

场地设置		组织方法
场地	20m×20m	1. 教师将学生分成10人一组，共4组；每名学生1个球；（图示以1组为例） 2. 在规定区域内做行进间踩球练习，分为前、后、左、右四个点； 3. 由前到后再到左、右，每一次都要回到中间的起始点。 变化：改变接球脚（左脚、右脚）。
时间	15min：练习1min，间歇10s，共13组	
器材	足球	
		指导要点
		1. 注意抬头观察； 2. 用前脚掌踩球，注意触球力量； 3. 控制身体重心。

结束部分：放松拉伸

场地设置	组织方法
	1. 教师将学生分成4排横队，所有人之间一臂间隔，教师带领学生做放松拉伸； 2. 总结时成密集队形； 3. 值日生回收器材。
	指导要点
	1. 动作舒展、准确，身体放松； 2. 总结课堂内容，给予积极反馈。

第三课 提高敲球技术能力

技能目标：通过本节课的学习，提高学生敲球技术能力。
体能目标：通过练习，提高学生的速度，发展学生的协调性和平衡性。
情感目标：通过练习，培养学生对足球的兴趣，提高学生的专注度。

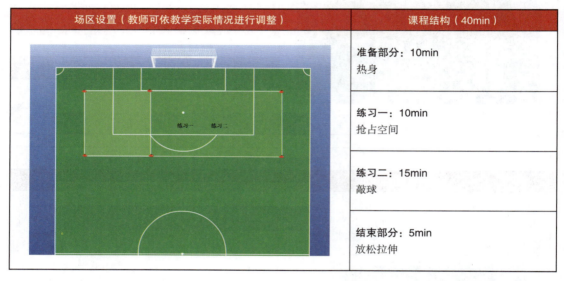

场区设置（教师可依教学实际情况进行调整）	课程结构（40min）
	准备部分： 10min 热身
	练习一： 10min 抢占空间
	练习二： 15min 敲球
	结束部分： 5min 放松拉伸

准备部分：热身	
场地设置	**组织方法**

场地	40m × 20m
时间	10min
器材	无

组织方法

1. 绕场地进行慢跑热身；
2. 教师将学生分成4排横队，所有人之间一臂间隔，教师带领学生做徒手操；
3. 徒手操包括：头部运动、肩部运动、扩胸运动、体转运动、腹背运动、弓步压腿、膝关节运动、手腕及踝关节运动。

指导要点

1. 动作舒展、协调；
2. 注意力集中。

练习一：抢占空间	
场地设置	**组织方法**
场地 25m×25m 时间 10min：练习 3min，间歇 30s，共 3 组 器材 足球 	1.教师将学生分成20人一组，共2组；（图示以1组为例） 2.画出一个直径为20m的圆圈，每两组在一个场地，两组学生一对一，给每对相对的学生编号，并在圆圈的周围相对站位； 3.教师喊出号码，如"3号"，3号的两名学生快速起动穿过圆圈，互相到对方原来的位置；首先到达对方位置的学生得1分，最后总分多的队获胜。 变化：（1）教师任意喊号，也可以同时喊两个编号； 　　　（2）可以加入运球； 　　　（3）根据学生的能力，调整练习场地大小。
	指导要点
	1.注意观察，避免相撞； 2.掌握好触球力度； 3.注意力集中，快速反应。

练习二：敲球	
场地设置	**组织方法**
场地 25m×25m 时间 15min：练习 1min，间歇 10s，共 13 组 器材 足球、标志盘 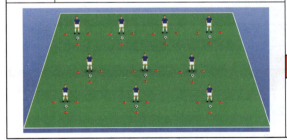	1.教师将学生分成10人一组，共4组，每名学生1个球；（图示以1组为例） 2.在规定区域内做行进间敲球练习，分为前、后、左、右四个点； 3.由前到后再到左、右，每一次都要回到中间的起始点。 变化：根据教师口令改变敲球方向。
	指导要点
	1.注意抬头观察，掌握触球的部位； 2.移动速度不宜过快，敲球的频率要快； 3.敲球时保持节奏，切勿断断续续。

结束部分：放松拉伸	
场地设置	**组织方法**
	1.教师将学生分成4排横队，所有人之间一臂间隔，教师带领学生做放松拉伸； 2.总结时成密集队形； 3.值日生回收器材。
	指导要点
	1.动作舒展、准确，身体放松； 2.总结课堂内容，给予积极反馈。

第四课 小场地 5V5 比赛

技能目标： 通过本节课的练习，提高学生在比赛中运用技术的能力。
体能目标： 通过比赛，提高学生的速度，发展学生的协调性。
情感目标： 通过比赛，培养学生的团队合作精神和竞争意识。

场区设置（教师可依教学实际情况进行调整）	课程结构（40min）
	准备部分：10min 热身
	练习：25min 小场地 5V5 比赛
	结束部分：5min 放松拉伸

准备部分：热身	
场地设置	**组织方法**

场地设置		组织方法
场地	40m × 20m	1. 绕场地进行慢跑热身； 2. 教师将学生分成 4 排横队，所有人之间一臂间隔，教师带领学生做徒手操； 3. 徒手操包括：头部运动、肩部运动、扩胸运动、体转运动、腹背运动、弓步压腿、膝关节运动、手腕及踝关节运动。
时间	10min	
器材	无	

指导要点
1. 动作舒展、协调； 2. 注意力集中。

练习：小场地 5V5 比赛	
场地设置	组织方法

场地	25m × 15m
时间	25min：练习 10min，间歇 5min，共 2 组
器材	足球、球门

1. 教师将学生分为 5 人一组，共 8 组；（图示以 2 组为例）
2. 8 组学生分别在编号为 1、2、3、4 的四块场地进行比赛，比赛分为两节，每节 10min；
3. 第一节比赛结束后，1 号场地和 2 号场地的队伍随机交换比赛对手，3 号场地和 4 号场地的队伍随机交换比赛对手，继续进行第二节比赛。

指导要点

1. 比赛中积极运用所学技术；
2. 比赛中互相协作及交流；
3. 比赛中互相鼓励，积极参与。

结束部分：放松拉伸	
场地设置	组织方法

1. 教师将学生分成 4 排横队，所有人之间一臂间隔，教师带领学生做放松拉伸；
2. 总结时成密集队形；
3. 值日生回收器材。

指导要点

1. 动作舒展、准确，身体放松；
2. 总结课堂内容，给予积极反馈。

第五课　学习脚内侧颠球技术

技能目标：通过本节课的学习，学生掌握脚内侧颠球技术。
体能目标：通过练习，提高学生的速度，发展学生的协调性和平衡性。
情感目标：通过练习，培养学生的团队合作精神，提高学生的专注度。

场区设置（教师可依教学实际情况进行调整）	课程结构（40min）
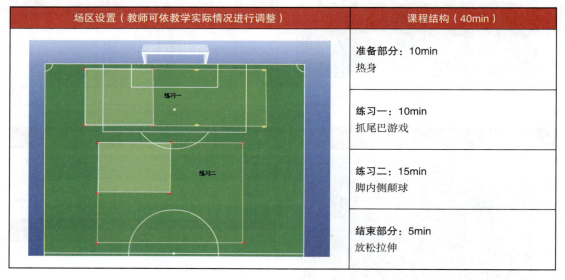	**准备部分：** 10min 热身
	练习一： 10min 抓尾巴游戏
	练习二： 15min 脚内侧颠球
	结束部分： 5min 放松拉伸

准备部分：热身	
场地设置	**组织方法**
场地　40m×20m 时间　10min 器材　无	1. 绕场地进行慢跑热身； 2. 教师将学生分成4排横队，所有人之间一臂间隔，教师带领学生做徒手操； 3. 徒手操包括：头部运动、肩部运动、扩胸运动、体转运动、腹背运动、弓步压腿、膝关节运动、手腕及踝关节运动。
	指导要点
	1. 动作舒展、协调； 2. 注意力集中。

练习一：抓尾巴游戏

场地设置		组织方法
场地	20m×20m	1.教师将学生分成10人一组，共4组；（图示以1组为例） 2.每名学生1个球，分为红蓝两队，每人身后都挂着一件标志服作为"尾巴"，在运控球过程中，保护好自己的"尾巴"不被抓到，尽可能抓到别人更多的"尾巴"。 变化：（1）左右脚交替运控球； 　　　（2）只能用弱势脚运控球。
时间	10min：练习3min，间歇30s，共3组	
器材	足球、标志盘、标志服	
		指导要点
		1.将球控制在身体范围之内； 2.注意观察、掌握距离； 3.摆脱时要有变向和变速。

练习二：脚内侧颠球

场地设置		组织方法
场地	15m×15m	1.教师将学生分成10人一组，共4组，每名学生1个球；（图示以1组为例） 2.在区域内练习脚内侧颠球技术，先熟悉颠球部位，可允许颠一次球触一次地，熟练后变为连续颠球。 变化：左脚—右脚连续颠球练习。
时间	15min：练习3min，间歇1min，共4组	
器材	足球、标志盘	
		指导要点
		1.注意触球的部位； 2.注意脚下的移动、颠球的频率以及力量； 3.上肢放松，注意力集中。

结束部分：放松拉伸

场地设置	组织方法
	1.教师将学生分成4排横队，所有人之间一臂间隔，教师带领学生做放松拉伸； 2.总结时成密集队形； 3.值日生回收器材。
	指导要点
	1.动作舒展、准确，身体放松； 2.总结课堂内容，给予积极反馈。

第六课　巩固脚背正面运球技术

技能目标： 通过本节课的学习，巩固学生脚背正面运球技术，提高学生运球能力。
体能目标： 通过练习，发展学生的灵敏性、协调性、平衡性。
情感目标： 通过练习，提高学生的专注度和自信心，加强同学间的交流。

场区设置（教师可依教学实际情况进行调整）	课程结构（40min）
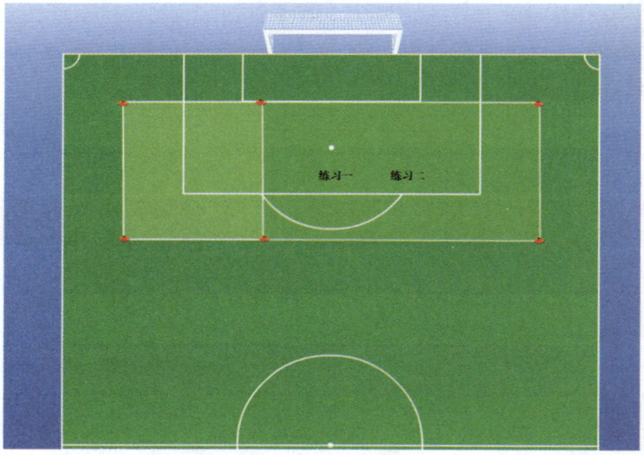	**准备部分：** 10min 热身
	练习一： 12min 老鹰抓小鸡
	练习二： 13min 搬运大比拼
	结束部分： 5min 放松拉伸

准备部分：热身

场地设置		组织方法
场地	40m × 20m	1. 绕场地进行慢跑热身； 2. 教师将学生分成 4 排横队，所有人之间一臂间隔，教师带领学生做徒手操； 3. 徒手操包括：头部运动、肩部运动、扩胸运动、体转运动、腹背运动、弓步压腿、膝关节运动、手腕及踝关节运动。
时间	10min	
器材	无	
		**指导要点**
		1. 动作舒展、协调； 2. 注意力集中。

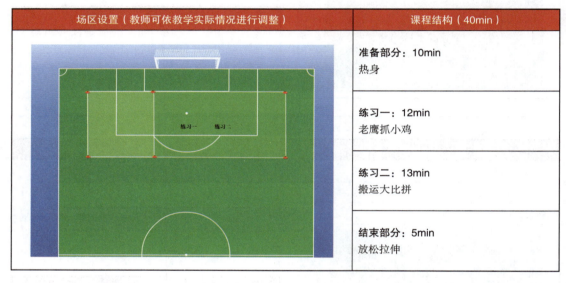

练习一：老鹰抓小鸡

场地设置		组织方法
场地	10m×10m	1. 教师将学生分成5人一组，共8组，每两组一块场地进行运球追逐比赛；（图示以2组为例） 2. 各组学生持球站在四边形同侧位置；教师发出指令，两组排头学生脚背正面运球沿图示路线前进； 3. 追逐学生争取碰到被追逐学生，被碰到的学生站在四边形里，双方绕四边形一周后与下一名学生击掌进行接力； 4. 时间结束后，被抓住人数少的一组获胜，短暂休息后开始下一轮比赛。 变化：（1）改变场地大小； 　　　（2）被抓住后在四边形里停留30s即可回到场上； 　　　（3）对角线出发。
时间	12min：练习2min，间歇30s，共5组	
器材	足球、标志盘	
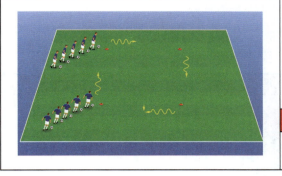		

指导要点

1. 运球时重心降低，抬头观察；
2. 注意触球力量，快频率，多触球。

练习二：搬运大比拼

场地设置		组织方法
场地	10m×10m	1. 教师将学生分成5人一组，共8组，每两组在一块场地内比赛；（图示以2组为例） 2. 教师发出指令，排头学生脚背正面运球，沿着图示路线前进，期间要用手摸一次中心的标志盘； 3. 排头学生到达中间摸标志盘后，第二名学生出发； 4. 全部学生率先到达终点的小组获胜； 5. 短暂休息交换场后开始下一轮比赛。 变化：（1）改变场地大小； 　　　（2）双手摸标志盘。
时间	13min：练习4min，间歇30s，共3组	
器材	足球、标志盘	
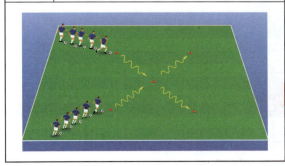		

指导要点

1. 运球时重心降低，抬头观察；
2. 注意触球力量，快频率，多触球；
3. 将球始终控制在身体范围以内。

结束部分：放松拉伸

场地设置	组织方法
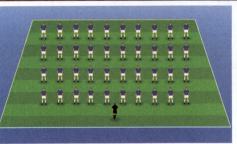	1. 教师将学生分成4排横队，所有人之间一臂间隔，教师带领学生做放松拉伸； 2. 总结时成密集队形； 3. 值日生回收器材。

指导要点

1. 动作舒展、准确，身体放松；
2. 总结课堂内容，给予积极反馈。

第七课　巩固脚背外侧运球技术

技能目标： 通过本节课的学习，巩固学生脚背外侧运球技术。
体能目标： 通过练习，发展学生的灵敏性、协调性。
情感目标： 通过练习，提高学生的专注度和自信心，加强同学间的交流。

场区设置（教师可依教学实际情况进行调整）	课程结构（40min）
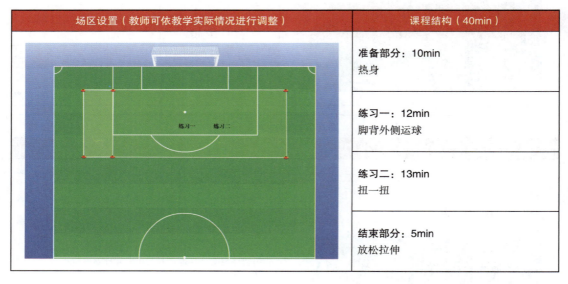	**准备部分：10min** 热身
	练习一：12min 脚背外侧运球
	练习二：13min 扭一扭
	结束部分：5min 放松拉伸

准备部分：热身		
场地设置		**组织方法**
场地	40m×20m	1.绕场地进行慢跑热身； 2.教师将学生分成4排横队，所有人之间一臂间隔，教师带领学生做徒手操； 3.徒手操包括：头部运动、肩部运动、扩胸运动、体转运动、腹背运动、弓步压腿、膝关节运动、手腕及踝关节运动。
时间	10min	
器材	无	
		指导要点
		1.动作舒展、协调； 2.注意力集中。

练习一：脚背外侧运球

场地设置		组织方法
场地	15m×5m	1. 教师将学生分成5人一组，共8组；（图示以2组为例）
时间	12min：练习2min，间歇30s，共5组	2. 摆放场地，标志盘间距离5m，各组学生持球站在起点处；
器材	足球、标志盘	3. 第一名学生脚背外侧运球通过第二个标志盘后，第二名学生出发，依次进行脚背外侧运球练习；

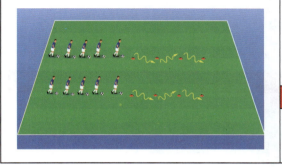

3. 第一名学生脚背外侧运球通过第二个标志盘后，第二名学生出发，依次进行脚背外侧运球练习；
4. 到达终点后回到队尾；
5. 依次进行练习。
变化：（1）规定左、右脚运球；
　　　（2）组间运球接力比赛。

指导要点

1. 运球时重心降低，注意触球力量；
2. 运球时抬头观察；
3. 变向后快速控制球。

练习二：扭一扭

场地设置		组织方法
场地	15m×5m	1. 教师将学生分成5人一组，共8组。标志盘间距离5m，各组学生持球站在起点处；（图示以2组为例）
时间	13min：练习4min，间歇30s，共3组	2. 教师发出指令，排头学生脚背外侧运球沿图示路线前进；
器材	足球、标志盘	3. 通过中间两个标志盘时，运球绕盘转一圈；

2. 教师发出指令，排头学生脚背外侧运球沿图示路线前进；
3. 通过中间两个标志盘时，运球绕盘转一圈；
4. 到达终点后，运球回到队尾；
5. 依次进行练习。
变化：（1）组间运球比赛；
　　　（2）通过中间两个标志盘时，规定顺时针或逆时针旋转。

指导要点

1. 运球时重心降低，注意触球力量；
2. 增加触球频率；
3. 绕圈后快速控制球。

结束部分：放松拉伸

场地设置	组织方法
	1. 教师将学生分成4排横队，所有人之间一臂间隔，教师带领学生做放松拉伸；
	2. 总结时成密集队形；
	3. 值日生回收器材。

指导要点

1. 动作舒展、准确，身体放松；
2. 总结课堂内容，给予积极反馈。

第八课　身体素质练习

体能目标： 通过练习，发展学生的协调性和平衡性。
情感目标： 通过练习，培养学生的团队合作精神和竞争意识。

场区设置（教师可依教学实际情况进行调整）	课程结构（40min）
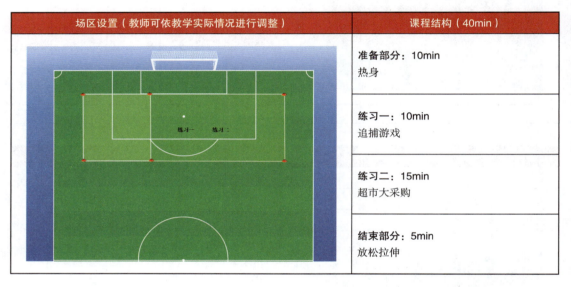	**准备部分：** 10min 热身
	练习一： 10min 追捕游戏
	练习二： 15min 超市大采购
	结束部分： 5min 放松拉伸

准备部分：热身	
场地设置	**组织方法**

场地	40m×20m
时间	10min
器材	无

1. 绕场地进行慢跑热身；
2. 教师将学生分成4排横队，所有人之间一臂间隔，教师带领学生做徒手操；
3. 徒手操包括：头部运动、肩部运动、扩胸运动、体转运动、腹背运动、弓步压腿、膝关节运动、手腕及踝关节运动。

指导要点

1. 动作舒展、协调；
2. 注意力集中。

练习一：追捕游戏

场地设置		组织方法
场地	20m×20m	1.教师将学生分成20人一组，共2组；（图示以1组为例） 2.在20m×20m场地，指定1名学生在圈外作为"捕手"，其余学生作为"自由人"在圈内运球； 3.教师发出信号后，"捕手"进入圈内捕捉"自由人"，捉到后手拉手组成一张网继续捕捉其余学生，直到全部捕捉完。 变化：（1）可以先不运球以降低难度； （2）可以增加捕手以提高难度； （3）改变场地大小。
时间	10min：练习3min，间歇30s，共3组	
器材	足球	
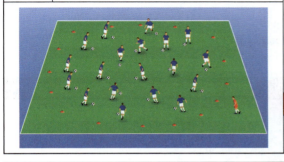		**指导要点**
		1.运球时注意观察； 2.选择合理的运球区域。

练习二：超市大采购

场地设置		组织方法
场地	20m×20m	1.教师将学生分成5人一组，共8组，每4组在一个区域进行比赛；（图示以4组为例） 2.在正方形区域中放置不同颜色的标志盘代表"食物"，学生分别站在正形区域的四条边上，将标志桶设置为自己的"家"； 3.教师下达指令，每组一名学生离开"家"，去取教师指令的"食物"，例如：教师说"西红柿"，学生就要收集红色的标志盘； 4.每次比赛采购"食物"最多的组获胜。 变化：（1）结合运球进行比赛； （2）每次出2名学生进行采购。
时间	15min：练习3min，间歇1min，共4组	
器材	足球、标志盘、标志桶	
		指导要点
		1.注意力集中； 2.运球时注意始终让球处在自己的控制范围内； 3.公平竞赛，遵守游戏规则。

结束部分：放松拉伸

场地设置	组织方法
	1.教师将学生分成4排横队，所有人之间一臂间隔，教师带领学生做放松拉伸； 2.总结时成密集队形； 3.值日生回收器材。
	指导要点
	1.动作舒展、准确，身体放松； 2.总结课堂内容，给予积极反馈。

第九课　强化脚内侧传接球技术

技能目标：通过本节课的学习，学生熟练掌握脚内侧传接球技术动作。
体能目标：通过练习，提高学生的协调性和平衡性。
情感目标：通过练习，培养学生的团队合作精神和竞争意识。

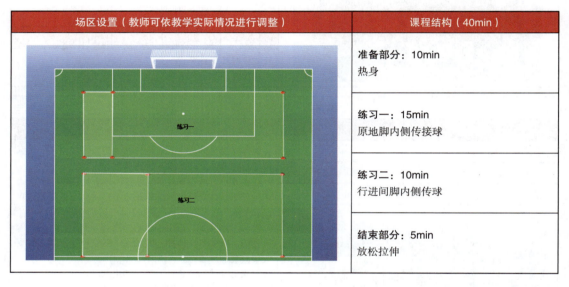

场区设置（教师可依教学实际情况进行调整）	课程结构（40min）
练习一 练习二	**准备部分：** 10min 热身
	练习一： 15min 原地脚内侧传接球
	练习二： 10min 行进间脚内侧传球
	结束部分： 5min 放松拉伸

准备部分：热身	
场地设置	**组织方法**

场地	40m × 20m	1. 绕场地进行慢跑热身； 2. 教师将学生分成4排横队，所有人之间一臂间隔，教师带领学生做徒手操； 3. 徒手操包括：头部运动、肩部运动、扩胸运动、体转运动、腹背运动、弓步压腿、膝关节运动、手腕及踝关节运动。
时间	10min	
器材	无	

指导要点
1. 动作舒展、协调； 2. 注意力集中。

练习一：原地脚内侧传接球

场地设置		组织方法
场地	8m×5m	1.教师将学生分成2人一组，共20组；（图示以3组为例） 2.每组学生一球，分别站在标志盘处，进行脚内侧传地滚球练习。 变化：（1）改变传球脚（右脚、左脚）； 　　　（2）改变传球距离。
时间	15min，练习3min，间歇1min，共4组	
器材	足球、标志盘	

	指导要点
	1.传球前抬头观察； 2.注意支撑脚站位，传球瞬间脚踝固定； 3.传球力量适中，部位准确。

练习二：行进间脚内侧传球

场地设置		组织方法
场地	20m×10m	1.教师将学生分为2人一组，共20组；（图示以2组为例） 2.每组学生一球，在规定区域内行进间传球练习； 3.前一组到达终点处，下一组再出发。 变化：（1）改变传球脚（右脚、左脚）； 　　　（2）改变传球距离。
时间	10min，练习2min，间歇40s，共4组	
器材	足球、标志盘	

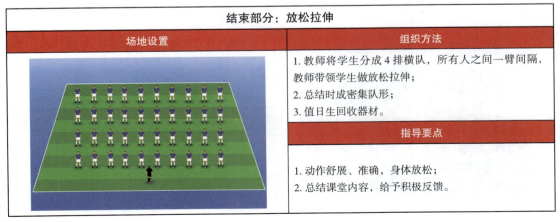

	指导要点
	1.传接球前抬头观察； 2.注意跑动时机和传接球时机； 2.传球时注意支撑脚站位，传球瞬间，脚踝固定，传球力量适中，部位准确。

结束部分：放松拉伸

场地设置	组织方法
	1.教师将学生分成4排横队，所有人之间一臂间隔，教师带领学生做放松拉伸； 2.总结时成密集队形； 3.值日生回收器材。

	指导要点
	1.动作舒展、准确，身体放松； 2.总结课堂内容，给予积极反馈。

第十课 提高脚内侧传接球技术

场区设置（教师可依教学实际情况进行调整）	课程结构（40min）
	**准备部分：**10min 热身
	练习一：10min 迎面传接球
	练习二：15min 方形传接球
	结束部分：5min 放松拉伸

准备部分：热身	
场地设置	组织方法

场地设置		组织方法
场地	40m×20m	1. 绕场地进行慢跑热身； 2. 教师将学生分成4排横队，所有人之间一臂间隔，教师带领学生做徒手操； 3. 徒手操包括：头部运动、肩部运动、扩胸运动、体转运动、腹背运动、弓步压腿、膝关节运动、手腕及踝关节运动。
时间	10min	
器材	无	
		指导要点
		1. 动作舒展、协调； 2. 注意力集中。

练习一：迎面传接球

场地设置		组织方法
场地	8m×8m	1.教师将学生分成5人一组，共8组；（图示以2组为例） 2.持球侧3名学生，对侧2名学生不持球，相距8m，站在标志盘后； 3.持球学生向对侧传球，传球后跑向对侧； 4.依次循环练习。 变化：改变接球脚（左脚、右脚）。
时间	10min：练习3min，间歇30s，共3组	
器材	足球、标志盘	
		**指导要点**
		1.注意接球前的移动； 2.注意接球脚的部位和力度； 3.加强与下一动作的衔接。

练习二：方形传接球

场地设置		组织方法
场地	10m×10m	1.教师将学生分成10人一组，共4组；（图示以1组为例） 2.10名学生在10m×10m的方形区域，站在标志盘后； 3.发球处3名学生，其余位置2名学生； 4.每组逆时针进行传接球，传完后跑向接球位置； 5.依次循环练习。 变化：改变传完球后的跑动方向（顺向，逆向）。
时间	15min：练习3min，间歇1min，共4组	
器材	足球、标志盘	
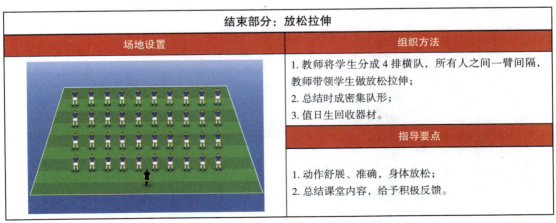		**指导要点**
		1.注意接球前的观察摆脱； 2.接球时身体打开； 3.第一次触球的方向（与出球方向一致）； 4.加强与下一动作的衔接。

结束部分：放松拉伸

场地设置	组织方法
	1.教师将学生分成4排横队，所有人之间一臂间隔，教师带领学生做放松拉伸； 2.总结时成密集队形； 3.值日生回收器材。
	指导要点
	1.动作舒展、准确，身体放松； 2.总结课堂内容，给予积极反馈。

第十一课　巩固脚背正面传空中球技术

技能目标：通过本节课的学习，学生熟练掌握脚背正面传空中球技术动作。
体能目标：通过练习，提高学生的协调性和平衡性。
情感目标：通过练习，培养学生的团队合作精神和竞争意识。

场区设置（教师可依教学实际情况进行调整）	课程结构（40min）
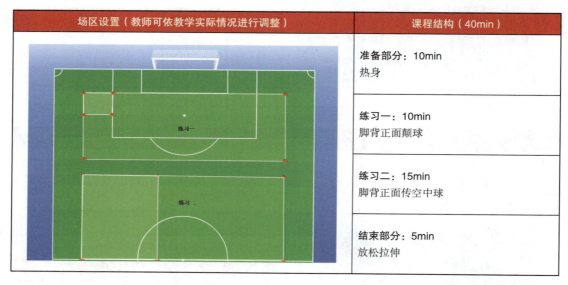	**准备部分：**10min 热身
	练习一：10min 脚背正面颠球
	练习二：15min 脚背正面传空中球
	结束部分：5min 放松拉伸

准备部分：热身	
场地设置	组织方法

场地	40m × 20m	1.绕场地进行慢跑热身； 2.教师将学生分成4排横队，所有人之间一臂间隔，教师带领学生做徒手操； 3.徒手操包括：头部运动、肩部运动、扩胸运动、体转运动、腹背运动、弓步压腿、膝关节运动、手腕及踝关节运动。
时间	10min	
器材	无	

	指导要点
	1.动作舒展、协调； 2.注意力集中。

练习一：脚背正面颠球	
场地设置	**组织方法**

场地	20m × 20m	1.教师将学生分成10人一组，共4组；（图示以1组为例） 2.每名学生1个球，在规定区域内用脚背正面进行颠球练习。 变化：（1）左右脚交替进行； 　　　（2）规定时间内，组内比赛。
时间	10min：练习3min，间歇30s，共3组	
器材	球	

	指导要点
	1.触球力度适中，触球部位要准确； 2.注意力集中，脚下移动要快。

练习二：脚背正面传空中球	
场地设置	**组织方法**

场地	5m × 5m	1.2人一组，间隔3m相向而站；（图示以1组为例） 2.一名学生抛球，另一名学生选择使用脚弓、大腿或胸部停球，停球后使用正脚背传球给抛球同学； 3.20次后交换。 变化：（1）改变踢球脚（右脚、左脚）； 　　　（2）改变传接球距离； 　　　（3）改变接球部位。
时间	15min：练习3min，间歇1min，共3组	
器材	足球、标志盘	

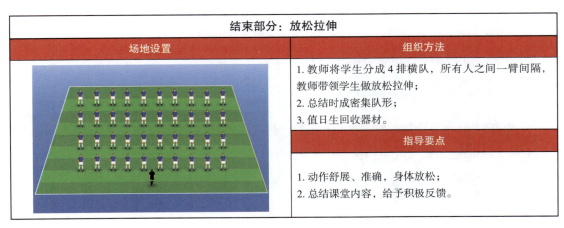

	指导要点
	1.判断落点，调整身体姿势，注意传球准确性与力度； 2.注意支撑脚站位、踢球的脚形与触球的部位； 3.注意力集中，紧盯来球，脚下随时移动。

结束部分：放松拉伸	
场地设置	**组织方法**

	1.教师将学生分成4排横队，所有人之间一臂间隔，教师带领学生做放松拉伸； 2.总结时成密集队形； 3.值日生回收器材。
	指导要点
	1.动作舒展、准确，身体放松； 2.总结课堂内容，给予积极反馈。

第十二课　复习脚背正面接球技术

技能目标： 通过本节课的学习，学生熟练掌握脚背正面传接球技术。
体能目标： 通过练习，提高学生的速度，发展学生的协调性和平衡性。
情感目标： 通过练习，培养学生的团队合作意识，提高学生的专注度。

场区设置（教师可依教学实际情况进行调整）	课程结构（40min）
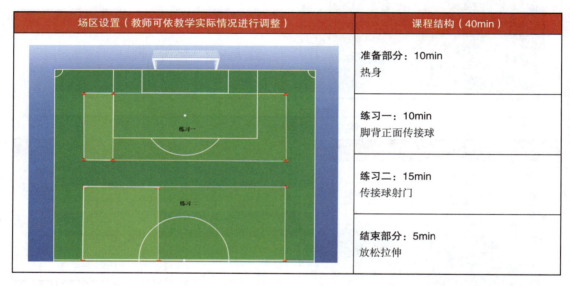	**准备部分：** 10min 热身
	练习一： 10min 脚背正面传接球
	练习二： 15min 传接球射门
	结束部分： 5min 放松拉伸

准备部分：热身	
场地设置	**组织方法**
场地　40m×20m	1.绕场地进行慢跑热身； 2.教师将学生分成4排横队，所有人之间一臂间隔，教师带领学生做徒手操； 3.徒手操包括：头部运动、肩部运动、扩胸运动、体转运动、腹背运动、弓步压腿、膝关节运动、手腕及踝关节运动。
时间　10min	
器材　无	
	指导要点
	1.动作舒展、协调； 2.注意力集中。

练习一：脚背正面传接球

场地设置		组织方法
场地	12m×4m	1.教师将学生分成2人一组，共20组；（图示以3组为例） 2.每组学生面对面站在标志盘摆放的区域内； 3.一侧学生使用脚背正面传球，对侧学生脚背正面接球； 变化：（1）改变传球和接球脚（左脚、右脚）； 　　　　（2）各组比赛规定时间内比较传球次数。
时间	10min：练习3min，间歇30s，共3组	
器材	足球、标志盘	
		指导要点
		1.接球前观察移动； 2.接球时注意触球的部位和力度。

练习二：传接球射门

场地设置		组织方法
场地	25m×25m	1.教师将学生分成10人一组，共4组；（图示以1组为例） 2.每组学生平均分成2小组，分别站在规定区域内的标志盘旁边，一组学生持球，用脚背正面传球，另一组学生用脚背正面接球后运球绕杆射门； 3.一组练习结束后，两个小组学生互换位置，循环练习。 变化：可降低难度，采用手抛球传球；
时间	15min：练习3min，间歇1min，共4组	
器材	足球、标志盘、标志桶	
		指导要点
		1.接球前观察移动位置； 2.接球时注意触球部位； 3.接球和运球动作衔接连贯。

结束部分：放松拉伸

场地设置	组织方法
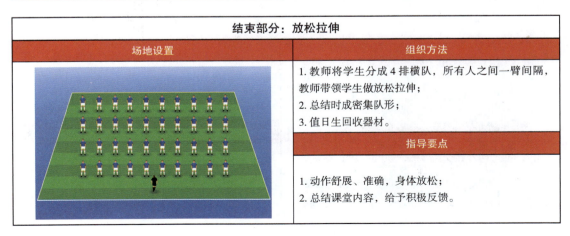	1.教师将学生分成4排横队，所有人之间一臂间隔，教师带领学生做放松拉伸； 2.总结时成密集队形； 3.值日生回收器材。
	指导要点
	1.动作舒展、准确，身体放松； 2.总结课堂内容，给予积极反馈。

第十三课　身体素质练习

体能目标： 通过练习，发展学生的协调性和平衡性。
情感目标： 通过练习，培养学生的团队合作精神和竞争意识。

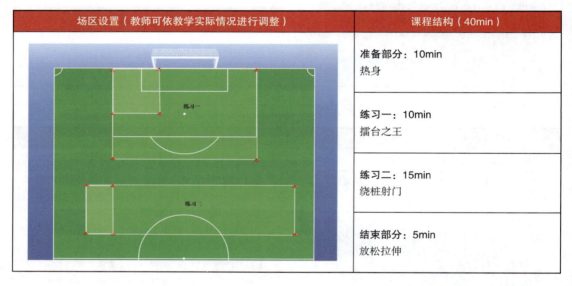

场区设置（教师可依教学实际情况进行调整）	课程结构（40min）
	准备部分：10min 热身
	练习一：10min 擂台之王
	练习二：15min 绕桩射门
	结束部分：5min 放松拉伸

准备部分：热身	
场地设置	**组织方法**
场地　40m×20m 时间　10min 器材　无	1. 绕场地进行慢跑热身； 2. 教师将学生分成4排横队，所有人之间一臂间隔，教师带领学生做徒手操； 3. 徒手操包括：头部运动、肩部运动、扩胸运动、体转运动、腹背运动、弓步压腿、膝关节运动、手腕及踝关节运动。
	指导要点
	1. 动作舒展、协调； 2. 注意力集中。

练习一：擂台之王

场地设置		组织方法
场地	20m×20m	1.教师将学生分成10人一组，共4组；（图示以1组为例）
时间	10min：练习3min，间歇30s，共3组	2.学生在20m×20m区域内自由运球，在控制好自己球的同时将别人的球破坏；
器材	足球、标志盘	3.球被破坏的学生随即被淘汰出局，不可以再碰别人的球；

1.教师将学生分成10人一组，共4组；（图示以1组为例）

2.学生在20m×20m区域内自由运球，在控制好自己球的同时将别人的球破坏；

3.球被破坏的学生随即被淘汰出局，不可以再碰别人的球；

4.当最后剩下2～3个学生时，可以加入时间限制来鼓励他们大胆进攻；

5.如果时间结束还未分胜负，则所有人加入开始新一轮。

变化：（1）改变场地大小；

　　　（2）对时间进行限制。

指导要点

1.注意观察其他学生位置；

2.让学生学会使用身体护球；

3.充分调动学生的积极性。

练习二：绕桩射门

场地设置		组织方法
场地	20m×10m	1.教师将学生分成5人一组，共8组；（图示以2组为例）
时间	15min：练习3min，间歇1min，共4组	2.如图示摆放场地，每组一块场地；
器材	足球、标志盘、标志桶、小球门	3.练习开始后，每名学生1个球，从起点标志盘出发开始绕标志桶运球；依次绕完4个标志桶后射门；

1.教师将学生分成5人一组，共8组；（图示以2组为例）

2.如图示摆放场地，每组一块场地；

3.练习开始后，每名学生1个球，从起点标志盘出发开始绕标志桶运球；依次绕完4个标志桶后射门；

4.前面学生完成绕标志桶后，后面学生出发。

变化：（1）换弱势脚绕标志桶、射门；

　　　（2）换绕标志桶方式（脚内侧、脚外侧）；

　　　（3）限制时间，5组学生进行比赛。

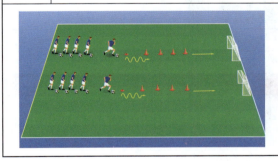

指导要点

1.注意绕标志桶时身体的协调性；

2.运球时要求脚下频率；

3.注意射门的准确性。

结束部分：放松拉伸

场地设置	组织方法
	1.教师将学生分成4排横队，所有人之间一臂间隔，教师带领学生做放松拉伸；
	2.总结时成密集队形；
	3.值日生回收器材。

指导要点

1.动作舒展、准确，身体放松；

2.总结课堂内容，给予积极反馈。

第十四课　小场地 5V5 比赛

技能目标：通过本节课的练习，提高学生在比赛中运用技术的能力。
体能目标：通过比赛，提高学生的速度，发展学生的协调性。
情感目标：通过比赛，培养学生的团队合作精神和竞争意识。

场区设置（教师可依教学实际情况进行调整）	课程结构（40min）
	**准备部分：10min** 热身
	练习：25min 小场地 5V5 比赛
	结束部分：5min 放松拉伸

准备部分：热身	

场地设置		组织方法
场地	40m×20m	1. 绕场地进行慢跑热身； 2. 教师将学生分成 4 排横队，所有人之间一臂间隔，教师带领学生做徒手操； 3. 徒手操包括：头部运动、肩部运动、扩胸运动、体转运动、腹背运动、弓步压腿、膝关节运动、手腕及踝关节运动。
时间	10min	
器材	无	
		指导要点
		1. 动作舒展、协调； 2. 注意力集中。

练习：小场地 5V5 比赛	
场地设置	组织方法

场地	25m × 15m	1. 教师将学生分为 5 人一组，共 8 组；（图示以 2 组为例） 2. 8 组学生分别在编号为 1、2、3、4 的四块场地进行比赛，比赛分为两节，每节 10min； 3. 第一节比赛结束后，1 号场地和 2 号场地的队伍随机交换比赛对手，3 号场地和 4 号场地的队伍随机交换比赛对手，继续进行第二节比赛。
时间	25min：练习 10min，间歇 5min，共 2 组	
器材	足球、球门	

	**指导要点**
	1. 比赛中积极运用所学技术； 2. 比赛中互相协作及交流； 3. 比赛中互相鼓励，积极参与。

结束部分：放松拉伸	
场地设置	组织方法

	1. 教师将学生分成 4 排横队，所有人之间一臂间隔，教师带领学生做放松拉伸； 2. 总结时成密集队形； 3. 值日生回收器材。
	指导要点
	1. 动作舒展、准确，身体放松； 2. 总结课堂内容，给予积极反馈。

第十五课　五人制足球基本知识与兴趣培养

> **知识目标：**通过本节课的学习，学生掌握五人制足球比赛基本知识。
> **情感目标：**通过学习，培养学生对足球的兴趣和独立思考的能力。

课程结构（40min）			
开始部分（8min）	内容一（17min）	内容二（10min）	结束部分（5min）
介绍本节课内容	五人制足球比赛基本知识	足球动画短片	总结

开始部分：介绍本节课内容			
组织方法			**指导要点**
时间	8min	地点	多媒体教室
1. 提问； 2. 视频导入； 3. 介绍本节课内容。			

指导要点：
1. 问题：足球比赛的种类都有哪些？
2. 推荐视频：五人制比赛视频。
3. 内容：五人制足球比赛基本知识、足球兴趣动画短片。

内容一：五人制足球比赛基本知识			
组织方法			**指导要点**
时间	17min	地点	多媒体教室
1. 提问导入； 2. 教师讲解五人制足球比赛基本知识。 变化：可增加知识竞答。			

指导要点：
1. 问题：你们对五人制足球都有哪些了解？
2. 讲解：关于五人制足球比赛基本知识的内容，包括五人制足球的起源、五人制足球基本阵型、五人制足球的发展。

内容二：足球动画短片			
组织方法			**指导要点**
时间	10min	地点	多媒体教室
1. 学生观看足球动画短片； 2. 教师提问。			

指导要点：
1. 推荐视频《汪星撞地球》第31集"第一次比赛"、第32集"我们是一个整体"、第33集"绝地大反击"。
2. 问题：通过视频你们学到了什么？

结束部分：总结			
组织方法			**指导要点**
时间	5min	地点	多媒体教室
1. 提问； 2. 总结； 3. 课后作业。			

指导要点：
1. 问题：我们这节课学习了什么？
2. 总结：五人制足球比赛基本知识。
3. 作业：查找五人制足球比赛的视频并观看。

第十六课　足球技能考试

技能目标：通过考试，考查学生的球性与球感。
体能目标：通过考试，测试学生的协调性、灵敏性、平衡性等素质。
情感目标：通过考试，考查学生的专注度。

场区设置（教师可依教学实际情况进行调整）	课程结构（40min）
	**准备部分：**5min 热身
	考试一：15min 原地揉球
	考试二：15min 向后绕支撑腿拉球
	结束部分：5min 放松拉伸

准备部分：热身	
场地设置	**组织方法**
场地　40m×20m 时间　10min 器材　无	1.绕场地进行慢跑热身； 2.教师将学生分成4排横队，所有人之间一臂间隔，教师带领学生做徒手操； 3.徒手操包括：头部运动、肩部运动、扩胸运动、体转运动、腹背运动、弓步压腿、膝关节运动、手腕及踝关节运动。
	指导要点
	1.动作舒展、协调； 2.注意力集中。

考试一：原地揉球

场地设置		组织方法
场地	20m×20m	1.考试场地与组织形式：考试学生在 20m×20m 的区域分成 2 排，两臂侧平举散开，每名学生 1 个球； 2.考试方法：教师给出指令后，学生做原地揉球动作，球保持原地或移动状态皆可，球失去控制可重新开始。测评时间不超过 2min。
时间	15min	
器材	足球	

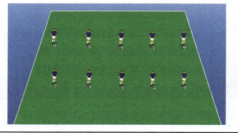

指导要点

测评员根据学生的控球表现进行评分，评分为整数分，满分为 100 分。

考试二：向后绕支撑腿拉球

场地设置		组织方法
场地	20m×20m	1.考试场地与组织形式：考试学生在 20m×20m 的区域分成 2 排，两臂侧平举散开，每名学生 1 个球； 2.考试方法：教师给出指令后，学生做向后支撑腿拉球的动作，球保持原地或移动状态皆可，球失去控制可重新开始。测评时间不超过 2min。
时间	15min	
器材	足球	

指导要点

测评员根据学生的控球能力表现进行评分，评分为整数分，满分为 100 分。

结束部分：放松拉伸

场地设置	组织方法
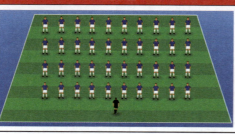	1.教师将学生分成 4 排横队，所有人之间一臂间隔，教师带领学生做放松拉伸； 2.总结时成密集队形； 3.值日生回收器材。
	指导要点
	1.动作舒展、准确，身体放松； 2.总结课堂内容，给予积极反馈。

评分标准

考试内容	单位	单项得分									
原地揉球	（分）	100	90	80	70	60	50	40	30	20	10
向后绕支撑腿拉球	（分）	100	90	80	70	60	50	40	30	20	10

注：教师可根据学生掌握技能的实际情况对考试标准进行适度调整。

综合评分：原地揉球得分 ×0.4+ 向后绕支撑腿拉球得分 ×0.6。

二年级下学期
足球教学课次内容示例

第十七课 拉球进阶

场区设置（教师可依教学实际情况进行调整）	课程结构（40min）
	**准备部分**：10min 热身
	练习一：10min 交通信号灯
	练习二：15min 拉球
	结束部分：5min 放松拉伸

准备部分：热身	
场地设置	**组织方法**

场地	40m × 20m	1.绕场地进行慢跑热身； 2.教师将学生分成4排横队，所有人之间一臂间隔，教师带领学生做徒手操； 3.徒手操包括：头部运动、肩部运动、扩胸运动、体转运动、腹背运动、弓步压腿、膝关节运动、手腕及踝关节运动。
时间	10min	
器材	无	
		指导要点
		1.动作舒展、协调； 2.注意力集中。

<table>
<tr><td colspan="4" align="center">练习一：交通信号灯</td></tr>
<tr><td colspan="2" align="center">场地设置</td><td colspan="2" align="center">组织方法</td></tr>
<tr>
<td>场地</td><td>10m×10m</td>
<td colspan="2" rowspan="3">1.教师将学生分成10人一组，共4组；（图示以1组为例）
2.在指定区域内，学生自由运球，教师需手持红色、绿色、黄色三种颜色的标志服（交通信号灯）；
3.学生运球时要关注交通信号灯。绿色运球，黄色练习运球假动作，红色停止运球。
变化：（1）变换练习的假动作；
　　　（2）运球不抬头观察的学生失去球权变为"交通警察"，在区域内巡逻观察寻找下一名运球不抬头观察的学生。</td>
</tr>
<tr><td>时间</td><td>10min：练习3min，间歇30s，共3组</td></tr>
<tr><td>器材</td><td>足球、标志盘</td></tr>
<tr><td colspan="2" rowspan="2">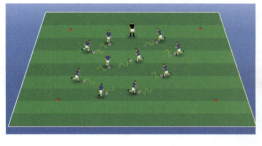</td><td colspan="2" align="center">指导要点</td></tr>
<tr><td colspan="2">1.抬头观察，避免相撞；
2.注意力集中；
3.遵守规则。</td></tr>
</table>

<table>
<tr><td colspan="4" align="center">练习二：拉球</td></tr>
<tr><td colspan="2" align="center">场地设置</td><td colspan="2" align="center">组织方法</td></tr>
<tr>
<td>场地</td><td>4m×4m</td>
<td colspan="2" rowspan="3">1.每名学生在指定区域内做好拉球练习；（图示以4名学生为例）
2.单脚练习：左脚（右脚）向内踩拉球，脚外侧挡停；左脚（右脚）向外踩拉球，脚内侧挡停。循环练习；
3.双脚练习：左脚向内踩拉球，右脚脚内侧挡停；右脚向内踩拉球，左脚脚内侧挡停。循环练习。
变化：（1）左右脚交替进行；
　　　（2）熟练后逐渐加快动作速度。</td>
</tr>
<tr><td>时间</td><td>15min：练习1min，间歇10s，共13组</td></tr>
<tr><td>器材</td><td>足球、标志盘</td></tr>
<tr><td colspan="2" rowspan="2">（图示）</td><td colspan="2" align="center">指导要点</td></tr>
<tr><td colspan="2">1.上肢放松，注意力集中；
2.脚底拉球、脚内侧或脚外侧挡停球时触球部位要准确，掌握好触球力度；
3.支撑脚随球移动，将球控制在身体范围之内；
4.注意身体重心的转换。</td></tr>
</table>

<table>
<tr><td colspan="4" align="center">结束部分：放松拉伸</td></tr>
<tr><td colspan="2" align="center">场地设置</td><td colspan="2" align="center">组织方法</td></tr>
<tr><td colspan="2" rowspan="2">（图示）</td><td colspan="2">1.教师将学生分成4排横队，所有人之间一臂间隔，教师带领学生做放松拉伸；
2.总结时成密集队形；
3.值日生回收器材。</td></tr>
<tr><td colspan="2" align="center">指导要点</td></tr>
<tr><td colspan="2"></td><td colspan="2">1.动作舒展、准确，身体放松；
2.总结课堂内容，给予积极反馈。</td></tr>
</table>

第十八课　学习"V"字拉球技术

技能目标：通过本节课的学习，学生初步掌握"V"字拉球技术。
体能目标：通过练习，提高学生的反应速度，发展学生的协调性和平衡性。
情感目标：通过练习，提高学生的专注度，培养学生对足球的兴趣。

场区设置（教师可依教学实际情况进行调整）	课程结构（40min）
	**准备部分：**10min 热身
	练习一：10min 偷梁换柱
	练习二：15min "V"字拉球
	结束部分：5min 放松拉伸

准备部分：热身	
场地设置	**组织方法**

场地设置		组织方法
场地	40m×20m	1.绕场地进行慢跑热身； 2.教师将学生分成4排横队，所有人之间一臂间隔，教师带领学生做徒手操； 3.徒手操包括：头部运动、肩部运动、扩胸运动、体转运动、腹背运动、弓步压腿、膝关节运动、手腕及踝关节运动。
时间	10min	
器材	无	

指导要点
1.动作舒展、协调； 2.注意力集中。

练习一：偷梁换柱

场地设置		组织方法
场地	60m×50m	1. 学生在球场内分散运球，每名学生1个球，学生完成教师指定的动作，如：右脚运球、左脚运球、快速运球等；（图示以10名学生为例） 2. 当教师发出口令：换！所有学生将球踩在原地去拿其他学生的球，然后继续运球。 变化：（1）可在运球的同时破坏别人的球，注意保护自己的球； 　　　（2）听教师口令，如："3"，则3个人一组带着球抱团。
时间	10min：练习3min，间歇30s，共3组	
器材	足球、标志盘	
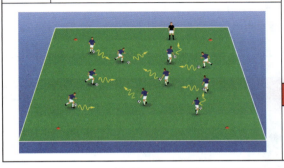		**指导要点**
		1. 抬头观察，相互沟通； 2. 护球时要充分利用身体； 3. 躲避防守人摆脱变向时要掌握节奏。

练习二："V"字拉球

场地设置		组织方法
场地	4m×4m	1. 每名学生1个球，在指定区域内每人前方摆一个标志桶，做两侧的拉球变向；（图示以9名学生为例） 2. 异侧脚拉球：将球放在左前方，右脚前脚掌踩球向回拉球后用脚内侧将球推向右前方，左脚前脚掌踩球向回拉球后用脚内侧推向左前方，注意支撑脚转向； 3. 同侧脚拉球：将球放在右前方，左脚前脚掌踩球向回拉球后用右脚脚内侧将球推向右前方，右脚前脚掌踩球向回拉球后左脚脚内侧将球推至左前方，注意支撑脚要垫步。 变化：原地练习转为行进间练习。
时间	15min：练习1min，间歇10s，共13组	
器材	足球、标志桶	
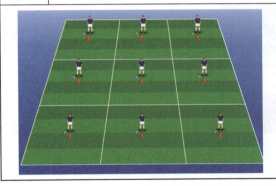		**指导要点**
		1. 上肢放松，拉球变向时身体重心要跟上； 2. 脚底拉球转换时脚内侧触球部位要准确； 3. 掌握触球力度，支撑脚要转向和垫步。

结束部分：放松拉伸

场地设置	组织方法
	1. 教师将学生分成4排横队，所有人之间一臂间隔，教师带领学生做放松拉伸； 2. 总结时成密集队形； 3. 值日生回收器材。
	指导要点
	1. 动作舒展、准确，身体放松； 2. 总结课堂内容，给予积极反馈。

第十九课 提高"V"字拉球技术

技能目标：通过本节课的学习，提高学生"V"字拉球技术。
体能目标：通过练习，提高学生的速度，发展学生的协调性和平衡性。
情感目标：通过练习，提高学生的专注度，培养学生对足球的兴趣。

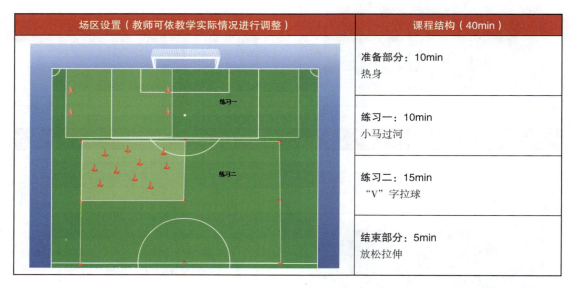

场区设置（教师可依教学实际情况进行调整）	课程结构（40min）
	准备部分：10min 热身
	练习一：10min 小马过河
	练习二：15min "V"字拉球
	结束部分：5min 放松拉伸

准备部分：热身	
场地设置	**组织方法**

场地	40m × 20m
时间	10min
器材	无

组织方法

1. 绕场地进行慢跑热身；
2. 教师将学生分成4排横队，所有人之间一臂间隔，教师带领学生做徒手操；
3. 徒手操包括：头部运动、肩部运动、扩胸运动、体转运动、腹背运动、弓步压腿、膝关节运动、手腕及踝关节运动。

指导要点

1. 动作舒展、协调；
2. 注意力集中。

练习一：小马过河

场地设置		组织方法
场地	25m×20m	1.教师将学生分成20人一组，共2组；（图示以1组为例） 2.如图所示，以4个标志桶摆放出防守区域； 3.2人在防守区域防守，其余人运球进攻。教师给出信号后，进攻学生运球穿越防守区并保护球不被别人抢到，球被别人抢到的学生变为防守学生； 变化：（1）改变防守学生的人数； 　　　（2）改变防区的大小。
时间	10min：练习3min，间歇30s，共3组	
器材	足球、标志桶	
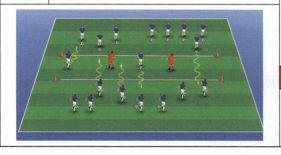		**指导要点**
		1.抬头观察，相互沟通； 2.护球时要充分利用身体； 3.躲避防守人摆脱变向时要掌握节奏。

练习二："V"字拉球

场地设置		组织方法
场地	30m×40m	1.教师将学生分成10人一组，共4组；（图示以1组为例） 2.每名学生1个球，在规定区域内自由练习； 3.异侧脚拉球：将球放在右前方，右脚前脚掌踩球向回拉球后用脚内侧将球推向右前方，左脚前脚掌踩球向回拉球后用脚内侧推向左前方，注意支撑脚要转向； 4.同侧脚拉球：将球放在右前方，左脚前脚掌踩球向回拉球后用右脚脚内侧将球推向右前方，右脚前脚掌踩球向回拉球后左脚脚内侧将球推至左前方，注意支撑脚要垫步。 变化：（1）左右脚变换； 　　　（2）熟练后逐渐加快动作速度。
时间	15min：练习1min，间歇10s，共13组	
器材	足球、标志桶、标志盘	
		指导要点
		1.上肢放松，注意力集中； 2.脚底拉球转换时脚内侧触球部位要准确； 3.掌握触球力度，注意支撑脚要转向和垫步； 4.拉球变向时身体重心要跟上。

结束部分：放松拉伸

场地设置	组织方法
	1.教师将学生分成4排横队，所有人之间一臂间隔，教师带领学生做放松拉伸； 2.总结时成密集队形； 3.值日生回收器材。
	指导要点
	1.动作舒展、准确，身体放松； 2.总结课堂内容，给予积极反馈。

第二十课　小场地 5V5 比赛

> **技能目标**：通过本节课的练习，提高学生在比赛中运用技术的能力。
> **体能目标**：通过比赛，提高学生的速度，发展学生的协调性。
> **情感目标**：通过比赛，培养学生的团队合作精神和竞争意识。

场区设置（教师可依教学实际情况进行调整）	课程结构（40min）
	准备部分：10min 热身
	练习：25min 小场地 5V5 比赛
	结束部分：5min 放松拉伸

准备部分：热身	
场地设置	**组织方法**
场地　40m×20m	1. 绕场地进行慢跑热身；
时间　10min	2. 教师将学生分成 4 排横队，所有人之间一臂间隔，教师带领学生做徒手操；
器材　无	3. 徒手操包括：头部运动、肩部运动、扩胸运动、体转运动、腹背运动、弓步压腿、膝关节运动、手腕及踝关节运动。
	指导要点
	1. 动作舒展、协调； 2. 注意力集中。

练习：小场地 5V5 比赛	
场地设置	组织方法
	1.教师将学生分为5人一组，共8组；（图示以2组为例） 2.8组学生分别在编号为1、2、3、4的四块场地进行比赛，比赛分为两节，每节10min； 3.第一节比赛结束后，1号场地和2号场地的队伍随机交换比赛对手，3号场地和4号场地的队伍随机交换比赛对手，继续进行第二节比赛。

场地设置	
场地	25m × 15m
时间	25min：练习 10min，间歇 5min，共 2 组
器材	足球、球门

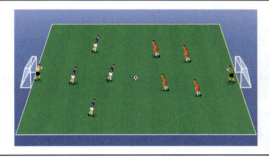

指导要点
1.比赛中积极运用所学技术； 2.比赛中互相协作及交流； 3.比赛中互相鼓励，积极参与。

结束部分：放松拉伸	
场地设置	组织方法
	1.教师将学生分成4排横队，所有人之间一臂间隔，教师带领学生做放松拉伸； 2.总结时成密集队形； 3.值日生回收器材。

指导要点
1.动作舒展、准确，身体放松； 2.总结课堂内容，给予积极反馈。

第二十一课　提高脚内侧颠球技术

技能目标：通过本节课的学习，提高学生脚内侧颠球技术。
体能目标：通过练习，提高学生的速度，发展学生的协调性和平衡性。
情感目标：通过练习，培养学生的团队合作精神，提高学生的专注度。

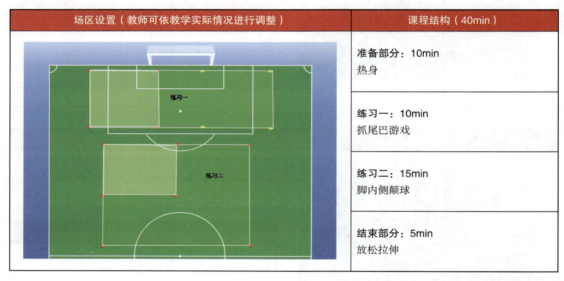

场区设置（教师可依教学实际情况进行调整）	课程结构（40min）
	准备部分：10min 热身
	练习一：10min 抓尾巴游戏
	练习二：15min 脚内侧颠球
	结束部分：5min 放松拉伸

准备部分：热身	

场地设置		组织方法
场地	40m×20m	1.绕场地进行慢跑热身； 2.教师将学生分成4排横队，所有人之间一臂间隔，教师带领学生做徒手操； 3.徒手操包括：头部运动、肩部运动、扩胸运动、体转运动、腹背运动、弓步压腿、膝关节运动、手腕及踝关节运动。
时间	10min	
器材	无	
		指导要点
		1.动作舒展、协调； 2.注意力集中。

练习一：抓尾巴游戏

场地设置		组织方法
场地	20m × 20m	1.教师将学生分成10人一组，共4组；（图示以1组为例） 2.分为红、蓝两队，每名学生1个球，身后都挂着一件标志服作为"尾巴"，在运控球过程中，保护好自己的"尾巴"不被抓到，尽可能抓到更多其他人的"尾巴"。 变化：（1）左右脚交替进行运控球； 　　　（2）只能用弱势脚运控球。
时间	10min：练习3min，间歇30s，共3组	
器材	足球、标志盘、标志服	
		指导要点
		1.将球控制在身体范围之内； 2.注意观察、掌握距离； 3.摆脱时要有变向和变速。

练习二：脚内侧颠球

场地设置		组织方法
场地	15m × 15m	1.教师将学生分成10人一组，共4组，每名学生1个球；（图示以1组为例） 2.在规定区域内练习脚内侧颠球技术，先熟悉颠球部位，可允许颠一次球触一次地，熟练后变为连续颠球。 变化：左脚—右脚交换颠球练习。
时间	15min：练习3min，间歇1min，共4组	
器材	足球、标志盘	
		指导要点
		1.注意判断落点，触球的部位； 2.注意脚下的移动，踝关节适度紧张； 3.上肢放松，注意力集中。

结束部分：放松拉伸

场地设置	组织方法
	1.教师将学生分成4排横队，所有人之间一臂间隔，教师带领学生做放松拉伸； 2.总结时成密集队形； 3.值日生回收器材。
	指导要点
	1.动作舒展、准确，身体放松； 2.总结课堂内容，给予积极反馈。

第二十二课　巩固脚背正面运球技术

技能目标：通过本节课的学习，巩固学生脚背正面运球技术。
体能目标：通过练习，发展学生的灵敏性、协调性。
情感目标：通过练习，提高学生的专注度和自信心，加强同学间的交流。

场区设置（教师可依教学实际情况进行调整）	课程结构（40min）
	**准备部分：**10min 热身
	练习一：12min 运球接力
	练习二：13min 团结协作运球
	结束部分：5min 放松拉伸

准备部分：热身	
场地设置	**组织方法**

场地	40m×20m	1.绕场地进行慢跑热身； 2.教师将学生分成4排横队，所有人之间一臂间隔，教师带领学生做徒手操； 3.徒手操包括：头部运动、肩部运动、扩胸运动、体转运动、腹背运动、弓步压腿、膝关节运动、手腕及踝关节运动。
时间	10min	
器材	无	
		指导要点
		1.动作舒展、协调； 2.注意力集中。

练习一：运球接力	
场地设置	**组织方法**
场地　边长 8m 的正三角形 **时间**　12min：练习 5min，间歇 2min，共 2 组 **器材**　足球、标志盘 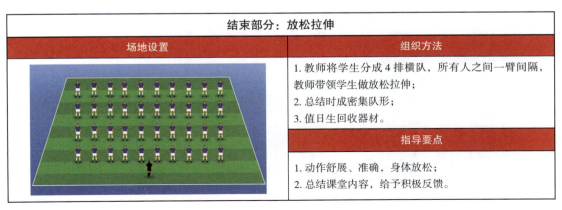	1.教师将学生分成 5 人一组，共 8 组；（图示以 1 组为例） 2.用标志盘摆出一个边长为 8m 的正三角形，起点 3 名学生，其余两点各 1 名学生； 3.教师发出指令，起点处排头学生脚背正面运球向下一个标志盘； 4.到达下一个标志盘后进行接力，将球给下一个学生并且站在该标志盘处。 变化：（1）改变场地大小； 　　　　（2）到达标志盘后绕标志盘一圈再进行接力。 **指导要点** 1.掌握好触球的力量； 2.运球时抬头观察。 3.同伴之间互相响应。

练习二：团结协作运球	
场地设置	**组织方法**
场地　边长 8m 的正三角形 **时间**　13min：练习 6min，间歇 1min，共 2 组 **器材**　足球、标志盘	1.教师将学生分成 5 人一组，共 8 组；（图示以 1 组为例） 2.用标志盘摆出一个为 8m 的正三角形，三角形区域内 2 名学生，三个标志盘处各 1 名学生； 3.标志盘处的学生持球，将球传给区域内的学生并且跑向区域内； 4.区域内学生接球后，脚背正面运球向标志盘（与传球学生交换位置）。 变化：改变场内人数。 **指导要点** 1.运球时抬头观察，躲避； 2.将球控制在身体范围之内； 3.相互呼应、提醒。

结束部分：放松拉伸	
场地设置	**组织方法**
	1.教师将学生分成 4 排横队，所有人之间一臂间隔，教师带领学生做放松拉伸； 2.总结时成密集队形； 3.值日生回收器材。 **指导要点** 1.动作舒展、准确，身体放松； 2.总结课堂内容，给予积极反馈。

第二十三课 巩固脚背外侧运球技术

技能目标：通过本节课的学习，巩固学生脚背外侧运球技术。
体能目标：通过练习，发展学生的灵敏性、协调性、平衡性。
情感目标：通过练习，提高学生的专注度和自信心，加强同学间的交流，提升学习的积极性。

场区设置（教师可依教学实际情况进行调整）	课程结构（40min）
	**准备部分**：10min 热身
	练习一：12min 足球标记小游戏
	练习二：13min 红灯停，绿灯行
	结束部分：5min 放松拉伸

准备部分：热身	
场地设置	组织方法

场地设置		组织方法
场地	40m×20m	1. 绕场地进行慢跑热身； 2. 教师将学生分成4排横队，所有人之间一臂间隔，教师带领学生做徒手操； 3. 徒手操包括：头部运动、肩部运动、扩胸运动、体转运动、腹背运动、弓步压腿、膝关节运动、手腕及踝关节运动。
时间	10min	
器材	无	
		指导要点
		1. 动作舒展、协调； 2. 注意力集中。

练习一：足球标记小游戏

场地设置		组织方法
场地	20m×20m	1. 教师将学生分成10人一组，共4组，10名学生持球站在四边形区域内；（图示以1组为例） 2. 教师发出指令，游戏开始，学生脚背外侧在场地内运球，并且企图用手触碰别人，被触摸到的学生则视为"被标记"； 3. 第一次被标记时，运球时必须用手抓住被触摸的部位，第二次被标记时，在原地站10s后回归游戏。 变化：第二次标记时，需要前滚翻一次。
时间	12min：练习2min，间歇30s，共5组	
器材	足球、标志盘	

	指导要点
	1. 运球时注意随时观察； 2. 合理选择运球区域与方向； 3. 始终将球控制在脚下。

练习二：红灯停，绿灯行

场地设置		组织方法
场地	20m×20m	1. 教师将学生分成10人一组，共4组，10名学生一字排开，持球站在四边形的一侧；（图示以1组为例） 2. 教师发出指令，学生行动。"绿灯"，学生脚背外侧运球向另一侧；"红灯"，学生立刻停住不再前进。 变化：增加命令，如"照相机"，学生不能动；"黄灯"，预停信号；"转向"，右转弯或左转弯。
时间	13min：练习4min，间歇30s，共3组	
器材	足球、标志盘	

	指导要点
	1. 控制触球力量与运球速度； 2. 始终将球控制在身体范围之内； 3. 抬头观察； 4. 快速反应。

结束部分：放松拉伸

场地设置	组织方法
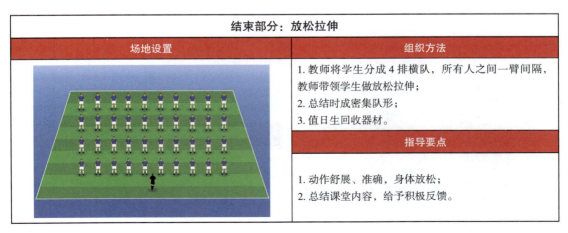	1. 教师将学生分成4排横队，所有人之间一臂间隔，教师带领学生做放松拉伸； 2. 总结时成密集队形； 3. 值日生回收器材。

指导要点
1. 动作舒展、准确，身体放松； 2. 总结课堂内容，给予积极反馈。

第二十四课　身体素质练习

技能目标：通过本节课的学习，提高学生的球感和运控球能力。
体能目标：通过练习，发展学生的协调性和平衡性。
情感目标：通过练习，培养学生的团队合作精神和竞争意识。

场区设置（教师可依教学实际情况进行调整）	课程结构（40min）
	**准备部分：**10min 热身
	练习一：10min 运球接力
	练习二：15min 抢圈游戏
	结束部分：5min 放松拉伸

准备部分：热身	
场地设置	**组织方法**
场地 40m×20m **时间** 10min **器材** 无	1. 绕场地进行慢跑热身； 2. 教师将学生分成4排横队，所有人之间一臂间隔，教师带领学生做徒手操； 3. 徒手操包括：头部运动、肩部运动、扩胸运动、体转运动、腹背运动、弓步压腿、膝关节运动、手腕及踝关节运动。
	指导要点
	1. 动作舒展、协调； 2. 注意力集中。

练习一：运球接力

场地设置		组织方法
场地	20m×15m	1.教师将学生分成5人一组，共8组；（图示以3组为例） 2.每组一球，所有学生站在一侧的标志盘起点之后； 3.学生听到信号后快速运球前进，到达折返线后，迅速转身返回到起点线，并把球交给自己的同伴，依次运球接力练习； 4.最先完成接力的一组获胜。 变化：（1）使用弱势脚运球； 　　　（2）根据学生的实际能力调整比赛距离。
时间	10min：练习3min，间歇30s，共3组	
器材	足球、标志盘	
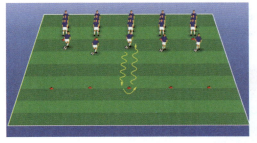		**指导要点**
		1.处理好运球速度和控球距离的关系； 2.注意力集中，抬头观察。

练习二：抢圈游戏

场地设置		组织方法
场地	15m×15m	1.教师将学生分成10人一组，共4组；（图示以1组为例） 2.每组10名学生，9名学生围成一圈，1名学生在圈内抢球； 3.圈外的学生脚传球、控球，圈内的学生抢球，如果抢到球则与失误的学生互换位置。 变化：（1）可以增加抢球人数； 　　　（2）根据学生的身体能力，调整练习场地大小。
时间	15min：练习3min，间歇1min，共4组	
器材	足球、标志盘	
		指导要点
		1.相互呼应、提前观察； 2.注意传球的准确性；

结束部分：放松拉伸

场地设置	组织方法
	1.教师将学生分成4排横队，所有人之间一臂间隔，教师带领学生做放松拉伸； 2.总结时成密集队形； 3.值日生回收器材。
	指导要点
	1.动作舒展、准确，身体放松； 2.总结课堂内容，给予积极反馈。

第二十五课　巩固脚内侧传接球技术

技能目标： 通过本节课的学习，巩固学生脚内侧传接球技术。
体能目标： 通过练习，发展学生的协调性和平衡性。
情感目标： 通过练习，培养学生的团队合作精神和竞争意识。

场区设置（教师可依教学实际情况进行调整）	课程结构（40min）
	**准备部分：** 10min 热身
	练习一： 10min 三角形传接球
	练习二： 15min "Y"形传接球
	结束部分： 5min 放松拉伸

准备部分：热身	
场地设置	**组织方法**

场地	40m×20m	1．绕场地进行慢跑热身； 2．教师将学生分成4排横队，所有人之间一臂间隔，教师带领学生做徒手操； 3．徒手操包括：头部运动、肩部运动、扩胸运动、体转运动、腹背运动、弓步压腿、膝关节运动、手腕及踝关节运动。
时间	10min	
器材	无	

指导要点
1．动作舒展、协调； 2．注意力集中。

练习一：三角形传接球

场地设置		组织方法
场地	边长为4m的正三角形	教师将学生分成3人一组，共13组，其中1组4名学生，一人轮换。每组学生呈三角形站位，3名学生一组互相传球。（图示以1组为例） 变化：（1）改变踢球脚（右脚，左脚）； （2）规定传球方向； （3）一脚传球； （4）增加传球距离； （5）开展组间竞赛，在规定时间内比较各组传球成功的次数。
时间	10min：练习3min，间歇30s，共3组	
器材	足球、标志盘	

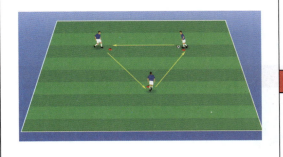

指导要点

1. 观察，调整姿态，身体打开；
2. 注意传球的方向、力度、时机；
3. 接球人的摆脱、接应角度、距离、时机；
4. 接球的部位，接球与传球的连接。

练习二："Y"形传接球

场地设置		组织方法
场地	16m×8m	1. 教师将学生分成10人一组，共4组；（图示以1组为例） 2. 如图所示站位，初始持球人的点站4名学生； 3. 传球至哪一点后迅速跑至该点； 4. 两个方向依次进行练习，两侧学生得球后迅速运球至第一点继续重复之前练习； 5. 前一名学生跑至中间接应点后，第二名学生即可出发。 变化：改变踢球脚（右脚，左脚）。
时间	15min：练习3min，间歇1min，共4组	
器材	足球、标志盘	

指导要点

1. 观察，调整身体朝向；
2. 接球前的摆脱；
3. 传球学生注意传球力量、方向、时机；
4. 接球学生注意接球时机、距离、角度；
5. 接球的部位，接传球的连接。

结束部分：放松拉伸

场地设置	组织方法
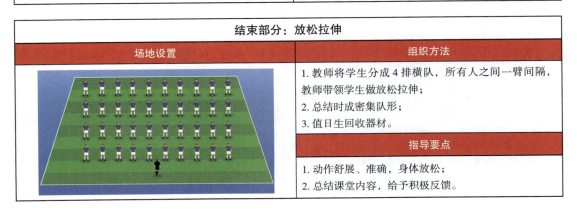	1. 教师将学生分成4排横队，所有人之间一臂间隔，教师带领学生做放松拉伸； 2. 总结时成密集队形； 3. 值日生回收器材。

指导要点

1. 动作舒展、准确，身体放松；
2. 总结课堂内容，给予积极反馈。

第二十六课　提高脚内侧传接球技术

技能目标： 通过本节课的学习，提高学生脚内侧传接球技术。
体能目标： 通过练习，发展学生的耐力和协调性。
情感目标： 通过练习，提高学生的专注度，培养学生的团队合作精神。

场区设置（教师可依教学实际情况进行调整）	课程结构（40min）
	准备部分：10min 热身
	练习一：12min 迎面传接球
	练习二：12min 迎面配合传接球
	结束部分：6min 放松拉伸

准备部分：热身		
场地设置		**组织方法**
场地	40m×20m	1.绕场地进行慢跑热身； 2.教师将学生分成4排横队，所有人之间一臂间隔，教师带领学生做徒手操； 3.徒手操包括：头部运动、肩部运动、扩胸运动、体转运动、腹背运动、弓步压腿、膝关节运动、手腕及踝关节运动。
时间	10min	
器材	无	
		指导要点
		1.动作舒展、协调； 2.注意力集中。

练习一：迎面传接球

场地设置		组织方法
场地	16m×5m	1.教师将学生分成5人一组，共8组；（图示以1组为例） 2.5名学生在规定区域内，中间1名学生，两侧各2名学生； 3.边侧学生传球给中间学生，中间学生接球后向传球学生一侧运球，然后传球给传球侧的后一名学生，跑到队尾； 4.边侧传球学生传完球后跑到中间，接对侧学生的传球，依次循环练习。 变化：改变接球脚（左脚、右脚）。
时间	12min：练习2min，间歇30s，共5组	
器材	足球、标志盘	
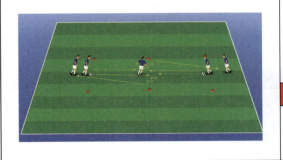		指导要点
		1.接球前观察移动，调整身体姿态； 2.注意第一次触球的方向； 3.注意接球时的身体跟随。

练习二：迎面配合传接球

场地设置		组织方法
场地	16m×5m	1.教师将学生分成5人一组，共8组；（图示以1组为例） 2.5名学生在规定区域内，中间1名学生，两侧各2名学生； 3.如图所示，边侧学生传球给中间学生，然后向前接应，中间学生接球后传给接应的学生，接应学生接球后再传球给对侧学生，然后跑到对侧队尾； 4.依次循环进行。每组结束换中间学生。 变化：改变接球脚（左脚、右脚）。
时间	12min：练习2min，间歇30s，共5组	
器材	足球、标志盘	
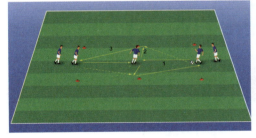		指导要点
		1.接球前观察移动，打开身体； 2.注意接球的部位和力度； 3.加强与下一个动作的衔接。

结束部分：放松拉伸

场地设置	组织方法
	1.教师将学生分成4排横队，所有人之间一臂间隔，教师带领学生做放松拉伸； 2.总结时成密集队形； 3.值日生回收器材。
	指导要点
	1.动作舒展、准确，身体放松； 2.总结课堂内容，给予积极反馈。

第二十七课　巩固脚背正面传接球技术

技能目标： 通过本节课的学习，巩固学生脚背正面传接球技术。
体能目标： 通过练习，发展学生的协调性和平衡性。
情感目标： 通过练习，培养学生的团队合作精神和竞争意识。

场区设置（教师可依教学实际情况进行调整）	课程结构（40min）
 练习一·练习二	**准备部分：** 10min 热身
	练习一： 15min 脚背正面传接地滚球
	练习二： 10min 脚背正面传空中球
	结束部分： 5min 放松拉伸

准备部分：热身	
场地设置	**组织方法**

场地设置		组织方法
场地	40m × 20m	1.绕场地进行慢跑热身； 2.教师将学生分成4排横队，所有人之间一臂间隔，教师带领学生做徒手操； 3.徒手操包括：头部运动、肩部运动、扩胸运动、体转运动、腹背运动、弓步压腿、膝关节运动、手腕及踝关节运动。
时间	10min	
器材	无	

指导要点
1.动作舒展、协调； 2.注意力集中。

练习一：脚背正面踢地滚球

场地设置		组织方法
场地	6m×5m	1.教师将学生分为2人一组，共20组；（图示以2组为例） 2.两名学生相距6m相向而站，进行脚背正面传接地滚球训练。 变化：（1）改变踢球脚（右脚，左脚）； 　　　　（2）改变传球距离。
时间	15min：练习3min，间歇1min，共4组	
器材	足球、标志盘	

<table>
<tr><td colspan="2" rowspan="2"></td><td>指导要点</td></tr>
<tr><td rowspan="2">1.抬头观察，调整身体姿态；
2.支撑脚站位和触球的部位要准确；
3.摆腿时大腿带动小腿，小腿快速摆动发力；
4.踢球后，注意身体重心不要后仰。</td></tr>
<tr><td colspan="2"></td></tr>
</table>

练习二：脚背正面传空中球

场地设置		组织方法
场地	5m×5m	1.教师将学生分为2人一组，共20组；（图示以1组为例） 2.学生在规定区域内，一名学生从三个标志盘的一侧单脚跳至三个标志盘的另一侧，用脚背正面踢对面学生抛来的空中球，将球回传给对面学生。 变化：（1）改变传球距离； 　　　　（2）改变标志盘之间的距离。
时间	10min：练习2min，间歇40s，共4组	
器材	足球、标志盘	

指导要点

1.脚下快速移动，控制身体；
2.注意触球部位；
3.注意踢球的力度。

结束部分：放松拉伸

场地设置	组织方法
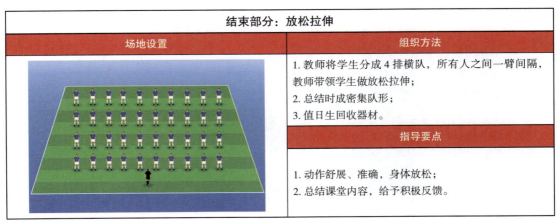	1.教师将学生分成4排横队，所有人之间一臂间隔，教师带领学生做放松拉伸； 2.总结时成密集队形； 3.值日生回收器材。
	指导要点
	1.动作舒展、准确，身体放松； 2.总结课堂内容，给予积极反馈。

第二十八课　提高脚背正面传接球技术

技能目标：通过本节课的学习，提高学生脚背正面传接球技术。
体能目标：通过练习，发展学生的协调性和平衡性。
情感目标：通过练习，培养学生的团队合作精神和竞争意识。

场区设置（教师可依教学实际情况进行调整）	课程结构（40min）
	准备部分：10min 热身
	练习一：14min 脚背正面传接球
	练习二：11min 行进间传接球
	结束部分：5min 放松拉伸

准备部分：热身	

场地设置		组织方法
场地	40m × 20m	1.绕场地进行慢跑热身；
时间	10min	2.教师将学生分成 4 排横队，所有人之间一臂间隔，教师带领学生做徒手操；
器材	无	3.徒手操包括：头部运动、肩部运动、扩胸运动、体转运动、腹背运动、弓步压腿、膝关节运动、手腕及踝关节运动。

指导要点
1.动作舒展、协调； 2.注意力集中。

练习一：脚背正面传接球

场地设置		组织方法
场地	6m×4m	1.教师将学生分为2人一组，共20组；（图示以2组为例） 2.两名学生相距6m相向而站，中间摆放间距为2m的两个标志盘； 3.学生进行脚背正面踢地滚球训练，要求传球路线必须从中间标志盘之间通过。 变化：（1）改变踢球脚（右脚，左脚）； 　　　（2）改变传球距离； 　　　（3）开展组间竞赛。
时间	14min：练习3min，间歇40s，共4组	
器材	足球、标志盘	

指导要点
1.抬头观察，调整身体姿态； 2.踢球动作要准确； 3.传球的准确性和力度要恰当； 4.脚下移动接球，传接球之间的衔接要迅速。

练习二：行进间传接球

场地设置		组织方法
场地	20m×20m	1.教师将学生分为10人一组，共4组，2名学生1个球；（图示以1组为例） 2.学生在指定区域内自由跑动并进行脚背正面传球。 变化：（1）改变场地大小； 　　　（2）增加障碍物。
时间	11min：练习5min，间歇1min，共2组	
器材	足球、标志盘	

指导要点
1.抬头观察，避免与其他学生相撞； 2.注意移动中支撑脚站位以及传球的时机； 3.传球前呼应，接球前的摆脱接应； 4.注意传接球之间快速衔接。

结束部分：放松拉伸

场地设置	组织方法
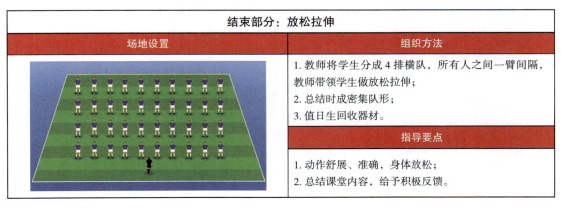	1.教师将学生分成4排横队，所有人之间一臂间隔，教师带领学生做放松拉伸； 2.总结时成密集队形； 3.值日生回收器材。

指导要点
1.动作舒展、准确，身体放松； 2.总结课堂内容，给予积极反馈。

第二十九课　身体素质练习

体能目标：通过练习，发展学生的协调性和平衡性。
情感目标：通过练习，培养学生的团队合作精神和竞争意识。

场区设置（教师可依教学实际情况进行调整）	课程结构（40min）
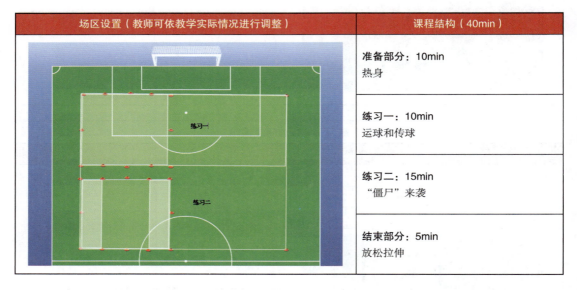	准备部分：10min 热身
	练习一：10min 运球和传球
	练习二：15min "僵尸"来袭
	结束部分：5min 放松拉伸

准备部分：热身	

场地设置		组织方法
场地	40m×20m	1.绕场地进行慢跑热身； 2.教师将学生分成4排横队，所有人之间一臂间隔，教师带领学生做徒手操； 3.徒手操包括：头部运动、肩部运动、扩胸运动、体转运动、腹背运动、弓步压腿、膝关节运动、手腕及踝关节运动。
时间	10min	
器材	无	
		指导要点
		1.动作舒展、协调； 2.注意力集中。

练习一：运球和传球

场地设置		组织方法
场地	20m×20m	1.教师将学生分成20人一组，共2组；（图示以1组为例） 2.在20m×20m的区域中，每组16名学生各持1个球进行运球，另外4名学生2人一组相互之间传球，避开运球学生； 3.一组练习结束后，换4名学生传球，继续练习。 变化：（1）缩小练习场地空间； （2）增加更多的传球学生，在运球学生中间传球； （3）增加更多的运球学生。
时间	10min：练习3min，间歇30s，共3组	
器材	足球、标志盘	
		**指导要点**
		1.注意观察其他学生位置； 2.让学生学会使用身体护球； 3.充分调动学生的积极性。

练习二：僵尸来袭

场地设置		组织方法
场地	20m×20m	1.教师将学生分成10人一组，共4组；（图示以1组为例） 2.将每组学生分为两队，一队持球从中间开始，另一队不持球从区域的对侧开始； 3.从中间开始的学生为"僵尸"，他们必须运球且保持对球的控制，用手碰到对侧"人类"为胜利。对侧无球逃跑的"人类"必须躲过"僵尸"的抓捕，从区域的一侧跑到另一侧。"人类"被抓住后变为"僵尸"，从场边拿球开始抓人； 4."人类"到达对面安全区域为胜利。 变化：（1）"僵尸"改为弱势脚运球； （2）改变场地大小。
时间	15min：练习3min，间歇1min，共4组	
器材	足球、标志盘、标志服	
		**指导要点**
		1.提醒"僵尸"注意抬头观察抓捕对象的位置，并在抓捕"人类"时要把球控制在自己的脚下； 2.提醒"人类"要善于变向和躲闪避免被抓到； 3.提醒学生不要犯规。

结束部分：放松拉伸

场地设置	组织方法
	1.教师将学生分成4排横队，所有人之间一臂间隔，教师带领学生做放松拉伸； 2.总结时成密集队形； 3.值日生回收器材。
	指导要点
	1.动作舒展、准确，身体放松； 2.总结课堂内容，给予积极反馈。

第三十课 小场地 5V5 比赛

技能目标：通过本节课的练习，提高学生在比赛中运用技术的能力。
体能目标：通过比赛，发展学生的速度和协调性。
情感目标：通过比赛，培养学生的团队合作精神和竞争意识。

场区设置（教师可依教学实际情况进行调整）	课程结构（40min）
	准备部分：10min 热身
	练习：25min 小场地 5V5 比赛
	结束部分：5min 放松拉伸

准备部分：热身	
场地设置	**组织方法**
场地 40m×20m 时间 10min 器材 无	1. 绕场地进行慢跑热身； 2. 教师将学生分成 4 排横队，所有人之间一臂间隔，教师带领学生做徒手操； 3. 徒手操包括：头部运动、肩部运动、扩胸运动、体转运动、腹背运动、弓步压腿、膝关节运动、手腕 及踝关节运动。
	指导要点
	1. 动作舒展、协调； 2. 注意力集中。

练习：小场地 5V5 比赛	
场地设置	组织方法
<table><tr><td>场地</td><td>25m × 15m</td></tr><tr><td>时间</td><td>25min：练习 10min，间歇 5min，共 2 组</td></tr><tr><td>器材</td><td>足球、球门</td></tr></table> 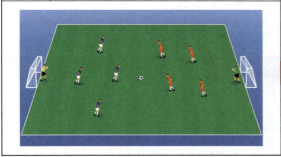	1. 教师将学生分为 5 人一组，共 8 组；（图示以 2 组为例） 2. 8 组学生分别在编号为 1、2、3、4 的四块场地进行比赛，比赛分为两节，每节 10min； 3. 第一节比赛结束后，1 号场地和 2 号场地的队伍随机交换比赛对手，3 号场地和 4 号场地的队伍随机交换比赛对手，继续进行第二节比赛。 **指导要点** 1. 比赛中积极运用所学技术； 2. 比赛中互相协作及交流； 3. 比赛中互相鼓励，积极参与。

结束部分：放松拉伸	
场地设置	组织方法
	1. 教师将学生分成 4 排横队，所有人之间一臂间隔，教师带领学生做放松拉伸； 2. 总结时成密集队形； 3. 值日生回收器材。 **指导要点** 1. 动作舒展、准确，身体放松； 2. 总结课堂内容，给予积极反馈。

第三十一课 五人制足球比赛基本规则与兴趣培养

> **知识目标：**通过本节课的学习，学生掌握五人制足球比赛基本规则。
> **情感目标：**通过学习，培养学生对足球的兴趣和积极思考的意识。

课程结构（40min）			
开始部分（5min）	内容一（20min）	内容二（10min）	结束部分（5min）
介绍本节课内容	五人制足球比赛基本知识	足球动画短片	总结

开始部分：介绍本节课内容			
组织方法			**指导要点**
时间	5min	地点	多媒体教室
1. 提问； 2. 介绍本节课内容。			问题：之前我们学习过，五人制足球比赛的内容都有什么，谁还记得？ 内容：五人制足球比赛基本知识，足球兴趣动画短片。

内容一：五人制足球比赛基本规则			
组织方法			**指导要点**
时间	20min	地点	多媒体教室
1. 提问导入； 2. 教师讲解五人制足球比赛基本规则。 变化：可增加知识竞答。			1. 问题：你们对五人制足球比赛的规则都有哪些了解？ 2. 讲解：关于五人制足球比赛基本规则的内容，如五人制足球的球与场地、开球、球门球、界外球、犯规、任意球、换人、比赛得分等。（建议结合相关比赛视频集锦教学）

内容二：足球动画短片			
组织方法			**指导要点**
时间	10min	地点	多媒体教室
1. 学生观看足球动画短片； 2. 教师提问。			1. 推荐视频《汪星撞地球》第37集"五人制比赛"、第38集"强大的对手"。 2. 问题：五人制足球比赛和十一人制足球比赛的规则有哪些不同？

结束部分：总结			
组织方法			**指导要点**
时间	5min	地点	多媒体教室
1. 提问； 2. 总结； 3. 课后作业。			1. 问题：我们这节课学习了什么？ 2. 总结：五人制足球比赛基本规则。 3. 作业：写出五人制比赛规则和十一人制足球比赛规则的异同。

第三十二课　足球技能考试

技能目标：通过考试，考查学生的球性与球感。
体能目标：通过考试，测试学生的协调性、灵敏性、平衡性。
情感目标：通过考试，考查学生的专注度。

场区设置（教师可依教学实际情况进行调整）	课程结构（40min）
	**准备部分：5min** 热身
	考试一：15min 拉推球
	考试二：15min "V"字拉球
	结束部分：5min 放松拉伸

准备部分：热身	
场地设置	**组织方法**
场地　40m×20m 时间　10min 器材　无	1.绕场地进行慢跑热身； 2.教师将学生分成4排横队，所有人之间一臂间隔，教师带领学生做徒手操； 3.徒手操包括：头部运动、肩部运动、扩胸运动、体转运动、腹背运动、弓步压腿、膝关节运动、手腕及踝关节运动。
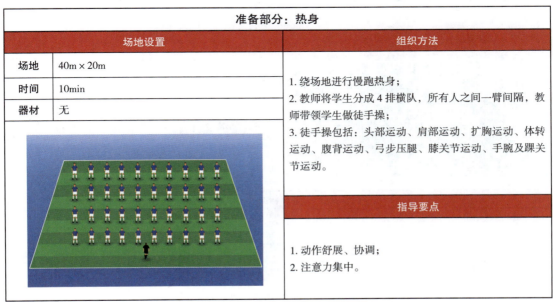	**指导要点**
	1.动作舒展、协调； 2.注意力集中。

考试一：拉推球

场地设置		组织方法
场地	20m×20m	1. 考试场地与组织形式：考试学生在 20m×20m 的区域分成 2 排，两臂侧平举散开，每名学生 1 球； 2. 考试方法：教师给出指令后，学生拉推球，球失去控制可重新开始。测评时间不超过 2min。
时间	15min	
器材	足球	

	指导要点
	测评员根据学生的控球表现进行评分，评分为整数分，满分为 100 分。

考试二："V"字拉球

场地设置		组织方法
场地	20m×20m	1. 考试场地与组织形式：考试学生在 20m×20m 的区域分成 2 排，两臂侧平举散开，每名学生 1 球； 2. 考试方法：教师给出指令后，学生用"V"字拉球动作开始考试，球失去控制可重新开始。测评时间不超过 2min。
时间	15min	
器材	足球	

	指导要点
	测评员根据学生的控球表现进行评分，评分为整数分，满分为 100 分。

结束部分：放松拉伸

场地设置	组织方法
	1. 教师将学生分成 4 排横队，所有人之间一臂间隔，教师带领学生做放松拉伸； 2. 总结时成密集队形； 3. 值日生回收器材。

指导要点
1. 动作舒展、准确，身体放松； 2. 总结课堂内容，给予积极反馈。

评分标准											
考试内容	单位	单项得分									
拉推球	（分）	100	90	80	70	60	50	40	30	20	10
"V"字拉球	（分）	100	90	80	70	60	50	40	30	20	10

注：教师可根据学生掌握技能的实际情况对考试标准进行适度调整。

综合评分：拉推球得分 ×0.4+"V"字拉球得分 ×0.6。

三、小学三年级足球课

三年级足球教学计划

三年级足球教学计划见表 3-5。

表 3-5 三年级足球教学计划（以 32 课时为例）

学习目标	学习内容		课时	教学要点
	类别	内容		
1.使学生乐于学习和展示简单的足球动作 2.使学生初步掌握简单的足球技术 3.培养学生相互配合的团队意识	游戏与球感	足球游戏、踩球、敲球、拉球、颠球	6	1.以结合球、多触球为主要教学指导思想； 2.以游戏、比赛的形式培养学生对足球的兴趣； 3.通过教学使学生掌握足球练习的基本方法
	技术	脚背正面、外侧、内侧运球	14	
		脚内侧踢球、接球		
		脚背正面踢球		
	身体素质	柔韧性、灵敏性、协调性、反应能力	4	
	比赛	小场地比赛	4	
	知识与考试	足球故事	4	

三年级足球教学课次内容示例

三年级足球教学课次内容示例见表3-6。

表3-6　三年级足球教学课次内容示例（以32课时为例）

三年级上学期		三年级下学期	
课次	主要内容	课次	主要内容（进阶）
第一课	学习向后拉球技术	第十七课	复习扣球变向技术
第二课	学习单脚扣拨球技术	第十八课	强化扣球变向技术
第三课	学习双脚扣拨球技术	第十九课	提高学生综合球感
第四课	小场地 5V5 比赛	第二十课	小场地 5V5 比赛
第五课	学习脚内侧传接球转身技术	第二十一课	学习脚背外侧接球转身技术
第六课	学习脚背内侧踢球和射门技术	第二十二课	学习脚背外侧踢球和射门技术
第七课	复习脚背内侧踢球和射门技术	第二十三课	复习脚背外侧踢球和射门技术
第八课	身体素质练习	第二十四课	身体素质练习
第九课	学习脚底拉球、踩球转身技术	第二十五课	学习脚外侧扣球转身技术
第十课	学习脚内侧扣球转身技术	第二十六课	提高运球转身能力
第十一课	巩固运球技术	第二十七课	提高运球能力
第十二课	强化运球技术	第二十八课	巩固运球技术
第十三课	身体素质练习	第二十九课	身体素质练习
第十四课	小场地 5V5 比赛	第三十课	小场地 5V5 比赛
第十五课	足球比赛规则	第三十一课	足球比赛规则
第十六课	足球技能考试	第三十二课	足球技能考试

三年级上学期

足球教学课次内容示例

第一课 学习向后拉球技术

技能目标：通过本节课的学习，学生熟练掌握向后拉球技术。

体能目标：通过练习，发展学生的协调性和平衡性。

情感目标：通过练习，提高学生的专注度和自信心，加强同学间的交流，提高团队合作。

场区设置（教师可依教学实际情况进行调整）	课程结构（40min）
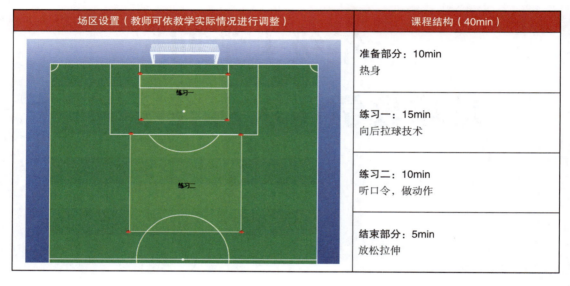	**准备部分**：10min 热身
	练习一：15min 向后拉球技术
	练习二：10min 听口令，做动作
	结束部分：5min 放松拉伸

准备部分：热身	
场地设置	**组织方法**
场地 40m × 20m 时间 10min 器材 无 	1. 绕场地进行慢跑热身； 2. 教师将学生分成4排横队，所有人之间一臂间隔，教师带领学生做徒手操； 3. 徒手操包括：头部运动、肩部运动、扩胸运动、体转运动、腹背运动、弓步压腿、膝关节运动、手腕及踝关节运动。
	指导要点
	1. 动作舒展、协调； 2. 注意力集中。

练习一：向后拉球技术

场地设置		组织方法
场地	20m×4m	1.教师将学生分成10人一组，共4组；（图示以2组为例）
时间	15min：练习3min，间歇1min，共4组	2.每名学生1个球，在指定区域内，右脚前脚掌向后拉球至支撑腿后侧，连接脚内侧向左推球，随后左脚前脚掌踩球停住，重复练习。 变化：（1）改变拉球脚； 　　　（2）动作由慢到快。
器材	足球	

指导要点

1.向后拉球时，身体重心跟上；
2.触球部位准确，力度适中；
3.身体放松，注意力集中。

练习二：听口令，做动作

场地设置		组织方法
场地	30m×30m	1.教师将学生分成8人一组，共5组；（图示以2组为例） 2.每名学生1个球，在指定区域内做运球、拉球练习； 3.当教师发出口令"一组"，所有一组的学生将球拿在手上然后尝试抢断其他小组的球，教师发出口令"结束"，所有学生继续进行运球、拉球练习； 变化：（1）学生可趴在球上保球，但只能保护3秒； 　　　（2）进攻人用自己的球碰到防守人的球才算成功。
时间	10min：练习3min，间歇30s，共3组	
器材	足球	

指导要点

1.护球时充分利用身体，摆脱时运用所学技术；
2.抬头观察，互相沟通。

结束部分：放松拉伸

场地设置	组织方法
	1.教师将学生分成4排横队，所有人之间一臂间隔，教师带领学生做放松拉伸； 2.总结时成密集队形； 3.值日生回收器材。

指导要点

1.动作舒展、准确，身体放松；
2.总结课堂内容，给予积极反馈。

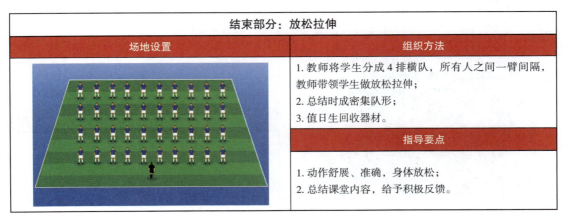

第二课　学习单脚扣拨球技术

技能目标：通过本节课的学习，学生熟练掌握单脚扣拨球技术。
体能目标：通过练习，发展学生的协调性和平衡性。
情感目标：通过练习，提高学生的专注度和自信心，加强同学间的交流，提高团队合作。

场区设置（教师可依教学实际情况进行调整）	课程结构（40min）
	**准备部分**：10min 热身
	练习一：10min 如影随形
	练习二：15min 单脚连续扣拨球
	结束部分：5min 放松拉伸

准备部分：热身	
场地设置	**组织方法**

场地	40m×20m
时间	10min
器材	无

组织方法

1. 绕场地进行慢跑热身；
2. 教师将学生分成4排横队，所有人之间一臂间隔，教师带领学生做徒手操；
3. 徒手操包括：头部运动、肩部运动、扩胸运动、体转运动、腹背运动、弓步压腿、膝关节运动、手腕及踝关节运动。

指导要点

1. 动作舒展、协调；
2. 注意力集中。

练习一：如影随形

场地设置		组织方法
场地	30m×30m	1. 教师将学生分成 8 人一大组，2 人一小组，小组内分蓝队和红队；（图示以 2 大组为例） 2. 蓝队学生运球（可以做各种动作），红队学生模仿蓝队学生的动作； 3. 红蓝两队交替进行练习。 变化：（1）根据教师指令随时转变角色； 　　　　（2）缩小场区增加难度。
时间	10min：练习 3min，间歇 30s，共 3 组	
器材	足球、标志桶	

指导要点
1. 提示学生发挥想象力和创造力； 2. 降低重心、抬头观察。

练习二：单脚连续扣拨球

场地设置		组织方法
场地	4m×4m	1. 教师将学生分成 10 人一组，共 4 组；（图示以 2 组为例） 2. 每名学生 1 个球，在指定区域内两脚开立，用右脚脚外侧将球向外拨球，然后迅速连接右脚脚内侧向内扣球； 3. 左右脚循环练习。 变化：行进间向前进行练习。
时间	15min：练习 20 次（计时），间歇 30s，根据实际情况安排组数	
器材	足球	

指导要点
1. 双手自然打开，身体保持平衡； 2. 注意抬头观察； 3. 注意触球部位要准确，动作连接要迅速； 4. 支撑脚垫步。

结束部分：放松拉伸

场地设置	组织方法
	1. 教师将学生分成 4 排横队，所有人之间一臂间隔，教师带领学生做放松拉伸； 2. 总结时成密集队形； 3. 值日生回收器材。

指导要点
1. 动作舒展、准确，身体放松； 2. 总结课堂内容，给予积极反馈。

第三课 学习双脚扣拨球技术

技能目标：通过本节课的学习，学生熟练掌握双脚扣拨球技术。
体能目标：通过练习，发展学生的协调性和平衡性。
情感目标：通过练习，提高学生的专注度和自信心，加强同学间的交流，提高团队合作意识。

场区设置（教师可依教学实际情况进行调整）	课程结构（40min）
	准备部分： 10min 热身
	练习一： 10min 穿越隧道
	练习二： 15min 双脚扣拨球
	结束部分： 5min 放松拉伸

准备部分：热身

场地设置		组织方法
场地	40m × 20m	1. 绕场地进行慢跑热身； 2. 教师将学生分成 4 排横队，所有人之间一臂间隔，教师带领学生做徒手操； 3. 徒手操包括：头部运动、肩部运动、扩胸运动、体转运动、腹背运动、弓步压腿、膝关节运动、手腕及踝关节运动。
时间	10min	
器材	无	

指导要点
1. 动作舒展、协调； 2. 注意力集中。

练习一：穿越隧道

场地设置		组织方法
场地	8m×5m	1.教师将学生分成8人一组，共5组；（图示以1组为例）
时间	10min：计时，间歇30s，根据实际情况安排组数	2.每组在指定区域内进行穿越隧道游戏； 3.组员之间前后一臂距离间隔，每组第一名学生将球从其余学生两脚间传给最后一名学生，然后跑到队尾，最后一名学生接球后运球至同伴身后继续从学生两脚间传球；
器材	足球、标志桶	4.循环进行，哪组最快完成即为冠军。 变化：（1）改变传球的方式（如脚内侧、脚后跟等）； （2）左右脚交替进行比赛。
		指导要点
		1.注意力集中、互相协作； 2.传球时触球部位； 3.运球时控制好触球的力量。

练习二：双脚扣拨球

场地设置		组织方法
场地	4m×4m	1.教师将学生分成10人一组，共4组；（图示以2组为例） 2.每名学生1球，在指定区域内两腿开立，右脚脚外侧将球向外拨后迅速连接右脚脚内侧向内扣球，左脚脚外侧将球向外拨后迅速连接左脚脚内侧向内扣球；
时间	15min：练习30次（计时），间歇30s，根据实际情况安排组数	3.左右脚循环练习。 变化：（1）行进间向前进行练习； （2）根据学生实际情况设置标志桶。
器材	足球	
		指导要点
		1.双手自然打开，身体保持平衡； 2.注意抬头观察； 3.注意触球部位要准确，动作衔接要迅速； 4.支撑脚垫步。

结束部分：放松拉伸

场地设置	组织方法
	1.教师将学生分成4排横队，所有人之间一臂间隔，教师带领学生做放松拉伸； 2.总结时成密集队形； 3.值日生回收器材。
	指导要点
	1.动作舒展、准确，身体放松； 2.总结课堂内容，给予积极反馈。

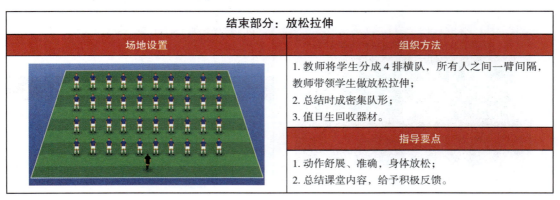

第四课 小场地 5V5 比赛

场区设置（教师可依教学实际情况进行调整）	课程结构（40min）
	准备部分：10min 热身
	练习：25min 小场地 5V5 比赛
	结束部分：5min 放松拉伸

准备部分：热身	
场地设置	组织方法

场地	40m×20m	1. 绕场地进行慢跑热身； 2. 教师将学生分成 4 排横队，所有人之间一臂间隔，教师带领学生做徒手操； 3. 徒手操包括：头部运动、肩部运动、扩胸运动、体转运动、腹背运动、弓步压腿、膝关节运动、手腕 及踝关节运动。
时间	10min	
器材	无	

指导要点
1. 动作舒展、协调； 2. 注意力集中。

练习：小场地 5V5 比赛	
场地设置	**组织方法**
<table><tr><td>场地</td><td>25m×15m</td></tr><tr><td>时间</td><td>25min：练习 10min，间歇 5min，共 2 组</td></tr><tr><td>器材</td><td>足球、球门</td></tr></table> 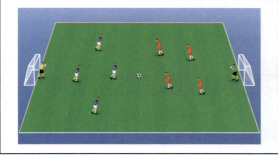	1. 教师将学生分为 5 人一组，共 8 组；（图示以 2 组为例） 2. 8 组学生分别在编号为 1、2、3、4 的四块场地进行比赛，比赛分为两节，每节 10min； 3. 第一节比赛结束后，1 号场地和 2 号场地的队伍随机交换比赛对手，3 号场地和 4 号场地的队伍随机交换比赛对手，继续进行第二节比赛。
	指导要点
	1. 比赛中积极运用所学技术； 2. 比赛中互相协作及交流； 3. 比赛中互相鼓励，积极参与。

结束部分：放松拉伸	
场地设置	**组织方法**
	1. 教师将学生分成 4 排横队，所有人之间一臂间隔，教师带领学生做放松拉伸； 2. 总结时成密集队形； 3. 值日生回收器材。
	指导要点
	1. 动作舒展、准确，身体放松； 2. 总结课堂内容，给予积极反馈。

第五课　学习脚内侧传接球转身技术

技能目标：通过本节课的学习，学生掌握脚内侧传接球转身技术。
体能目标：通过练习，发展学生的协调性和灵敏性。
情感目标：通过练习，提高学生的专注度，培养学生的意志品质。

场区设置（教师可依教学实际情况进行调整）	课程结构（40min）
 练习一 练习二 	**准备部分**：10min 热身
	练习一：10min 脚内侧传接球
	练习二：15min 迎面脚内侧接球转身
	结束部分：5min 放松拉伸

准备部分：热身		
场地设置		**组织方法**
场地	40m×20m	1.绕场地进行慢跑热身； 2.教师将学生分成4排横队，所有人之间一臂间隔，教师带领学生做徒手操； 3.徒手操包括：头部运动、肩部运动、扩胸运动、体转运动、腹背运动、弓步压腿、膝关节运动、手腕及踝关节运动。
时间	10min	
器材	无	
		指导要点
		1.动作舒展、协调； 2.注意力集中。

练习一：脚内侧传接球

场地设置		组织方法
场地	16m×4m	1.教师将学生分成4人一组，共10组；（图示以1组为例） 2.每组学生在16m×4m的区域里，持球侧2人，中间1人，另一侧1人； 3.持球侧学生脚内侧传球给中间学生，然后快跑到中间，成为新的接球者。中间学生脚内侧接球转身，然后运球到另一侧，传球给另一侧的学生。循环进行。 变化：（1）改变踢球脚（右脚、左脚）； 　　　（2）改变接球脚（右脚、左脚）。
时间	10min：练习2min，间歇30s，共4组	
器材	足球、标志盘	
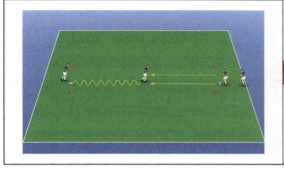		**指导要点**
		1.抬头观察； 2.注意传球角度、力度、准确性以及传球的时机； 3.接球前观察摆脱，调整身体姿势，支撑脚站位并转向接球方向； 4.接球时脚内侧控制球转身。

练习二：迎面脚内侧接球转身

场地设置		组织方法
场地	16m×4m	1.教师将学生分成4人一组，共10组；（图示以1组为例） 2.2名学生站在16m×4m区域的两侧，2名学生背对背站在中间； 3.两侧的学生使用脚内侧传球； 4.中间学生接边侧学生的传球，同时进行脚内侧接球转身，然后再传球给对侧学生； 5.每组结束后，中间和两侧学生换位置。 变化：（1）改变接球脚（右脚、左脚）； 　　　（2）改变接球方式（引撤、接球摆脱）； 　　　（3）不限方向，自己观察选择。
时间	15min：练习3min，间歇1min，共4组	
器材	足球、标志盘	
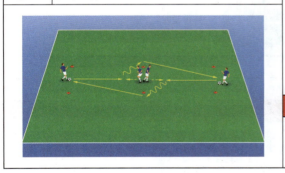		**指导要点**
		1.注意观察同伴位置，选择空当接球； 2.接球时身体跟随，保持控球； 3.加强与下一个动作的衔接。

结束部分：放松拉伸

场地设置	组织方法
	1.教师将学生分成4排横队，所有人之间一臂间隔，教师带领学生做放松拉伸； 2.总结时成密集队形； 3.值日生回收器材。
	指导要点
	1.动作舒展、准确，身体放松； 2.总结课堂内容，给予积极反馈。

第六课　学习脚背内侧踢球和射门技术

技能目标：通过本节课的学习，学生掌握脚背内侧踢球和射门技术。
体能目标：通过练习，发展学生的协调性和平衡性。
情感目标：通过练习，提高学生的专注度和自信心，加强同学间的交流，提高团队合作意识。

场区设置（教师可依教学实际情况进行调整）	课程结构（40min）
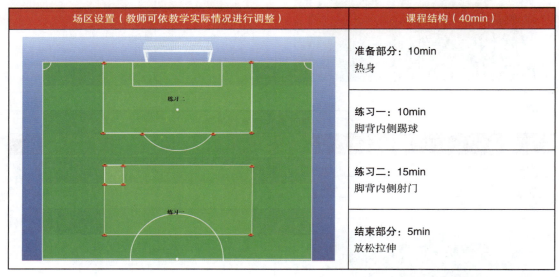	**准备部分：**10min 热身
	练习一：10min 脚背内侧踢球
	练习二：15min 脚背内侧射门
	结束部分：5min 放松拉伸

准备部分：热身	
场地设置	**组织方法**

场地	40m×20m	1.绕场地进行慢跑热身； 2.教师将学生分成4排横队，所有人之间一臂间隔，教师带领学生做徒手操； 3.徒手操包括：头部运动、肩部运动、扩胸运动、体转运动、腹背运动、弓步压腿、膝关节运动、手腕及踝关节运动。
时间	10min	
器材	无	

	指导要点
	1.动作舒展、协调； 2.注意力集中。

练习一：脚背内侧踢球

场地设置		组织方法

场地	4m×4m	1. 教师将学生分成2人一组，共20组；（图示以1组为例） 2. 每组1个球，在指定区域内一名学生以脚固定球，另一名学生进行脚背内侧踢球动作模拟练习； 3. 左右脚交替练习。 变化：左右脚交替进行。
时间	10min：练习2min，间歇30s，共4组	
器材	足球、标志盘	

指导要点

1. 支撑脚踏在球的一侧，距离球一拳半到两拳的距离，支撑脚脚尖指向出球方向；
2. 充分摆腿，用脚背内侧击球；
3. 触球脚脚背绷紧，脚踝锁死，触球中部。

练习二：脚背内侧射门

场地设置		组织方法

场地	20m×10m	1. 教师将学生分成5人一组，共8组，2组在同一块场地进行练习；（图示以2组为例） 2. 每组学生站在标志盘处，依次进行原地脚背内侧射门练习； 3. 2组学生同时进行，所有学生做完后统一捡球。 变化：根据学生掌握情况，可由原地射门变为运球衔接射门。
时间	15min：练习3min，间歇1min，共4组	
器材	足球、标志盘	

指导要点

1. 助跑角度30°左右；
2. 支撑脚踏在球的一侧，距离球一拳半到两拳的距离，支撑脚脚尖指向出球方向；
3. 摆动腿向后充分摆动，大腿带动小腿；
4. 触球时脚背绷直，踝关节固定；
5. 用脚背内侧击球中部。

结束部分：放松拉伸

场地设置	组织方法

	1. 教师将学生分成4排横队，所有人之间一臂间隔，教师带领学生做放松拉伸； 2. 总结时成密集队形； 3. 值日生回收器材。

指导要点

1. 动作舒展、准确，身体放松；
2. 总结课堂内容，给予积极反馈。

第七课　复习脚背内侧踢球和射门技术

技能目标：通过本节课的学习，学生熟练掌握脚背内侧踢球和射门的技术动作。
体能目标：通过练习，发展学生的协调性和平衡性。
情感目标：通过练习，提高学生的专注度和自信心，加强同学间的交流，提高团队合作。

场区设置（教师可依教学实际情况进行调整）	课程结构（40min）
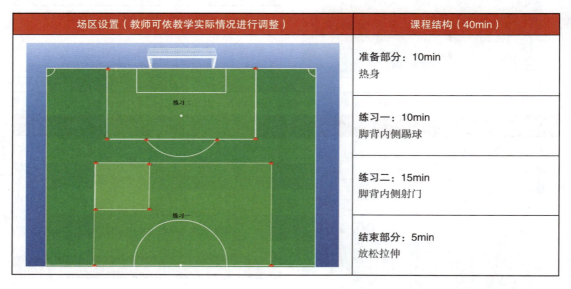	准备部分：10min 热身
	练习一：10min 脚背内侧踢球
	练习二：15min 脚背内侧射门
	结束部分：5min 放松拉伸

准备部分：热身	
场地设置	组织方法

场地	40m×20m	1.绕场地进行慢跑热身； 2.教师将学生分成4排横队，所有人之间一臂间隔，教师带领学生做徒手操； 3.徒手操包括：头部运动、肩部运动、扩胸运动、体转运动、腹背运动、弓步压腿、膝关节运动、手腕及踝关节运动。
时间	10min	
器材	无	

指导要点

1.动作舒展、协调；
2.注意力集中。

练习一：脚背内侧踢球

场地设置		组织方法
场地	15m×15m	1.教师将学生分成8人一组，共5组；（图示以1组为例） 2.每组1球，每个标志盘处2名学生； 3.练习开始后，按照逆时针方向踢球，使用外侧脚的脚背内侧进行练习，踢完球后迅速跑到接球人位置，依次循环练习。 变化：（1）改变踢球方向； （2）增加一个球。
时间	10min：练习3min，间歇30s，共3组	
器材	足球、标志盘	
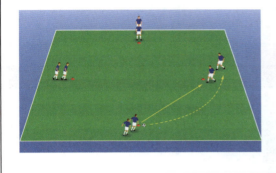		**指导要点**
		1.助跑角度30°左右； 2.支撑脚踏在球的一侧，距离球一拳半到两拳的距离，支撑脚脚尖指向出球方向； 3.摆动腿向后充分摆动，大腿带动小腿； 4.触球时身体侧倾，踝关节固定； 5.用脚背内侧触球的中部；

练习二：脚背内侧射门

场地设置		组织方法
场地	20m×10m	1.教师将学生分成10人一组，共4组；（图示以2组为例） 2.每个标志盘后面5名学生； 3.由两侧的学生向中间异侧标志盘的学生传球； 4.中间的学生接到球后用外侧脚的脚背内侧射门； 5.传球的学生传球后轮换到同侧射门，射门的学生射门后轮换到同侧传球； 6.依次循环练习。 变化：改变传球方向。
时间	15min：练习3min，间歇1min，共4组	
器材	足球、标志盘	
		指导要点
		1.接球前的摆脱； 2.射门前根据球的位置调整身体姿势； 3.射门前抬头观察，有目的地踢向球门的四个角。

结束部分：放松拉伸

场地设置	组织方法
	1.教师将学生分成4排横队，所有人之间一臂间隔，教师带领学生做放松拉伸； 2.总结时成密集队形； 3.值日生回收器材。
	指导要点
	1.动作舒展、准确，身体放松； 2.总结课堂内容，给予积极反馈。

第八课　身体素质练习

体能目标： 通过练习，发展学生的柔韧性、灵敏性。
情感目标： 通过练习，培养学生耐心，激发学生对足球运动的兴趣。

场区设置（教师可依教学实际情况进行调整）	课程结构（40min）
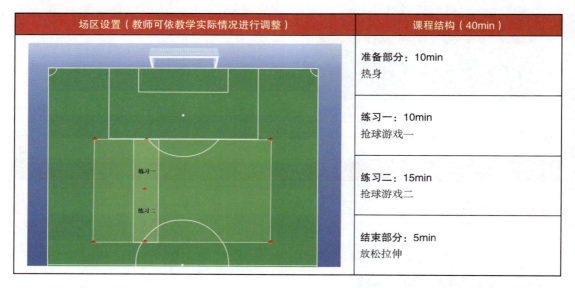	**准备部分：** 10min 热身
	练习一： 10min 抢球游戏一
	练习二： 15min 抢球游戏二
	结束部分： 5min 放松拉伸

准备部分：热身	
场地设置	**组织方法**
场地 40m×20m	1. 绕场地进行慢跑热身； 2. 教师将学生分成4排横队，所有人之间一臂间隔，教师带领学生做徒手操； 3. 徒手操包括：头部运动、肩部运动、扩胸运动、体转运动、腹背运动、弓步压腿、膝关节运动、手腕及踝关节运动。
时间 10min	
器材 无	
	指导要点
	1. 动作舒展、协调； 2. 注意力集中。

练习一：抢球游戏一

场地设置		组织方法
场地	20m×20m	1.教师将学生分成2人一组，共20组；（图示以2组为例） 2.2人一组背对背，间隔4m，中间放置一个标志盘和球； 3.听教师口令开始做动作（小步跑、高抬腿、开合跳、蹲起等）； 4.当教师吹哨、拍手或发出"抢"的口令时，学生转身迅速去抢球。 变化：（1）脚抢球（限制左、右脚）； 　　　（2）限制转身方向。
时间	10min：练习3min，间歇30s，共3组	
器材	足球、标志盘	
     		指导要点
		1.注意力集中，快速反应； 2.高质量完成动作； 3.充分调动学生的练习积极性。

练习二：抢球游戏二

场地设置		组织方法
场地	20m×20m	1.教师将学生分成2人一组，共20组；（图示以2组为例） 2.2人一组背对背，间隔4m，中间放置一个标志盘和球； 3.听教师口令开始做动作（小步跑、高抬腿、开合跳、蹲起等）； 4.当教师吹哨、拍手或发出"抢"的口令时，学生转身迅速去抢球，得球后迅速运球穿过标志盘。 变化：（1）限制左、右脚； 　　　（2）限制转身方向。
时间	15min：练习3min，间歇1min，共4组	
器材	足球、标志盘	
     		指导要点
		1.注意力集中，快速反应； 2.高质量完成动作； 3.充分调动学生的练习积极性。

结束部分：放松拉伸

场地设置	组织方法
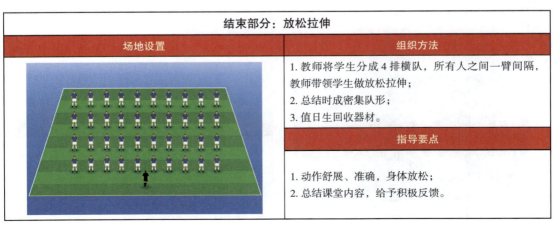	1.教师将学生分成4排横队，所有人之间一臂间隔，教师带领学生做放松拉伸； 2.总结时成密集队形； 3.值日生回收器材。
	指导要点
	1.动作舒展、准确，身体放松； 2.总结课堂内容，给予积极反馈。

第九课　学习脚底拉球、踩球转身技术

技能目标：通过本节课的学习，学生初步掌握脚底拉球与踩球转身技术。
体能目标：通过练习，发展学生的灵敏性、协调性、平衡性。
情感目标：通过练习，提高学生的专注度和自信心，加强同学间的交流。

场区设置（教师可依教学实际情况进行调整）	课程结构（40min）
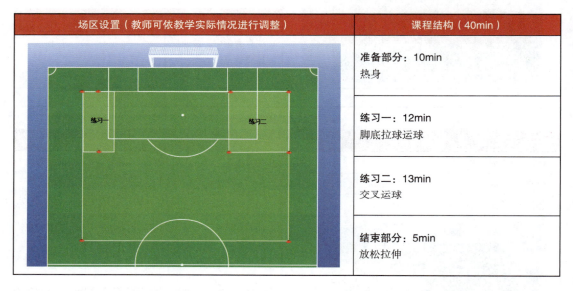	**准备部分：10min** 热身
	练习一：12min 脚底拉球运球
	练习二：13min 交叉运球
	结束部分：5min 放松拉伸

准备部分：热身	
场地设置	**组织方法**

场地	40m×20m
时间	10min
器材	无

组织方法：
1. 绕场地进行慢跑热身；
2. 教师将学生分成4排横队，所有人之间一臂间隔，教师带领学生做徒手操；
3. 徒手操包括：头部运动、肩部运动、扩胸运动、体转运动、腹背运动、弓步压腿、膝关节运动、手腕及踝关节运动。

指导要点
1. 动作舒展、协调；
2. 注意力集中。

练习一：脚底拉球运球

场地设置		组织方法
场地	10m×5m	1.教师将学生分成4人一组，共10组；（图示以1组为例） 2.教师发出指令，学生脚底拉球运球从起点标志盘运向下一个标志盘。到达标志盘后踩球转身，脚底拉球运球回到起点，交替练习。 变化：（1）改变标志盘距离； 　　　　（2）左右脚交替进行练习。
时间	12min：练习2min，间歇30s，共5组	
器材	足球、标志盘	
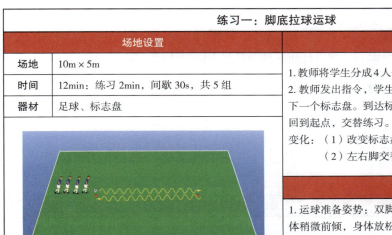		**指导要点**
		1.运球准备姿势：双脚前后开立，膝关节稍微弯曲，上体稍微前倾，身体放松； 2.运球时脚腕收紧，脚掌与地面平行； 3.前脚掌触球的上部； 4.拉球后身体快速跟上，注意运球节奏，抬头观察。

练习二：交叉运球

场地设置		组织方法
场地	5m×5m	1.教师将学生分成8人一组，共5组；（图示以1组为例） 2.用标志盘摆成5m×5m的正方形，4名学生一队，分两队，持球分别站在两个标志盘旁； 3.教师发出指令，学生脚底运球斜向前，到达斜前方的标志盘后踩球转身，然后向正前方的标志盘运去； 4.学生依次循环练习。 变化：组间运球接力比赛。
时间	13min：练习4min，间歇30s，共3组	
器材	足球、标志盘	
		指导要点
		1.运球时降低重心，抬头观察； 2.把握节奏、变向、变速的时机，重心及时跟进。

结束部分：放松拉伸

场地设置	组织方法
	1.教师将学生分成4排横队，所有人之间一臂间隔，教师带领学生做放松拉伸； 2.总结时成密集队形； 3.值日生回收器材。
	指导要点
	1.动作舒展、准确，身体放松； 2.总结课堂内容，给予积极反馈。

第十课　学习脚内侧扣球转身技术

技能目标： 通过本节课的学习，学生掌握脚底运球技术，初步掌握脚内侧扣球转身技术。
体能目标： 通过练习，发展灵敏性、协调熟练、平衡性。
情感目标： 通过练习，提高学生专注度和自信心，加强同学间的交流。

场区设置（教师可依教学实际情况进行调整）	课程结构（40min）
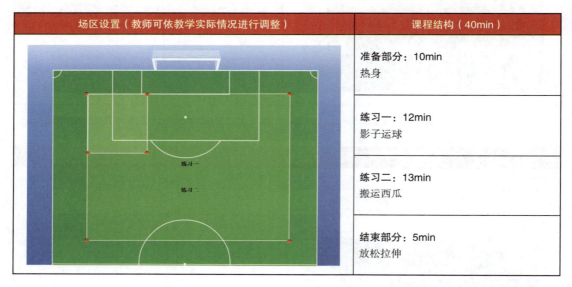	**准备部分：** 10min 热身
	练习一： 12min 影子运球
	练习二： 13min 搬运西瓜
	结束部分： 5min 放松拉伸

准备部分：热身

场地设置		组织方法
场地	40m × 20m	1. 绕场地进行慢跑热身； 2. 教师将学生分成 4 排横队，所有人之间一臂间隔，教师带领学生做徒手操； 3. 徒手操包括：头部运动、肩部运动、扩胸运动、体转运动、腹背运动、弓步压腿、膝关节运动、手腕及踝关节运动。
时间	10min	
器材	无	

	指导要点
	1. 动作舒展、协调； 2. 注意力集中。

练习一：影子运球

场地设置		组织方法
场地	15m×15m	1. 教师将学生分成8人一组，共5组，每组一块场地，2名学生一小组，持球学生在前，无球学生在后；（图示以1组为例） 2. 教师发出指令，持球学生脚底运球，另一名学生成为持球人的影子，无球情况下模仿持球人动作； 3. 当教师发出"转身"的指令时，持球学生脚内侧扣球转身并且传球给影子学生，同时自己变为影子。 变化：加入多样的教师指令，在学习新动作同时巩固旧动作。
时间	12min：练习2min，间歇30s，共5组	
器材	足球、标志盘	

指导要点
1. 脚底运球时注意触球力量； 2. 脚内侧扣球时重心降低； 3. 注意观察，避免相撞。

练习二：搬运西瓜

场地设置		组织方法
场地	15m×15m	1 教师将学生分为8人一组，共5组；（图示以1组为例） 2. 2人为一小组分别站在指定区域的标志盘后，区域中心放置20个足球； 3. 教师发出指令，每组第一名学生跑向区域中心的足球（足球为"西瓜"），运用脚内侧扣球动作转身，运球回到原位置并与同组的下一名学生击掌后，下一名学生继续跑至中心搬运"西瓜"； 4. 最先完成搬运"西瓜"任务的队伍获得胜利。 变化：四组之间交替搬运"西瓜"。
时间	13min：练习4min，间歇30s，共3组	
器材	足球、标志盘	

指导要点
1. 扣球转身时身体重心跟上； 2. 触球部位准确，触球力量适中。

结束部分：放松拉伸

场地设置	组织方法
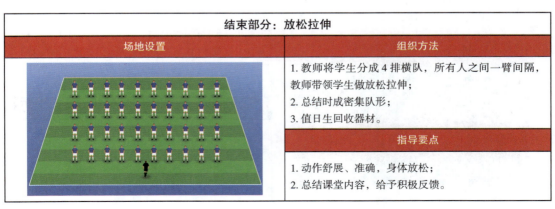	1. 教师将学生分成4排横队，所有人之间一臂间隔，教师带领学生做放松拉伸； 2. 总结时成密集队形； 3. 值日生回收器材。

指导要点
1. 动作舒展、准确，身体放松； 2. 总结课堂内容，给予积极反馈。

第十一课　巩固运球技术

场区设置（教师可依教学实际情况进行调整）	课程结构（40min）
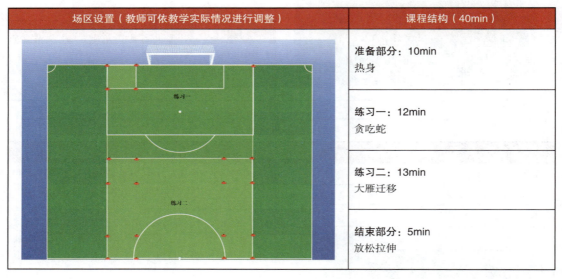	**准备部分：** 10min 热身
	练习一： 12min 贪吃蛇
	练习二： 13min 大雁迁移
	结束部分： 5min 放松拉伸

准备部分：热身	
场地设置	**组织方法**

场地设置		组织方法
场地	40m×20m	1. 绕场地进行慢跑热身； 2. 教师将学生分成4排横队，所有人之间一臂间隔，教师带领学生做徒手操； 3. 徒手操包括：头部运动、肩部运动、扩胸运动、体转运动、腹背运动、弓步压腿、膝关节运动、手腕及踝关节运动。
时间	10min	
器材	无	
		指导要点
		1. 动作舒展、协调； 2. 注意力集中。

练习一：贪吃蛇

场地设置		组织方法
场地	10m×10m	1. 教师将学生分成 5 人一组，共 8 组。每组学生持球分散站在四边形四条边的任意位置，每轮一名学生当"贪吃蛇"；（图示以 1 组为例） 2. 教师发出指令，学生开始逆时针运球，"贪吃蛇"如果触摸到其他学生，则该学生在四边形内站 10s 后回归游戏，"贪吃蛇"得 1 分； 3. 一轮结束，换一人当"贪吃蛇"开始下一轮比赛，最终得分多的"贪吃蛇"获胜。
时间	12min：练习 2min，间歇 30s，共 5 组	
器材	足球、标志盘	
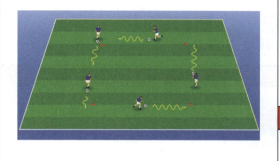		变化：（1）加入多样的教师指令，如顺时针运球、逆时针运球、脚底运球、脚内侧运球、脚外侧运球等； （2）被"贪吃蛇"触摸到的学生也当"贪吃蛇"。
		指导要点
		1. 运球时重心降低，抬头观察； 2. 注意触球力量，始终将球控制在脚下。

练习二：大雁迁移

场地设置		组织方法
场地	40m×30m	1. 教师将学生分成 5 人一组，共 8 组，4 组在一块场地进行练习；（图示以 4 组为例） 2. 如图所示，每组 5 名学生持球站在 5m×5m 的正方形内，教师对每组编号为 1、2、3、4； 3. 教师说出两个编号，则该两个编号组的学生通过运球交换场地，如"2、3"就是 2、3 号场地的学生进行交换，率先交换完的小组得 1 分，时间结束后，各组自由交换位置开始下一轮比赛游戏。
时间	13min：练习 4min，间歇 30s，共 3 组	
器材	足球、标志盘	
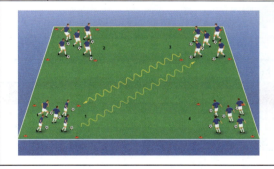		变化：加入多样的教师指令，如顺时针交换、脚底运球交换、脚内侧运球交换、脚背外侧运球交换等。
		指导要点
		1. 快速反应； 2. 运球时将球控制在脚下； 3. 抬头观察，避免与他人相撞。

结束部分：放松拉伸

场地设置	组织方法
	1. 教师将学生分成 4 排横队，所有人之间一臂间隔，教师带领学生做放松拉伸； 2. 总结时成密集队形； 3. 值日生回收器材。
	指导要点
	1. 动作舒展、准确，身体放松； 2. 总结课堂内容，给予积极反馈。

第十二课　强化运球技术

技能目标： 通过本节课的学习，强化学生的脚底、脚内侧、脚背外侧运球技术。
体能目标： 通过练习，发展学生的灵敏性、协调性、平衡性。
情感目标： 通过练习，提高学生的专注度和自信心，加强同学间的交流。

场区设置（教师可依教学实际情况进行调整）	课程结构（40min）
	准备部分： 10min 热身
	练习一： 12min 运球
	练习二： 13min 开火车
	结束部分： 5min 放松拉伸

准备部分：热身	
场地设置	**组织方法**
场地　40m×20m 时间　10min 器材　无	1. 绕场地进行慢跑热身； 2. 教师将学生分成4排横队，所有人之间一臂间隔，教师带领学生做徒手操； 3. 徒手操包括：头部运动、肩部运动、扩胸运动、体转运动、腹背运动、弓步压腿、膝关节运动、手腕及踝关节运动。
	指导要点
	1. 动作舒展、协调； 2. 注意力集中。

练习一：运球

场地设置		组织方法
场地	15m×15m	1.教师将学生分成5人一组，共8组。每组学生持球站在标志盘组成的四边形四条边上；（图示以1组为例） 2.教师发出指令，学生开始逆时针运球（脚底，脚外侧内侧）； 3.学生根据指令进行变化，如顺时针运球，逆时针运球，脚底、脚内侧、外侧运球等； 4.时间结束后，交换位置开始下一轮练习。 变化：加入多样的教师命令，如运球追赶前面的学生。
时间	12min：练习2min，间歇30s，共5组	
器材	足球、标志盘	

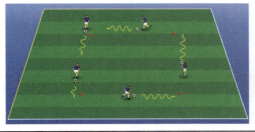

指导要点

1.运球时重心降低，快速反应；
2.运球时注意触球力量，始终将球控制在脚下；
3.运球时抬头观察。

练习二：开火车

场地设置		组织方法
场地	15m×15m	1.教师将学生分成5人一组，共8组。5名学生持球站在四边形边上，四边形中间有一标志盘，第一名学生为"火车头"；（图示以1组为例） 2.教师发出指令，"火车头"带领"火车"逆时针运球； 3.教师发出指令，"火车头"带领"车队"转轨，由"火车头"自由选择路线； 4.时间结束后，自由挑选"火车头"开始下一轮练习。 变化：（1）允许学生带球超过"火车头"成为新的"火车头"； （2）增加命令，如顺时针运球、逆时针运球、脚内侧、外侧运球、脚底运球等。
时间	13min：练习3min，间歇20s，共4组	
器材	足球、标志盘	

指导要点

1.运球时重心降低；
2.运球时注意触球力量；
3.运球时抬头观察，快速反应。

结束部分：放松拉伸

场地设置	组织方法
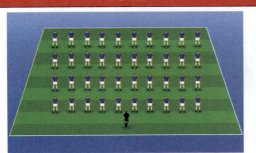	1.教师将学生分成4排横队，所有人之间一臂间隔，教师带领学生做放松拉伸； 2.总结时成密集队形； 3.值日生回收器材。
	指导要点
	1.动作舒展、准确，身体放松； 2.总结课堂内容，给予积极反馈。

第十三课　身体素质练习

体能目标： 通过练习，提高学生的奔跑能力和快速反应能力。
情感目标： 通过练习，培养学生对足球的兴趣，提高学生的沟通能力。

场区设置（教师可依教学实际情况进行调整）	课程结构（40min）
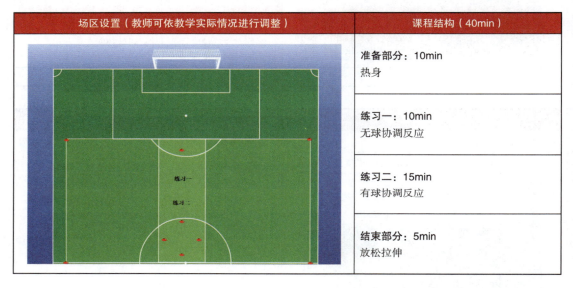	**准备部分：** 10min 热身
	练习一： 10min 无球协调反应
	练习二： 15min 有球协调反应
	结束部分： 5min 放松拉伸

准备部分：热身	
场地设置	**组织方法**
场地　40m×20m	1. 绕场地进行慢跑热身；
时间　10min	2. 教师将学生分成4排横队，所有人之间一臂间隔，教师带领学生做徒手操；
器材　无	3. 徒手操包括：头部运动、肩部运动、扩胸运动、体转运动、腹背运动、弓步压腿、膝关节运动、手腕及踝关节运动。
	指导要点
	1. 动作舒展、协调； 2. 注意力集中。

练习一：无球协调反应

场地设置		组织方法
场地	20m×10m	1. 用标志盘组成边长为 5m 的正方形，终点标志盘距离正方形 15m； 2. 教师将学生分成 5 人一组，共 8 组。每组一名学生在正方形区域内做步法训练（高抬腿、小步跑等）；（图示以 1 组为例） 3. 教师给出口令，学生以最快速度在正方形区域内移动（前、后、左、右）； 4. 多次重复后，教师给出"跑"的口令，学生加速冲刺至终点处标志盘。 变化：（1）可以变为单腿形式； 　　　（2）可变为比赛形式。
时间	10min：练习 3min，间歇 30s，共 3 组	
器材	标志盘	
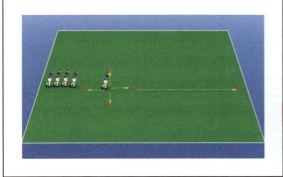		**指导要点**
		1. 注意力集中，快速反应； 2. 重心降低，步频要快； 3. 充分调动学生练习的积极性。

练习二：有球协调反应

场地设置		组织方法
场地	20m×10m	1. 用标志盘组成边长为 5m 的正方形，终点标志盘距离正方形 15m； 2. 教师将学生分成 5 人一组，共 8 组。每组一名学生在正方形区域内做球感练习（荡球、踩球等）；（图示以 1 组为例） 3. 教师给出口令，学生以最快的速度控球在正方形区域内移动（前、后、左、右）； 4. 多次重复后，教师给出"跑"的口令，学生加速冲刺至终点处标志盘。 变化：限制左、右脚及转身方向。
时间	15min：练习 3min，间歇 30s，共 4 组	
器材	足球、标志盘	
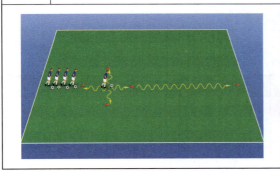		**指导要点**
		1. 注意力集中，快速反应； 2. 重心降低，动作要做到位； 3. 移动时频率要快。

结束部分：放松拉伸

场地设置	组织方法
（图示）	1. 教师将学生分成 4 排横队，所有人之间一臂间隔，教师带领学生做放松拉伸； 2. 总结时成密集队形； 3. 值日生回收器材。
	指导要点
	1. 动作舒展、准确，身体放松； 2. 总结课堂内容，给予积极反馈。

第十四课　小场地 5V5 比赛

技能目标： 通过本节课的练习，提高学生在比赛中运用技术的能力。
体能目标： 通过比赛，发展学生的速度和协调性。
情感目标： 通过比赛，培养学生的团队合作精神和竞争意识。

场区设置（教师可依教学实际情况进行调整）	课程结构（40min）
	准备部分： 10min 热身
	练习： 25min 小场地 5V5 比赛
	结束部分： 5min 放松拉伸

准备部分：热身	
场地设置	**组织方法**
场地 40m×20m	1. 绕场地进行慢跑热身； 2. 教师将学生分成 4 排横队，所有人之间一臂间隔，教师带领学生做徒手操； 3. 徒手操包括：头部运动、肩部运动、扩胸运动、体转运动、腹背运动、弓步压腿、膝关节运动、手腕 及踝关节运动。
时间 10min	
器材 无	
	指导要点
	1. 动作舒展、协调； 2. 注意力集中。

练习：小场地 5V5 比赛	
场地设置	组织方法
<table><tr><td>场地</td><td>25m×15m</td></tr><tr><td>时间</td><td>25min：练习 10min，间歇 5min，共 2 组</td></tr><tr><td>器材</td><td>足球、球门</td></tr></table>	1. 教师将学生分为 5 人一组，共 8 组；（图示以 2 组为例） 2. 8 组学生分别在编号为 1、2、3、4 的四块场地进行比赛，比赛分为两节，每节 10min； 3. 第一节比赛结束后，1 号场地和 2 号场地的队伍随机交换比赛对手，3 号场地和 4 号场地的队伍随机交换比赛对手，继续进行第二节比赛。
	指导要点
	1. 比赛中积极运用所学技术； 2. 比赛中互相协作及交流； 3. 比赛中互相鼓励，积极参与。

结束部分：放松拉伸	
场地设置	组织方法
	1. 教师将学生分成 4 排横队，所有人之间一臂间隔，教师带领学生做放松拉伸； 2. 总结时成密集队形； 3. 值日生回收器材。
	指导要点
	1. 动作舒展、准确，身体放松； 2. 总结课堂内容，给予积极反馈。

第十五课　足球比赛规则

> **知识目标**：通过本节课的学习，使学生了解足球比赛规则。
> **情感目标**：通过学习，培养学生对足球的兴趣和独立思考的能力。

课程结构（40min）			
开始部分（8min）	内容一（17min）	内容二（10min）	结束部分（5min）
介绍本节课内容	比赛犯规行为和掷界外球规则	足球动画短片	总结

开始部分：介绍本节课内容				
组织方法				**指导要点**
时间	8min	地点	多媒体教室	1.问题：你们知道足球比赛中都有哪些行为是会被判罚的？你们知道足球出界后要怎么办吗？出哪条线是用手发球？ 2.内容：比赛犯规行为和掷界外球规则；观看足球比赛视频。
1.提问； 2.视频导入； 3.介绍本节课内容。				

内容一：点球的规则与换人规则				
组织方法				**指导要点**
时间	17min	地点	多媒体教室	1.比赛场上的犯规动作； 2.比赛场下的犯规行为； 3.赛场中不犯规，但违背体育精神的行为； 4.界外球的基本动作及规则。
1.教师讲解犯规行为和掷界外球规则； 2.学生思考后，教师提问。 变化：可增加知识竞答。				

内容二：足球动画短片				
组织方法				**指导要点**
时间	10min	地点	多媒体教室	1.推荐视频《熊猫说球》第14集"犯规与违规行为"； 2.问题：通过视频你们学到了什么？
1.观看视频时，暂停说明犯规带来的后果； 2.培养学生自己找出犯规动作。				

结束部分：总结				
组织方法				**指导要点**
时间	5min	地点	多媒体教室	1.问题：我们这节课学习了什么？ 2.总结：犯规的行为，足球场上的礼貌。
1.提问； 2.总结。				

第十六课　足球技能考试

技能目标： 通过考试，考查学生的球性、球感及射门能力。
体能目标： 通过考试，测试学生的协调性、灵敏性、平衡性。
情感目标： 通过考试，考查学生的专注度。

场区设置（教师可依教学实际情况进行调整）	课程结构（40min）
	准备部分：5min 热身
	考试一：15min 脚背正面颠球
	考试二：15min 射门
	结束部分：5min 放松拉伸

准备部分：热身	
场地设置	**组织方法**

场地	40m×20m
时间	10min
器材	无

组织方法

1. 绕场地进行慢跑热身；
2. 教师将学生分成4排横队，所有人之间一臂间隔，教师带领学生做徒手操；
3. 徒手操包括：头部运动、肩部运动、扩胸运动、体转运动、腹背运动、弓步压腿、膝关节运动、手腕及踝关节运动。

指导要点

1. 动作舒展、协调；
2. 注意力集中。

考试一：脚背正面颠球

场地设置		组织方法
场地	20m×20m	1.考试场地与组织形式：考试学生在 20m×20m 的区域内分成 2 排，两臂侧平举散开，每名学生 1 个球。
时间	15min	
器材	足球	2.考试方法：教师给出指令后，学生用脚背正面开始颠球。可一抛一颠，球失去控制可重新开始。测评时间不超过 2min。

指导要点

测评员根据学生的控球表现进行评分，评分为整数分，满分为 100 分。

考试二：射门

场地设置		组织方法
场地	20m×20m	1.考试场地与组织形式：考试学生在 20m×20m 的区域内分成 2 排，两臂侧平举散开，每名学生 1 个球。
时间	15min	
器材	足球	2.考试方法：听测评员口令后，在起始线上用脚内侧踢地滚球的方式将球踢进距起始线 6m 处的 3 个足球门，每人 5 球。

指导要点

测评员计分，踢进中间球门得 10 分，踢进两侧球门得 20 分，累计相加得出最后分数。

结束部分：放松拉伸

场地设置	组织方法
	1.教师将学生分成 4 排横队，所有人之间一臂间隔，教师带领学生做放松拉伸； 2.总结时成密集队形； 3.值日生回收器材。

指导要点

1.动作舒展、准确，身体放松；
2.总结课堂内容，给予积极反馈。

评分标准

考试内容	单位	单项得分									
脚背正面颠球	（分）	100	90	80	70	60	50	40	30	20	10
射门	（分）	100	90	80	70	60	50	40	30	20	10

注：教师可根据学生掌握技能的实际情况对考试标准进行适度调整。

综合评分：脚背正面颠球得分 ×0.5+ 射门得分 ×0.5。

三年级下学期

足球教学课次内容示例

第十七课　复习扣球变向技术

技能目标： 通过本节课的学习，学生熟练掌握扣球变向的技术动作。
体能目标： 通过练习，发展学生的协调性和平衡性。
情感目标： 通过练习，提高学生的专注度和自信心，加强同学间的交流，提高团队合作意识。

场区设置（教师可依教学实际情况进行调整）	课程结构（40min）
	**准备部分：** 10min 热身
	练习一： 10min 捕鱼游戏
	练习二： 15min 扣球变向技术
	结束部分： 5min 放松拉伸

准备部分：热身	
场地设置	**组织方法**

场地	40m×20m
时间	10min
器材	无

组织方法

1. 绕场地进行慢跑热身；
2. 教师将学生分成4排横队，所有人之间一臂间隔，教师带领学生做徒手操；
3. 徒手操包括：头部运动、肩部运动、扩胸运动、体转运动、腹背运动、弓步压腿、膝关节运动、手腕及踝关节运动。

指导要点

1. 动作舒展、协调；
2. 注意力集中。

练习一：捕鱼游戏	
场地设置	组织方法

场地	20m×20m
时间	10min：练习3min，间歇30s，共3组
器材	足球、标志桶

1. 教师将学生分成10人一组，共4组，分两个场地；（图示以1组为例）

2. 在规定区域内进行"捕鱼"游戏，2名学生为捕鱼者，手拉手进行"捕鱼"，其余学生作为"鱼"，在规定区域内进行运球；

3. "捕鱼者"将"鱼"的球踢出界外，"鱼"即变成"捕鱼者"，3min之内将"鱼"捕完即为获胜。

变化：（1）要求运球队员使用弱势脚运球；
　　　（2）缩小区域增加难度。

指导要点

1. 抬头观察；
2. 注意力集中；
3. 遵守规则。

练习二：扣球变向技术	
场地设置	组织方法

场地	20m×20m
时间	15min：练习20次（计时），间歇30s，根据实际情况安排组数
器材	足球

1. 教师将学生分成10人一组，共4组；（图示以1组为例）

2. 每组学生在规定区域内进行脚内侧扣球变向。左脚脚外侧拨球两次后迅速连接左脚内侧扣球变向，右脚外侧拨球两次后迅速连接右脚内侧扣球变向；

3. 循环练习。

变化：根据学生实际情况可设置标志桶。

指导要点

1. 双臂自然打开，保持身体平衡；
2. 注意抬头；
3. 注意触球部位要准确，动作连接要迅速；
4. 支撑脚垫步。

结束部分：放松拉伸	
场地设置	组织方法

1. 教师将学生分成4排横队，所有人之间一臂间隔，教师带领学生做放松拉伸；

2. 总结时成密集队形；

3. 值日生回收器材。

指导要点

1. 动作舒展、准确，身体放松；
2. 总结课堂内容，给予积极反馈。

第十八课 强化扣球变向技术

技能目标：通过本节课的学习，学生熟练掌握扣球变向的技术动作。
体能目标：通过练习，发展学生的协调性和平衡性。
情感目标：通过练习，提高学生的专注度和自信心，加强同学间的交流，提高团队合作意识。

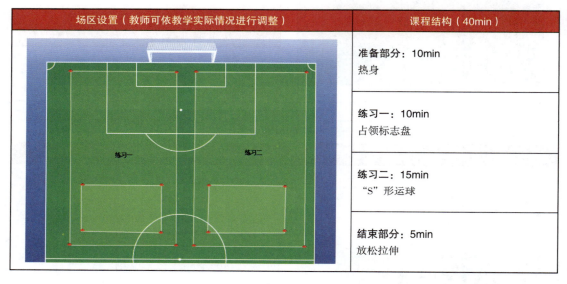

场区设置（教师可依教学实际情况进行调整）	课程结构（40min）
	准备部分：10min 热身
	练习一：10min 占领标志盘
	练习二：15min "S"形运球
	结束部分：5min 放松拉伸

准备部分：热身	
场地设置	**组织方法**
场地 40m×20m 时间 10min 器材 无	1.绕场地进行慢跑热身； 2.教师将学生分成4排横队，所有人之间一臂间隔，教师带领学生做徒手操； 3.徒手操包括：头部运动、肩部运动、扩胸运动、体转运动、腹背运动、弓步压腿、膝关节运动、手腕及踝关节运动。
	指导要点
	1.动作舒展、协调； 2.注意力集中。

练习一：占领标志盘

场地设置		组织方法
场地	20m×20m	1. 教师将学生分成8人一组，共5组，每名学生1个球；（图示以1组为例）
时间	10min：练习3min，间歇30s，共3组	2. 每组学生在规定区域外顺时针运球；
器材	足球、标志盘、标志桶	3. 听到教师哨音后，运球进入规定区域占领标志盘；

4. 将球置于标志盘上方即为成功；
5. 每次练习结束，回到区域外，再开始第二次练习。
变化：（1）改变运球方向；
（2）运球改为踩球、敲球等；
（3）将场内标志盘逐渐减少，增加难度。

指导要点

1. 集中注意力；
2. 抬头观察，寻找标志盘；
3. 控制好自己的足球。

练习二："S"形运球

场地设置		组织方法
场地	20m×10m	1. 教师将学生分成5人一组，共8组，每名学生1球；（图示以2组为例）
时间	15min：练习3min，间歇1min，共4组	2. 在规定区域内进行"S"形运球，分别采用以下运球动作：
器材	足球、标志盘、标志桶	（1）单脚脚内侧扣球、脚外侧拨球；

（2）双脚脚内侧扣球；
3. 前一名学生出发3s后，下一名学生再出发。
变化：（1）单脚运球时，左右脚交替进行；
（2）提高运球速度。

指导要点

1. 注意扣球、拨球的部位和力度；
2. 控制运球节奏。

结束部分：放松拉伸

场地设置	组织方法
	1. 教师将学生分成4排横队，所有人之间一臂间隔，教师带领学生做放松拉伸；
	2. 总结时成密集队形；
	3. 值日生回收器材。

指导要点

1. 动作舒展、准确，身体放松；
2. 总结课堂内容，给予积极反馈。

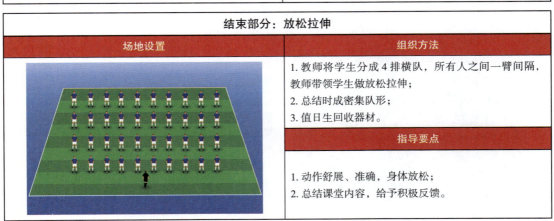

第十九课　提高学生综合球感

技能目标： 通过本节课的学习，提高学生综合球感。

体能目标： 通过练习，发展学生的协调性和平衡性。

情感目标： 通过学生的练习，提高学生的专注度和自信心，加强同学间的交流，提高团队合作意识。

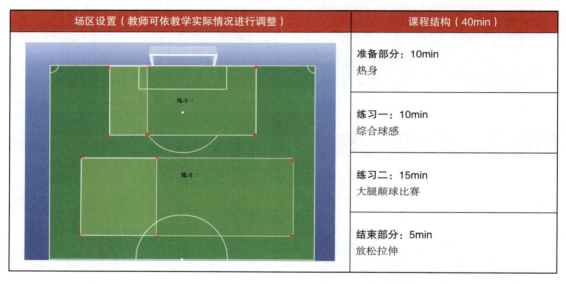

场区设置（教师可依教学实际情况进行调整）	课程结构（40min）
	准备部分： 10min 热身
	练习一： 10min 综合球感
	练习二： 15min 大腿颠球比赛
	结束部分： 5min 放松拉伸

（图中标注：练习一、练习二）

准备部分：热身	
场地设置	**组织方法**
场地 40m×20m	1. 绕场地进行慢跑热身；
时间 10min	2. 教师将学生分成4排横队，所有人之间一臂间隔，教师带领学生做徒手操；
器材 无	3. 徒手操包括：头部运动、肩部运动、扩胸运动、体转运动、腹背运动、弓步压腿、膝关节运动、手腕及踝关节运动。
	指导要点
	1. 动作舒展、协调； 2. 注意力集中。

练习一：综合球感

场地设置		组织方法
场地	10m × 5m	1. 教师将学生分成 8 人一组，共 5 组，每名学生 1 个球；（图示以 2 组为例）
时间	10min：练习 3min，间歇 30s，共 3 组	2. 听教师口令进行单脚扣拨球练习、双脚扣拨球练习、身前或身后绕支撑腿拉球练习、扣球变向练习；
器材	足球、标志桶、标志盘	3. 前面一名学生进行到红色标志桶时，后面的学生再出发。 变化：进行接力比赛。

指导要点
1. 双臂自然打开，保持身体平衡； 2. 注意抬头； 3. 注意触球部位要准确，动作连接要迅速； 4. 支撑脚垫步。

练习二：大腿颠球比赛

场地设置		组织方法
场地	20m × 20m	1. 教师将学生分成 8 人一组，共 5 组，每名学生 1 个球；（图示以 1 组为例）
时间	15min：练习 3min，间歇 1min，共 4 组	2. 每组学生在规定区域内进行大腿颠球比赛；
器材	足球	3. 计时 3min 为一组，每次颠球数量最多者获胜 变化：可手抛一次，颠一次。

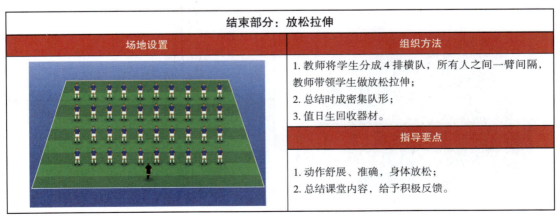

指导要点
1. 大腿抬平，判断好落点，大腿中部触球； 2. 注意触球部位要准确，动作连接要迅速； 3. 脚下移动灵活，撑脚垫步。

结束部分：放松拉伸

场地设置	组织方法
	1. 教师将学生分成 4 排横队，所有人之间一臂间隔，教师带领学生做放松拉伸； 2. 总结时成密集队形； 3. 值日生回收器材。

指导要点
1. 动作舒展、准确，身体放松； 2. 总结课堂内容，给予积极反馈。

第二十课　小场地 5V5 比赛

技能目标：通过本节课的练习，提高学生在比赛中运用技术的能力。
体能目标：通过比赛，提高学生的速度，发展学生的协调性。
情感目标：通过比赛，培养学生的团队合作精神和竞争意识。

场区设置（教师可依教学实际情况进行调整）	课程结构（40min）
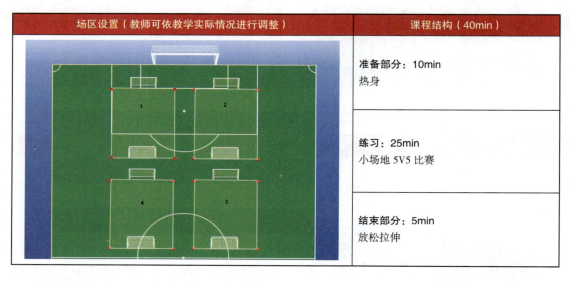	**准备部分：10min** 热身
	练习：25min 小场地 5V5 比赛
	结束部分：5min 放松拉伸

准备部分：热身	
场地设置	**组织方法**
场地　40m×20m 时间　10min 器材　无	1. 绕场地进行慢跑热身； 2. 教师将学生分成 4 排横队，所有人之间一臂间隔，教师带领学生做徒手操； 3. 徒手操包括：头部运动、肩部运动、扩胸运动、体转运动、腹背运动、弓步压腿、膝关节运动、手腕及踝关节运动。
	指导要点
	1. 动作舒展、协调； 2. 注意力集中。

练习：小场地 5V5 比赛	
场地设置	**组织方法**
场地　25m×15m 时间　25min：练习 10min，间歇 5min，共 2 组 器材　足球、球门 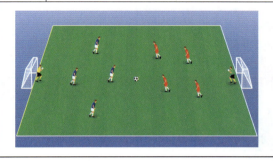	1.教师将学生分为 5 人一组，共 8 组；（图示以 2 组为例） 2.8 组学生分别在编号为 1、2、3、4 的四块场地进行比赛，比赛分为两节，每节 10min； 3.第一节比赛结束后，1 号场地和 2 号场地的队伍随机交换比赛对手，3 号场地和 4 号场地的队伍随机交换比赛对手，继续进行第二节比赛。
	指导要点
	1.比赛中积极运用所学技术； 2.比赛中互相协作及交流； 3.比赛中互相鼓励，积极参与。

结束部分：放松拉伸	
场地设置	**组织方法**
	1.教师将学生分成 4 排横队，所有人之间一臂间隔，教师带领学生做放松拉伸； 2.总结时成密集队形； 3.值日生回收器材。
	指导要点
	1.动作舒展、准确，身体放松； 2.总结课堂内容，给予积极反馈。

第二十一课　学习脚背外侧接球转身技术

技能目标：通过本节课的学习，学生掌握脚背外侧接球转身的技术动作。
体能目标：通过练习，发展学生的协调性和灵敏性。
情感目标：通过练习，提高学生的专注度，培养学生的意志品质。

场区设置（教师可依教学实际情况进行调整）	课程结构（40min）
	准备部分：10min 热身
	练习一：10min 接、运球
	练习二：15min 迎面脚外侧接球转身
	结束部分：5min 放松拉伸

准备部分：热身	
场地设置	组织方法

场地	40m×20m	1. 绕场地进行慢跑热身； 2. 教师将学生分成4排横队，所有人之间一臂间隔，教师带领学生做徒手操； 3. 徒手操包括：头部运动、肩部运动、扩胸运动、体转运动、腹背运动、弓步压腿、膝关节运动、手腕及踝关节运动。
时间	10min	
器材	无	

	指导要点
	1. 动作舒展、协调； 2. 注意力集中。

练习一：接、运球	
场地设置	组织方法
场地 16m×4m **时间** 10min：练习3min，间歇30s，共3组 **器材** 足球、标志盘 	1.教师将学生分成4人一组，共10组；（图示以2组为例） 2.每组学生在16m×4m的区域内，中间1名学生，边侧1名学生，另一侧2名学生持球； 3.持球侧学生使用脚内侧将球传给中间学生，然后跑向中间；中间学生脚内侧接球转身，然后运球到边侧； 4.依次循环进行。 变化：改变踢球脚（右脚，左脚）。
	指导要点
	1.抬头观察； 2.注意传球角度、力度、准确性及时机； 3.接球前观察摆脱，调整身体姿势，转向接球方向； 4.接球时脚内侧控制球转身。

练习二：迎面脚外侧接球转身	
场地设置	组织方法
场地 16m×4m **时间** 15min：练习3min，间歇1min，共4组 **器材** 足球、标志盘 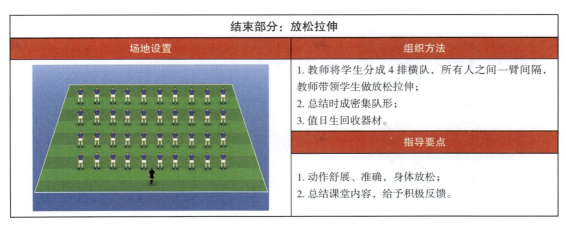	1.教师将学生分成4人一组，共10组；（图示以1组为例） 2.2名学生站在16m×4m区域的两侧，2名学生背对背站在中间； 3.中间学生接边侧学生的传球，同时进行脚外侧接球转身，然后再传给对侧学生； 4.每组结束后，中间和两边学生换位置。 变化：（1）改变接球脚（右脚、左脚）； 　　　（2）改变接球方式（引撤，接球摆脱）； 　　　（3）不限方向，自己观察选择。
	指导要点
	1.注意观察同伴位置，选择空当接球； 2.接球时身体跟随，保持控球； 3.加强与下一个动作的衔接。

结束部分：放松拉伸	
场地设置	组织方法
	1.教师将学生分成4排横队，所有人之间一臂间隔，教师带领学生做放松拉伸； 2.总结时成密集队形； 3.值日生回收器材。
	指导要点
	1.动作舒展、准确，身体放松； 2.总结课堂内容，给予积极反馈。

第二十二课　学习脚背外侧踢球和射门技术

技能目标：通过本节课的学习，学生掌握脚背外侧踢球和射门的技术动作。
体能目标：通过练习，发展学生的协调性和平衡性。
情感目标：通过练习，提高学生的专注度和自信心，加强同学间的交流，提高团队合作意识。

场区设置（教师可依教学实际情况进行调整）	课程结构（40min）
	准备部分：10min 热身
	练习一：10min 脚背外侧踢球
	练习二：15min 脚背外侧射门
	结束部分：5min 放松拉伸

准备部分：热身	
场地设置	**组织方法**
场地 40m×20m 时间 10min 器材 无	1.绕场地进行慢跑热身； 2.教师将学生分成4排横队，所有人之间一臂间隔，教师带领学生做徒手操； 3.徒手操包括：头部运动、肩部运动、扩胸运动、体转运动、腹背运动、弓步压腿、膝关节运动、手腕及踝关节运动。
	指导要点
	1.动作舒展、协调； 2.注意力集中。

练习一：脚背外侧踢球	
场地设置	组织方法

场地	10m×10m
时间	10min：练习3min，间歇30s，共3组
器材	足球、标志盘

组织方法
1. 教师将学生分成8人一组，共5组；（图示以1组为例）
2. 在规定区域内，每个标志盘处站2名学生；
3. 按逆时针方向传球轮转，传完球后向踢球方向轮转；
4. 练习时间范围内传球次数最多的小组获胜。
变化：将横传改为斜对角传球。

指导要点
1. 支撑脚踏在球的一侧，脚尖与球的中部平行，距离球一拳半到两拳的距离，支撑脚脚尖指向出球方向；
2. 触球脚脚尖指向地面，脚腕要收紧；
3. 充分摆腿，用脚背外侧触球；
4. 触球脚脚尖指向地面，脚腕收紧，触球中部；
5. 击球后身体随前。

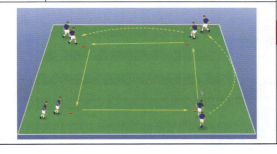

练习二：脚背外侧射门	
场地设置	组织方法

场地	25m×10m
时间	15min：练习3min，间歇1min，共4组
器材	足球、标志盘

组织方法
1. 教师将学生分成8人一组，共5组，每组站在红色标志盘后；（图示以1组为例）
2. 运球到蓝色标志盘处射门；
3. 依次进行练习，练习完成后到队尾排队；
4. 一组结束后统一捡球轮换位置；
5. 左右脚交替练习。也可根据每组的进球数进行比赛。
变化：根据学生掌握情况，可在蓝色标志盘前增加假动作然后再连接射门。

指导要点
1. 支撑脚踏在球侧，脚尖与球的中部平行，距离球一拳半到两拳的距离，支撑脚脚尖指向球门方向；
2. 摆动腿向后充分摆动，大腿带动小腿快速收缩再发力；
3. 触球脚脚尖指向地面，脚踝紧绷，用脚背外侧触球；
4. 触球的左中部，击球后身体随前。

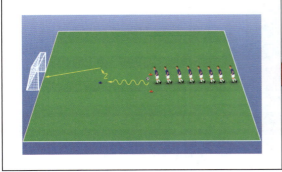

结束部分：放松拉伸	
场地设置	组织方法

组织方法
1. 教师将学生分成4排横队，所有人之间一臂间隔，教师带领学生做放松拉伸；
2. 总结时密集队形；
3. 值日生回收器材。

指导要点
1. 动作舒展、准确，身体放松；
2. 总结课堂内容，给予积极反馈。

第二十三课　复习脚背外侧踢球和射门技术

技能目标：通过本节课的学习，学生熟练掌握脚背外侧踢球和射门的技术动作。
体能目标：通过练习，发展学生的协调性和平衡性。
情感目标：通过练习，培养学生的团队合作精神和竞争意识。

场区设置（教师可依教学实际情况进行调整）	课程结构（40min）
	准备部分：10min 热身
	练习一：10min 脚背外侧踢球
	练习二：15min 脚背外侧射门
	结束部分：5min 放松拉伸

准备部分：热身	
场地设置	**组织方法**

场地	40m×20m
时间	10min
器材	无

组织方法

1. 绕场地进行慢跑热身；
2. 教师将学生分成4排横队，所有人之间一臂间隔，教师带领学生做徒手操；
3. 徒手操包括：头部运动、肩部运动、扩胸运动、体转运动、腹背运动、弓步压腿、膝关节运动、手腕及踝关节运动。

指导要点

1. 动作舒展、协调；
2. 注意力集中。

练习一：脚背外侧踢球

场地设置		组织方法
场地	20m×10m	1.教师将学生分成8人一组，共5组；（图示以2组为例） 2.持球学生站在第一个标志盘后面，其余标志盘各站一名不持球学生； 3.持球学生传完球后到传球方向的标志盘位置准备接球，最后一个标志盘的学生接球后到队尾排队； 4.全组学生回到起始位置为一组练习，最先完成的组获得奖励。 变化：（1）改变踢球脚； 　　　　（2）改变踢球距离。
时间	10min：练习3min，间歇30s，共3组	
器材	足球、标志盘	
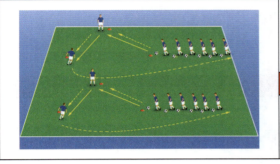		**指导要点**
		1.脚踝绷紧，脚尖向内旋转； 2.充分摆腿，用脚背外侧触球； 3.支撑脚踏在球的侧后方，脚尖朝向接球人； 4.触球的中部或者左中部。

练习二：脚背外侧射门

场地设置		组织方法
场地	25m×10m	1.教师将学生分成8人一组，共5组；（图示以1组为例） 2.持球学生站在第一个标志盘后面，其余学生不持球依次排在后面； 3.传完球后向传球方向轮转，最后一名学生接球后射门；射完门后捡球到右列的标志盘排队。 变化：（1）规定必须用左脚或右脚射门，两只脚交替 　　　　　　使用； 　　　　（2）变换传球方向； 　　　　（3）增加或减少区域大小，改变传球距离。
时间	15min：练习3min，间歇1min，共4组	
器材	足球、标志盘	
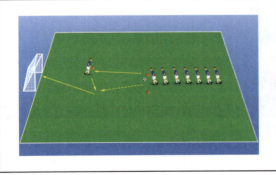		**指导要点**
		1.脚踝绷紧，脚尖向内旋转； 2.充分摆腿，用脚背外侧触球； 3.支撑脚踏在球的侧后方，脚尖朝向接球人； 4.触球的中部或者左中部； 5.射门后向前跟进寻求补射机会。

结束部分：放松拉伸

场地设置	组织方法
	1.教师将学生分成4排横队，所有人之间一臂间隔，教师带领学生做放松拉伸； 2.总结时成密集队形； 3.值日生回收器材。
	指导要点
	1.动作舒展、准确，身体放松； 2.总结课堂内容，给予积极反馈。

第二十四课　身体素质练习

体能目标：通过练习，提高学生的柔韧性和灵敏性。
情感目标：通过练习，培养学生的耐心，激发学生对足球的兴趣。

场区设置（教师可依教学实际情况进行调整）	课程结构（40min）
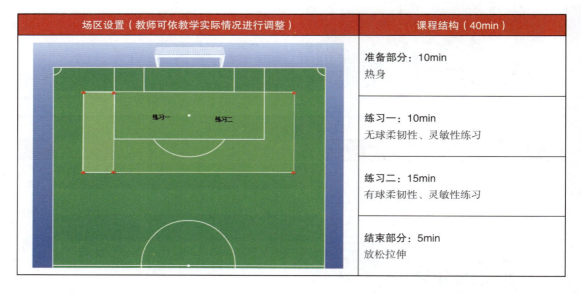	**准备部分：10min** 热身
	练习一：10min 无球柔韧性、灵敏性练习
	练习二：15min 有球柔韧性、灵敏性练习
	结束部分：5min 放松拉伸

准备部分：热身	
场地设置	**组织方法**
场地　40m×20m 时间　10min 器材　无	1. 绕场地进行慢跑热身； 2. 教师将学生分成4排横队，所有人之间一臂间隔，教师带领学生做徒手操； 3. 徒手操包括：头部运动、肩部运动、扩胸运动、体转运动、腹背运动、弓步压腿、膝关节运动、手腕及踝关节运动。
	指导要点
	1. 动作舒展、协调； 2. 注意力集中。

练习一：无球柔韧性、灵敏性练习

场地设置		组织方法
场地	20m×10m	1.教师将学生分成5人一组，共8组；（图示以2组为例） 2.敏捷梯距离标志盘10m，学生过敏捷梯（单脚、双脚、两步、三步、开合跳、侧滑步等）后冲刺至标志盘处； 3.前面标志桶间隔1~2m，最后一个标志桶冲刺距离10m。学生以跳跃、单脚落地支撑、折返跑、变向跑通过前面标志桶后，向最后一个标志桶冲刺。 变化：（1）改变跑动路线； 　　　（2）变为比赛形式。
时间	10min：练习3min，间歇30s，共3组	
器材	足球、标志盘、标志桶、敏捷梯	
		指导要点
		1.注意力集中； 2.上肢放松； 3.全力以赴。

练习二：有球柔韧性、灵敏性练习

场地设置		组织方法
场地	20m×10m	1.教师将学生分成5人一组，共8组；（图示以2组为例） 2.按标志盘路线快速运球跑（脚内侧、脚背正面、脚背外侧运球），冲刺10m； 3.到另一侧后运球（脚内侧、脚背正面、脚背外侧运球）绕过标志桶，加速冲刺10m返回。 变化：（1）变换左右脚； 　　　（2）改变标志桶形状，改变运球路线。
时间	15min：练习3min，间歇1min，共4组	
器材	足球、标志盘、标志桶	
		指导要点
		1.抬头观察； 2.注意力集中； 3.全力以赴。

结束部分：放松拉伸

场地设置	组织方法
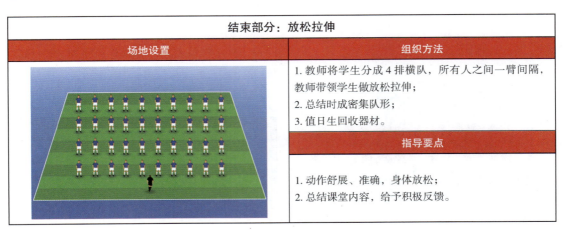	1.教师将学生分成4排横队，所有人之间一臂间隔，教师带领学生做放松拉伸； 2.总结时成密集队形； 3.值日生回收器材。
	指导要点
	1.动作舒展、准确，身体放松； 2.总结课堂内容，给予积极反馈。

第二十五课　学习脚外侧扣球转身技术

技能目标：通过本节课的学习，学生学会脚外侧扣球转身技术，熟练掌握脚底运球技术。
体能目标：通过练习，发展学生的灵敏性、协调性、平衡性。
情感目标：通过练习，提高学生的专注度和自信心，加强同学间的交流，激发学生的学习兴趣。

场区设置（教师可依教学实际情况进行调整）	课程结构（40min）
	**准备部分：10min** 热身
	练习一：12min 脚外侧扣球转身练习
	练习二：13min 运球接力赛
	结束部分：5min 放松拉伸

准备部分：热身	
场地设置	**组织方法**

场地	40m×20m	
时间	10min	1.绕场地进行慢跑热身； 2.教师将学生分成4排横队，所有人之间一臂间隔，教师带领学生做徒手操； 3.徒手操包括：头部运动、肩部运动、扩胸运动、体转运动、腹背运动、弓步压腿、膝关节运动、手腕及踝关节运动。
器材	无	

	指导要点
	1.动作舒展、协调； 2.注意力集中。

练习一：脚外侧扣球转身练习

场地设置		组织方法
场地	20m×5m	1.教师将学生分成8人一组，共5组；（图示以2组为例） 2.练习开始，排头学生由起点向终点运球，到达标志盘后脚外侧扣球转身，脚底运球回到起点； 3.回到起点后，将球给下一名学生开始练习，然后到队尾排队； 4.无球学生注意观察运球学生的动作。
时间	12min：练习2min，间歇30s，共5组	
器材	足球、标志盘	

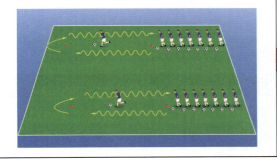

	指导要点
	1.运球时重心降低，抬头观察； 2.脚外侧扣球转身：变向前重心降低，身体前倾，支撑脚踏在球运行前方。触球脚脚腕收紧，脚外侧触球的中部，向对侧扣球完成转身； 3.转身后身体重心跟进快速控制球。

练习二：运球接力赛

场地设置		组织方法
场地	20m×5m	1.教师将学生分成8人一组，共5组；（图示以2组为例） 2.教师发出指令，第一名学生脚底运球运向下一个标志盘；到达标志盘后脚外侧扣球转身，脚底运球运回到起点； 3.回到起点后，将球给下一名学生接力练习； 4.3min内接力次数多的小组获胜。 变化：（1）通过标志盘时绕一圈； 　　　　（2）一次比赛结束后，重新分组进行比赛。
时间	13min：练习3min，间歇20s，共4组	
器材	足球、标志盘	

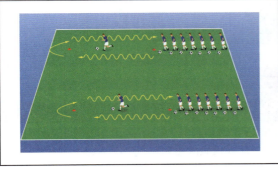

	指导要点
	1.运球时注意触球力量，频率要快； 2.转身时技术动作的运用； 3.转身后控制好球； 4.转身后加速。

结束部分：放松拉伸

场地设置	组织方法
	1.教师将学生分成4排横队，所有人之间一臂间隔，教师带领学生做放松拉伸； 2.总结时成密集队形； 3.值日生回收器材。

	指导要点
	1.动作舒展、准确，身体放松； 2.总结课堂内容，给予积极反馈。

第二十六课　提高运球转身能力

技能目标：通过本节课的学习，复习脚底运球技术，提高运球转身能力。
体能目标：通过练习，发展学生的灵敏性、协调性、平衡性。
情感目标：通过练习，提高学生的专注度和自信心，加强同学间的交流。

场区设置（教师可依教学实际情况进行调整）	课程结构（40min）
	**准备部分：10min** 热身
	练习一：12min 狭路相逢
	练习二：13min 对角线运球
	结束部分：5min 放松拉伸

准备部分：热身	
场地设置	**组织方法**
场地　40m×20m 时间　10min 器材　无	1. 绕场地进行慢跑热身； 2. 教师将学生分成4排横队，所有人之间一臂间隔，教师带领学生做徒手操； 3. 徒手操包括：头部运动、肩部运动、扩胸运动、体转运动、腹背运动、弓步压腿、膝关节运动、手腕及踝关节运动。
	指导要点
	1. 动作舒展、协调； 2. 注意力集中。

练习一：狭路相逢

场地设置		组织方法

场地	15m×10m
时间	12min：练习 2min，间歇 30s，共 5 组
器材	足球、标志盘

1. 教师将学生分成 4 人一组，共 10 组。每组 4 名学生分别持球站在标志盘两端；（图示以 4 组为例）
2. 教师发出指令，两端排头学生向中心标志盘脚底运球，运球到标志盘转身，然后脚底运球回到队尾；
3. 时间结束后交换位置，开始下一轮游戏。
变化：加入口令限制转身技术的使用，如踩球、脚内侧、外侧扣球转身等口令。

指导要点

1. 运球时将球控制在身体范围之内；
2. 转身时身体重心降低；
3. 控制好球，尽量一步一触球。

练习二：对角线运球

场地设置		组织方法

场地	15m×15m
时间	13min：练习 3min，间歇 20s，共 4 组
器材	足球、标志盘

1. 教师将学生分成 8 人一组，共 5 组，用 4 个标志盘摆成 15m×15m 的四边形，四边形中心摆放标志盘，每组学生随机持球站在四角；（图示以 1 组为例）
2. 教师发出指令，四个角的排头学生同时脚底运球出发，到中心标志盘时做运球转身动作，然后运球回到队尾；
3. 时间结束后，组内自由换位开始下一轮游戏。
变化：（1）可将中心标志盘换成防守人；
　　　（2）限制转身技术（如踩球、脚内侧、外侧扣球转身等）。

指导要点

1. 掌握触球力量，保持球始终控制在身体范围内；
2. 转身前减速，降低重心，转身后加速。

结束部分：放松拉伸

场地设置	组织方法

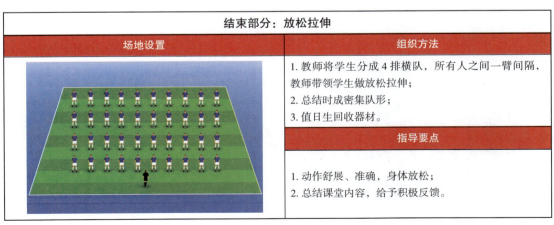

1. 教师将学生分成 4 排横队，所有人之间一臂间隔，教师带领学生做放松拉伸；
2. 总结时成密集队形；
3. 值日生回收器材。

指导要点

1. 动作舒展、准确，身体放松；
2. 总结课堂内容，给予积极反馈。

第二十七课　提高运球能力

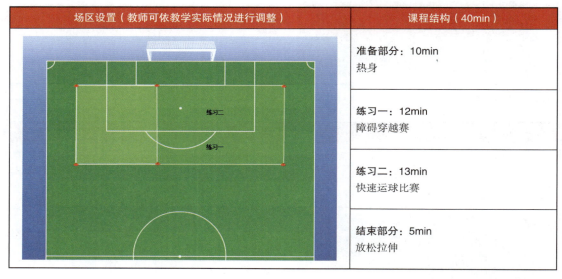

场区设置（教师可依教学实际情况进行调整）	课程结构（40min）
	准备部分：10min 热身
	练习一：12min 障碍穿越赛
	练习二：13min 快速运球比赛
	结束部分：5min 放松拉伸

准备部分：热身	
场地设置	**组织方法**

场地	40m×20m	
时间	10min	1.绕场地进行慢跑热身； 2.教师将学生分成4排横队，所有人之间一臂间隔，教师带领学生做徒手操； 3.徒手操包括：头部运动、肩部运动、扩胸运动、体转运动、腹背运动、弓步压腿、膝关节运动、手腕及踝关节运动。
器材	无	

指导要点
1.动作舒展、协调； 2.注意力集中。

练习一：障碍穿越赛

场地设置		组织方法
场地	20m×20m	1. 5名学生一组，共8组，每2组在一块场地进行比赛； 2. 如图所示，每组学生持球站在标志盘旁，四边形中间无序放置5个标志桶组成障碍；（图示以2组为例） 3. 教师发出指令，两组学生分别向对角运球（脚内侧、脚背外侧、脚底），期间必须穿越标志桶组成的障碍，全组学生率先到达对角的小组获胜，得1分。 变化：（1）通过教师指令限制运球技术，如脚内侧、脚外侧、脚底等； 　　　（2）增加中心标志桶数量，让其更无序。
时间	12min：练习2min，间歇30s，共5组	
器材	足球、标志盘、标志桶	
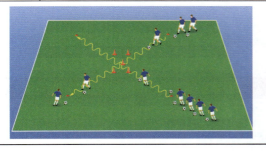		**指导要点**
		1. 运球时掌握触球力度； 2. 运球时抬头观察，快速决策； 3. 穿越障碍时，注意选择合适的路线避免相撞。

练习二：快速运球比赛

场地设置		组织方法
场地	20m×20m	1. 5名学生一组，共8组，每2组在一块场地进行比赛，每组学生站在标志盘旁，9个足球随机散布在场地中间区域；（图示以2组为例） 2. 教师发出指令，2组的排头学生跑向中间区域拿球，得到球后运回标志盘，到达标志盘后挥手让下一名学生开始； 3. 最终得到球多的小组获胜； 4. 时间结束后，两组交换场地开始下一轮比赛。 变化：（1）加入随机命令限制学生运球技术，如脚内侧、脚外侧、脚底等； 　　　（2）增加或减少足球的数量； 　　　（3）争夺最后一个球时，允许未持球方进行防守。
时间	13min：练习4min，间歇30s，共3组	
器材	足球、标志盘、标志桶	
		指导要点
		1. 注意观察，快速决策； 2. 快速运球中将球控制好，同时抬头观察； 3. 提醒学生相互沟通，互相协作。

结束部分：放松拉伸

场地设置	组织方法
	1. 教师将学生分成4排横队，所有人之间一臂间隔，教师带领学生做放松拉伸； 2. 总结时成密集队形； 3. 值日生回收器材。
	指导要点
	1. 动作舒展、准确，身体放松； 2. 总结课堂内容，给予积极反馈。

第二十八课　巩固运球技术

> **技能目标**：通过本节课的学习，巩固脚底、脚内侧、脚背外侧运球技术。
> **体能目标**：通过练习，发展学生的灵敏性、协调性。
> **情感目标**：通过练习，提高学生的专注度，加强同学间的交流，提高空间感知能力。

场区设置（教师可依教学实际情况进行调整）	课程结构（40min）
	**准备部分：10min** 热身
	练习一：12min 画四边形
	练习二：13min 画三角形
	结束部分：5min 放松拉伸

准备部分：热身	
场地设置	**组织方法**

场地	40m×20m
时间	10min
器材	无

组织方法

1.绕场地进行慢跑热身；
2.教师将学生分成4排横队，所有人之间一臂间隔，教师带领学生做徒手操；
3.徒手操包括：头部运动、肩部运动、扩胸运动、体转运动、腹背运动、弓步压腿、膝关节运动、手腕及踝关节运动。

指导要点

1.动作舒展、协调；
2.注意力集中。

练习一：画四边形

场地设置		组织方法
场地	20m × 20m	1.教师将学生分成4人一组，共10组，每5组进行比赛，各组学生持球站在标志盘旁；（图示以5组为例） 2.教师发出命令，各组第一名学生运球出发，在五边形内画四边形，最后返回起点，第二名学生出发； 3.率先画完四边形的小组获胜。 变化：（1）通过教师指令限制运球技术，如脚内侧运球、脚外侧运球、脚底运球等； 　　　（2）学生到达各标志盘时需要摸标志盘一下。
时间	12min：练习2min，间歇30s，共5组	
器材	足球、标志盘	

	指导要点
	1.运球时掌握触球力度； 2.抬头观察，快速决策，选择正确的画五角星线路，确保最后能返回起点。

练习二：画三角形

场地设置		组织方法
场地	20m × 20m	1.教师将学生分成4人一组，共10组，每5组进行比赛，各组学生持球站在标志盘旁；（图示以5组为例） 2.教师发出指令，各组的第一名学生运球，在五边形内画一个三角形； 3.每到达一个标志盘后，与站在该标志盘旁的对手击掌，第一名学生画完三角形后，第二名学生出发； 4.时间结束时，画三角形最多的小组获胜。 变化：（1）加入随机命令限制学生运球技术，如脚内侧、脚外侧、脚底运球等； 　　　（2）不允许两次画同样的三角形。
时间	13min：练习3min，间歇20s，共4组	
器材	足球、标志盘	

	指导要点
	1.运球时始终将球控制在脚下，掌握触球力度； 2.运球时抬头观察，快速决策，选择正确的画三角形方式。

结束部分：放松拉伸

场地设置	组织方法
	1.教师将学生分成4排横队，所有人之间一臂间隔，教师带领学生做放松拉伸； 2.总结时成密集队形； 3.值日生回收器材。

指导要点
1.动作舒展、准确，身体放松； 2.总结课堂内容，给予积极反馈。

第二十九课　身体素质练习

体能目标： 通过练习，提高学生的奔跑能力和协调反应能力。
情感目标： 通过练习，培养学生的足球兴趣，提高学生的沟通能力。

场区设置（教师可依教学实际情况进行调整）	课程结构（40min）
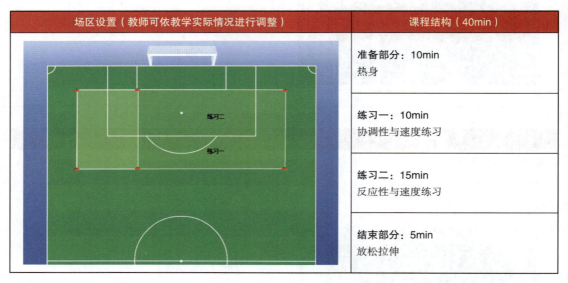	**准备部分：** 10min 热身
	练习一： 10min 协调性与速度练习
	练习二： 15min 反应性与速度练习
	结束部分： 5min 放松拉伸

准备部分：热身	
场地设置	**组织方法**
场地　40m × 20m 时间　10min 器材　无 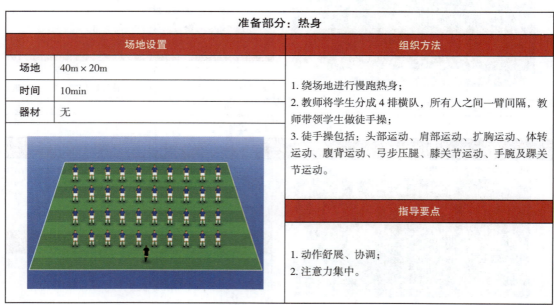	1. 绕场地进行慢跑热身； 2. 教师将学生分成4排横队，所有人之间一臂间隔，教师带领学生做徒手操； 3. 徒手操包括：头部运动、肩部运动、扩胸运动、体转运动、腹背运动、弓步压腿、膝关节运动、手腕及踝关节运动。
	指导要点
	1. 动作舒展、协调； 2. 注意力集中。

练习一：协调性与速度练习

场地设置		组织方法
场地	20m×15m	1.教师将学生分成2人一组，共20组；（图示以5组为例） 2.2名学生面对面站立，中间用标志盘隔开； 3.一名学生做动作，另一名学生模仿； 4.教师给出口令，一名学生开始追逐另一名学生，直到15m外标志盘结束。 变化：可增加足球，先是2名学生对传球，听到口令后持球学生带球跑，无球学生追。
时间	10min：练习3min，间歇30s，共3组	
器材	足球、标志盘	
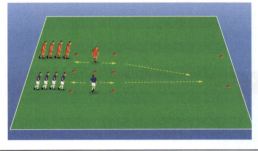		**指导要点** 1.主动观察，注意力集中； 2.发挥想象力与创造力。

练习二：反应性与速度练习

场地设置		组织方法
场地	20m×15m	1.教师将学生分成2人一组，共20组；（图示以5组为例） 2.听口令开始，组内2人比赛； 3.移动灵敏环中的标志盘； 4.先将3个标志盘摆成"一"字的学生获胜，可以移动对手的标志盘。 变化：可采用运球接力方式。
时间	15min：练习3min，间歇1min，共4组	
器材	足球、标志盘、标志服、灵敏环	
		指导要点 1.注意观察； 2.快速决策； 3.快速应变； 4.互相协作。

结束部分：放松拉伸

场地设置	组织方法
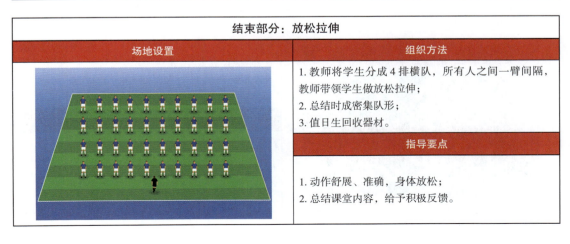	1.教师将学生分成4排横队，所有人之间一臂间隔，教师带领学生做放松拉伸； 2.总结时成密集队形； 3.值日生回收器材。
	指导要点 1.动作舒展、准确，身体放松； 2.总结课堂内容，给予积极反馈。

第三十课　小场地 5V5 比赛

技能目标：通过本节课的练习，提高学生在比赛中运用技术的能力。
体能目标：通过比赛，提高学生的速度，发展学生的协调性。
情感目标：通过比赛，培养学生的团队合作精神和竞争意识。

场区设置（教师可依教学实际情况进行调整）	课程结构（40min）
	准备部分：10min 热身
	练习：25min 小场地 5V5 比赛
	结束部分：5min 放松拉伸

准备部分：热身	
场地设置	**组织方法**

场地	40m×20m
时间	10min
器材	无

1. 绕场地进行慢跑热身；
2. 教师将学生分成 4 排横队，所有人之间一臂间隔，教师带领学生做徒手操；
3. 徒手操包括：头部运动、肩部运动、扩胸运动、体转运动、腹背运动、弓步压腿、膝关节运动、手腕 及踝关节运动。

指导要点

1. 动作舒展、协调；
2. 注意力集中。

练习：小场地 5V5 比赛	
场地设置	组织方法

<table>
<tr><td colspan="2">场地</td><td>25m × 15m</td><td rowspan="4">1. 教师将学生分为 5 人一组，共 8 组；（图示以 2 组为例）
2. 8 组学生分别在编号为 1、2、3、4 的四块场地进行比赛，比赛分为两节，每节 10min；
3. 第一节比赛结束后，1 号场地和 2 号场地的队伍随机交换比赛对手，3 号场地和 4 号场地的队伍随机交换比赛对手，继续进行第二节比赛。</td></tr>
</table>

场地设置表：

场地	25m × 15m
时间	25min：练习 10min，间歇 5min，共 2 组
器材	足球、球门

组织方法

1. 教师将学生分为 5 人一组，共 8 组；（图示以 2 组为例）
2. 8 组学生分别在编号为 1、2、3、4 的四块场地进行比赛，比赛分为两节，每节 10min；
3. 第一节比赛结束后，1 号场地和 2 号场地的队伍随机交换比赛对手，3 号场地和 4 号场地的队伍随机交换比赛对手，继续进行第二节比赛。

指导要点

1. 比赛中积极运用所学技术；
2. 比赛中互相协作及交流；
3. 比赛中互相鼓励，积极参与。

结束部分：放松拉伸	
场地设置	组织方法

组织方法

1. 教师将学生分成 4 排横队，所有人之间一臂间隔，教师带领学生做放松拉伸；
2. 总结时成密集队形；
3. 值日生回收器材。

指导要点

1. 动作舒展、准确，身体放松；
2. 总结课堂内容，给予积极反馈。

第三十一课　足球比赛规则

课程结构（40min）			
开始部分（8min）	内容一（17min）	内容二（10min）	结束部分（5min）
介绍本节课内容	比赛越位规则和任意球规则	足球动画短片	总结

开始部分：介绍本节课内容			
组织方法			指导要点
时间	8min	地点	多媒体教室
1. 提问； 2. 视频导入； 3. 介绍本节课内容。			1. 问题：你们知道足球比赛中越位的判罚条件吗？你们知道足球犯规后要怎样罚球吗？ 2. 内容：越位规则和任意球规则，观看足球比赛视频。

内容一：点球的规则与换人规则			
组织方法			指导要点
时间	17min	地点	多媒体教室
1. 教师讲解比赛越位判罚条件和任意球规则； 2. 学生思考后，教师提问。 变化：可增加知识竞答。			1. 越位的判罚条件和规则； 2. 讲解几种不越位的情况； 3. 讲解直接任意球、间接任意球、球门球、点球、角球规则。

内容二：足球动画短片			
组织方法			指导要点
时间	10min	地点	多媒体教室
1. 学生观看视频及图片，教师进行讲解； 2. 教师使用视频及图片进行提问，学生判断是否越位。			1. 利用视频或图片进一步说明越位判罚条件及任意球规则； 2. 举例说明如何主动制造对方越位； 3. 举例讲解任意球改变比赛结果。

结束部分：总结			
组织方法			指导要点
时间	5min	地点	多媒体教室
1. 提问； 2. 总结。			1. 问题：我们这节课学习了什么？ 2. 总结。

第三十二课　足球技能考试

技能目标： 通过考试，考查学生的球性、球感与射门的能力。
体能目标： 通过考试，测试学生的协调性、灵敏性、平衡性。
情感目标： 通过考试，考查学生的专注度。

场区设置（教师可依教学实际情况进行调整）	课程结构（40min）
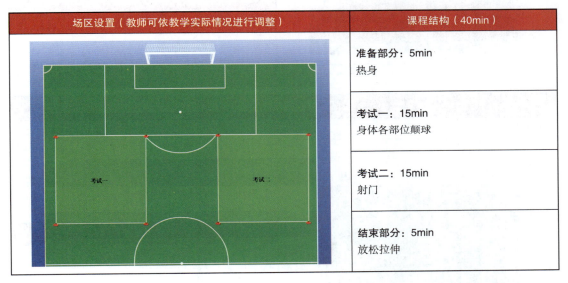	**准备部分：** 5min 热身
	考试一： 15min 身体各部位颠球
	考试二： 15min 射门
	结束部分： 5min 放松拉伸

准备部分：热身	
场地设置	**组织方法**

场地	40m×20m	1. 绕场地进行慢跑热身； 2. 教师将学生分成4排横队，所有人之间一臂间隔，教师带领学生做徒手操； 3. 徒手操包括：头部运动、肩部运动、扩胸运动、体转运动、腹背运动、弓步压腿、膝关节运动、手腕及踝关节运动。
时间	10min	
器材	无	

指导要点

1. 动作舒展、协调；
2. 注意力集中。

考试一：身体各部位颠球

场地设置		组织方法
场地	20m×20m	1.考试场地与组织形式：考试学生在20m×20m的区域内分成2排，两臂侧平举散开，每名学生1球。
时间	15min	2.考试方法：教师给出指令后，学生进行身体各部位颠球。球失去控制可重新开始。测评时间不超过2min。
器材	足球	

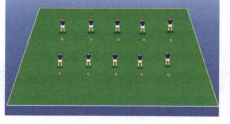

指导要点

测评员根据学生的控球表现进行评分，评分为整数分，满分为100分。

考试二：射门

场地设置		组织方法
场地	15m×6m	1.考试场地与组织形式：考试学生在15m×6m的区域内测试。球门距起始线10m，球门尺寸1.5m×1m，球门和球门之间相距0.5m。2组同时进行考试。
时间	15min	2.考试方法：听测评员口令后，在起始线上用脚内侧踢地滚球的方式将球踢进距起始线10m处的3个足球门，每人5球。
器材	足球	

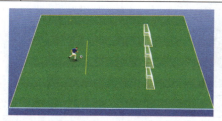

指导要点

测评员计分，踢进中间球门得10分，踢进两侧球门得20分，按照每个球踢进球门的分数累计相加得出最后分数。

结束部分：放松拉伸

场地设置	组织方法
	1.教师将学生分成4排横队，所有人之间一臂间隔，教师带领学生做放松拉伸； 2.总结时成密集队形； 3.值日生回收器材。

指导要点

1.动作舒展、准确，身体放松；
2.总结课堂内容，给予积极反馈。

评分标准

考试内容	单位	单项得分									
多部位颠球	（分）	100	90	80	70	60	50	40	30	20	10
射门	（分）	100	90	80	70	60	50	40	30	20	10

注：教师可根据学生掌握技能的实际情况对考试标准进行适度调整。

综合评分：多部位颠球得分×0.5+射门得分×0.5。

四、小学四年级足球课

四年级足球教学计划

四年级足球教学计划见表 3-7。

表 3-7　四年级足球教学计划（以 32 课时为例）

学习目标	学习内容		课时	教学要点
	类别	内容		
1.使学生乐于学习和展示简单的足球动作 2.发展学生运球、踢球、接球等基本组合技能能力，初步了解对抗技能 3.培养学生的合作意识和足球规则意识	游戏与球感	足球游戏、踩拉球、敲球、推拉球、拨球、扣球、颠球	6	1.以个人技术为主要教学内容 2.注重学生技术运用的合理性 3.注重个人基础技能培养
	技术	射门	14	
		接球		
		运球；1V1		
	身体素质	柔韧性、灵敏性、协调性、反应能力	4	
	比赛	小场地比赛	4	
	知识与考试	足球竞赛规则；考试	4	

四年级足球教学课次内容示例

四年级足球教学课次内容示例见表3-8。

表3-8　四年级足球教学课次内容示例（以32课时为例）

四年级上学期		四年级下学期	
课次	主要内容	课次	主要内容（进阶）
第一课	学习跨球技术	第十七课	学习推拉球技术
第二课	复习跨球技术	第十八课	学习揉球技术
第三课	提高球感练习	第十九课	提高脚外侧颠球技术
第四课	小场地5V5比赛	第二十课	小场地5V5比赛
第五课	提高脚内侧及脚背正面射门能力	第二十一课	巩固射门技术
第六课	复习脚内侧、脚掌接地滚球技术	第二十二课	提高脚内侧、脚掌传接球技术
第七课	学习脚背正面、脚外侧接球技术	第二十三课	提高脚背正面、脚外侧接球技术
第八课	身体素质练习	第二十四课	身体素质练习
第九课	学习运球变向射门技术	第二十五课	提高运球变向、射门技术
第十课	提高运球变速、运球转身技术	第二十六课	提高运球变速、转身技术
第十一课	学习运球假动作、1V1护球技术	第二十七课	提高1V1进攻能力
第十二课	学习1V1防守技术	第二十八课	提高1V1防守能力
第十三课	身体素质练习	第二十九课	身体素质练习
第十四课	小场地5V5比赛	第三十课	小场地5V5比赛
第十五课	足球竞赛规则与兴趣培养	第三十一课	足球竞赛规则与兴趣培养
第十六课	足球技能考试	第三十二课	足球技能考试

四年级上学期
足球教学课次内容示例

第一课　学习跨球技术

技能目标： 通过本节课的学习，学生初步学习跨球技术，提高球感。
体能目标： 通过练习，发展学生的协调性和平衡性。
情感目标： 通过练习，培养学生的团队合作精神和竞争意识。

场区设置（教师可依教学实际情况进行调整）	课程结构（40min）
	**准备部分：** 10min 热身
	练习一： 10min 穿越"雷区"
	练习二： 15min 跨球
	结束部分： 5min 放松拉伸

准备部分：热身	

场地设置		组织方法
场地	40m × 30m	1.绕场地进行慢跑热身； 2.教师将学生分成5人一组，共8组；（图示以4组为例，以下课次热身活动图示均以4组为例） 3.教师带领学生做行进间热身操； 4.行进间热身操包括：扩胸运动、振臂运动、体转运动、正面踢腿、侧面踢腿、小步跑、高抬腿等。
时间	10min	
器材	标志盘	

指导要点
1.动作舒展、协调； 2.注意力集中。

练习一："穿越"雷区"	
场地设置	组织方法

场地	40m × 40m
时间	10min：练习 4.5min，间歇 1min，共 2 组
器材	足球、标志桶

1. 教师将学生分成 10 人一组，共 4 组；（图示以 1 组为例）
2. 摆放标志桶"雷区"，学生在"雷区"外 10m 处等候；
3. 学生在区域内运球穿越标志桶，可按排 2 组先进行比赛，其余 2 组做裁判。学生需要迅速通过"雷区"，碰到"地雷"要回到起点重新开始，用时最短的组获胜。
变化：（1）左右脚交替进行比赛；
　　　（2）增加标志桶数量。

指导要点

1. 启发学生使用多种部位运控球；
2. 注意抬头观察、重心降低，保持球与身体之间的距离。

练习二：跨球	
场地设置	组织方法

场地	40m × 40m
时间	15min：练习 3min，间歇 1min，共 4 组
器材	足球

1. 教师将学生分成 5 人一组，共 8 组。每名学生 1 个球，在各自区域进行跨球练习；（图示以 2 组为例）
2. 先进行原地跨球：左脚为支撑脚，右脚由内向外在球的前方绕球做圆周动作，右脚落地后为支撑脚，左脚由内向外在球前方绕球做圆周动作，循环练习；
3. 熟练后可进行脚内侧拨跨球练习：左脚为支撑脚，右脚由外向内贴球做圆周动作，动作结束后右脚落地身体随重心左移；随后右脚外侧轻触球，左脚由外向内做圆周动作，身体重心右移，循环练习。
变化：由慢到快，循序渐进。

指导要点

1. 上肢放松，注意力集中；
2. 支撑脚不要站死。

结束部分：放松拉伸	
场地设置	组织方法

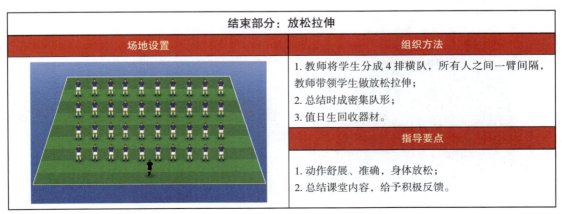

1. 教师将学生分成 4 排横队，所有人之间一臂间隔，教师带领学生做放松拉伸；
2. 总结时成密集队形；
3. 值日生回收器材。

指导要点

1. 动作舒展、准确，身体放松；
2. 总结课堂内容，给予积极反馈。

第二课　复习跨球技术

技能目标：通过本节课的复习，学生基本掌握跨球技术，提高球感。
体能目标：通过练习，发展学生的协调性和平衡性。
情感目标：通过练习，培养学生的团队合作精神和竞争意识。

场区设置（教师可依教学实际情况进行调整）	课程结构（40min）
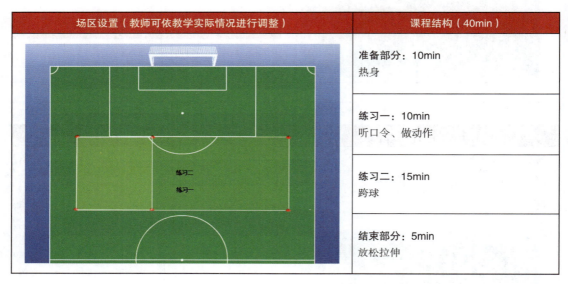	**准备部分：10min** 热身
	练习一：10min 听口令、做动作
	练习二：15min 跨球
	结束部分：5min 放松拉伸

准备部分：热身	
场地设置	**组织方法**
场地　40m×30m 时间　10min 器材　标志盘	1. 绕场地进行慢跑热身； 2. 教师将学生分成5人一组，共8组； 3. 教师带领学生做行进间热身操； 4. 行进间热身操包括：扩胸运动、振臂运动、体转运动、正面踢腿、侧面踢腿、小步跑、高抬腿等。
	指导要点
	1. 动作舒展、协调； 2. 注意力集中。

练习一：听口令、做动作		
场地设置		组织方法
场地	40m×40m	1. 教师将学生他成20人一组，共2组。在40m×40m的区域内，组内学生分为有球组和无球组；（图示以1组为例）
时间	10min：练习4min，间歇2min，共2组	2. 有球的学生自由运球，无球的学生根据教师的指令做出相应的动作，如倒退跑、小步跑、高抬腿、侧滑步等；
器材	足球、标志桶	3. 当教师吹哨后，无球的学生站在原地双脚打开，有球的学生需要在15s完成对无球学生的穿裆球，穿过最多的学生获得胜利。 变化：（1）两组交替进行； （2）穿裆变为人球分过。

指导要点

1. 注意观察，避免相撞；
2. 掌握好触球力度。

练习二：跨球		
场地设置		组织方法
场地	40m×40m	1. 教师将学生分成10人一组，共4组。每名学生1个球，在各自区域进行跨球练习；（图示以1组为例）
时间	15min：练习3min，间歇1min，共4组	2. 先进行脚外侧拨跨球练习：左脚为支撑脚，右脚脚内侧轻触球后紧接着由内向外贴球做圆周动作；右脚落地为支撑脚，左脚脚内侧轻触球后由内向外贴球做圆周动作，循环练习；
器材	足球	3. 熟练后可进行脚底踩拉跨球练习：右脚为支撑脚，左脚前脚掌向内踩拉球，球向右侧移动到右脚的同时身体重心向上跳起，右脚空中紧贴球由内向外做圆周动作；落地后右脚向内踩拉球，左脚重复动作，循环练习。 变化：开展组间竞赛，在规定时间内比较每名同学跨球的次数，次数多者获胜。

指导要点

1. 上肢放松，注意力集中；
2. 支撑脚不要站死。

结束部分：放松拉伸	
场地设置	组织方法
	1. 教师将学生分成4排横队，所有人之间一臂间隔，教师带领学生做放松拉伸； 2. 总结时成密集队形； 3. 值日生回收器材。

指导要点

1. 动作舒展、准确，身体放松；
2. 总结课堂内容，给予积极反馈。

第三课　提高球感练习

技能目标：通过本节课的学习，进一步提高学生的球感。
体能目标：通过练习，发展学生的协调性和平衡性。
情感目标：通过练习，培养学生的团队合作精神和竞争意识。

场区设置（教师可依教学实际情况进行调整）	课程结构（40min）
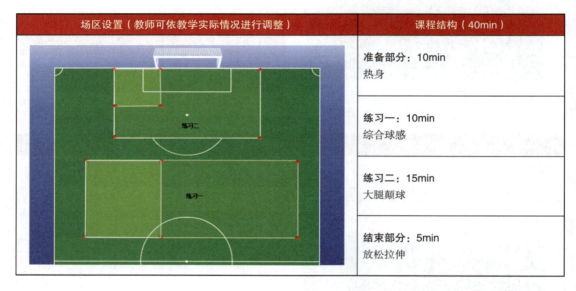	**准备部分：** 10min 热身
	练习一： 10min 综合球感
	练习二： 15min 大腿颠球
	结束部分： 5min 放松拉伸

准备部分：热身	
场地设置	**组织方法**
场地　40m×30m 时间　10min 器材　标志盘 （场地图示）	1. 绕场地进行慢跑热身； 2. 教师将学生分成5人一组，共8组； 3. 教师带领学生做行进间热身操； 4. 行进间热身操包括：扩胸运动、振臂运动、体转运动、正面踢腿、侧面踢腿、小步跑、高抬腿等。
	指导要点
	1. 动作舒展、协调； 2. 注意力集中。

练习一：综合球感

场地设置		组织方法
场地	35m×35m	1. 教师将学生分成 5 人一组，共 8 组，每 4 组在一个场地，每组学生站在指定区域，每名学生 1 个球；（图示以 4 组为例） 2. 每组学生根据教师指令进行球感练习（如左右脚踩拉球、敲球、推拉球、拨球、扣球等）。教师需指定一名学生，当该学生完成任务时，各组运球至下一个方框内，完成新的练习； 3. 练习区域内各组移动的顺序及方向（如顺时针、对角线等）由教师决定。
时间	10min：练习 4.5min，间歇 1min，共 2 组	
器材	足球、标志盘	

	指导要点
	1. 注意上肢与下肢的协调配合； 2. 熟练后眼睛观察球前方； 3. 动作准确、频率快，控制好重心； 4. 反应迅速。

练习二：大腿颠球

场地设置		组织方法
场地	15m×15m	1. 教师将学生分成 10 人一组，共 4 组；（图示以 1 组为例） 2. 每名学生 1 个球，在指定区域内进行原地大腿正面颠球练习。 变化：（1）单腿颠球练习； 　　　（2）左、右腿连续颠球练习。
时间	15min：练习 3min，间歇 1min，共 4 组	
器材	足球、标志盘	

	指导要点
	1. 膝关节微屈，上半身稍微前倾，重心向前； 2. 大腿抬至与地面平行击球； 3. 大腿中部正面击球； 4. 注意身体重心与节奏控制。

结束部分：放松拉伸

场地设置	组织方法
	1. 教师将学生分成 4 排横队，所有人之间一臂间隔，教师带领学生做放松拉伸； 2. 总结时成密集队形； 3. 值日生回收器材。

	指导要点
	1. 动作舒展、准确，身体放松； 2. 总结课堂内容，给予积极反馈。

第四课 小场地 5V5 比赛

> **技能目标**：通过本节课的练习，提高学生在比赛中运用技术的能力。
> **体能目标**：通过比赛，发展学生的速度和协调性。
> **情感目标**：通过比赛，培养学生的团队合作精神和竞争意识。

场区设置（教师可依教学实际情况进行调整）	课程结构（40min）
	**准备部分**：10min 热身
	练习：25min 小场地 5V5 比赛
	结束部分：5min 放松拉伸

准备部分：热身		
场地设置		**组织方法**
场地	40m×20m	1. 绕场地进行慢跑热身； 2. 教师将学生分成 4 排横队，所有人之间一臂间隔，教师带领学生做徒手操； 3. 徒手操包括：头部运动、肩部运动、扩胸运动、体转运动、腹背运动、弓步压腿、膝关节运动、手腕 及踝关节运动。
时间	10min	
器材	无	
		指导要点
		1. 动作舒展、协调； 2. 注意力集中。

练习：小场地 5V5 比赛

场地设置		组织方法
场地	25m×15m	1. 教师将学生分为 5 人一组，共 8 组；（图示以 2 组为例） 2. 8 组学生分别在编号为 1、2、3、4 的四块场地进行比赛，比赛分为两节，每节 10min； 3. 第一节比赛结束后，1 号场地和 2 号场地的队伍随机交换比赛对手，3 号场地和 4 号场地的队伍随机交换比赛对手，继续进行第二节比赛。
时间	25min：练习 10min，间歇 5min，共 2 组	
器材	足球、球门	

指导要点

1. 比赛中积极运用所学技术；
2. 比赛中互相协作及交流；
3. 比赛中互相鼓励，积极参与。

结束部分：放松拉伸

场地设置	组织方法
	1. 教师将学生分成 4 排横队，所有人之间一臂间隔，教师带领学生做放松拉伸； 2. 总结时成密集队形； 3. 值日生回收器材。
	指导要点
	1. 动作舒展、准确，身体放松； 2. 总结课堂内容，给予积极反馈。

第五课　提高脚内侧及脚背正面射门能力

> **技能目标：** 通过本节课的学习，提高学生脚内侧射门技术和脚背正面射门技术。
> **体能目标：** 通过练习，发展学生的协调性和平衡性。
> **情感目标：** 通过练习，提高学生的专注度和自信心，加强同学间的交流，提高团队合作意识。

场区设置（教师可依教学实际情况进行调整）	课程结构（40min）
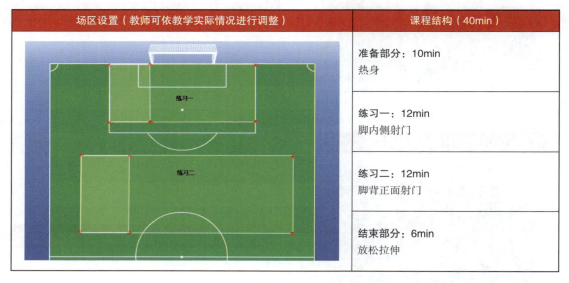	**准备部分：** 10min 热身
	练习一： 12min 脚内侧射门
	练习二： 12min 脚背正面射门
	结束部分： 6min 放松拉伸

准备部分：热身	
场地设置	**组织方法**

场地	40m × 30m	
时间	10min	1. 绕场地进行慢跑热身； 2. 教师将学生分成5人一组，共8组； 3. 教师带领学生做行进间热身操； 4. 行进间热身操包括：扩胸运动、振臂运动、体转运动、正面踢腿、侧面踢腿、小步跑、高抬腿等。
器材	标志盘	
		指导要点
		1. 动作舒展、协调； 2. 注意力集中。

练习一：脚内侧射门	
场地设置	**组织方法**
场地 25m×15m 时间 12min：讲解 1min，练习 5min，间歇 1min，共 2 组 器材 足球、标志盘、标志桶	1. 教师将学生分成 5 人一组，共 8 组，每 2 组在一个场地，每名学生 1 个球；（图示以 2 组为例） 2. 每组学生在各自区域内排队等候练习； 3. 每组排头学生由右向左依次进行射门，射门结束捡球后同样由右向左轮换位置排队。 变化：（1）打进标志桶与门柱之间的区域 2 分，打进标志桶中间的区域 1 分； 　　　　（2）左、右脚交替练习。

	指导要点
	1. 脚踝绷紧，脚尖上翘，脚底与地面平行； 2. 支撑脚踏在球的侧方或者后侧方； 3. 充分摆腿，用脚内侧触球； 4. 触球中后部。

练习二：脚背正面射门	
场地设置	**组织方法**
场地 30m×15m 时间 12min：讲解 1min，练习 5min，间歇 1min，共 2 组 器材 足球、标志盘、标志桶	1. 教师将学生分成 5 人一组，共 8 组，每 2 组在一个场地，每名学生 1 个球；（图示以 2 组为例） 2. 由红色的标志盘出发，运球至蓝色标志盘前射门； 3. 由右向左依次射门，射门结束捡球并排至队尾。 变化：缩减目标区域到标志桶与球门柱之间的区域。

	指导要点
	1. 脚踝绷紧，脚尖垂直于地面； 2. 支撑脚踏在球的侧方或者后侧方； 3. 充分摆腿，用脚背正面击球中后部。

结束部分：放松拉伸	
场地设置	**组织方法**
	1. 教师将学生分成 4 排横队，所有人之间一臂间隔，教师带领学生做放松拉伸； 2. 总结时成密集队形； 3. 值日生回收器材。

	指导要点
	1. 动作舒展、准确，身体放松； 2. 总结课堂内容，给予积极反馈。

第六课　复习脚内侧、脚掌接地滚球技术

技能目标： 通过本节课的学习，复习脚内侧接球技术，学习脚掌接地滚球技术。
体能目标： 通过练习，发展学生的协调性和灵敏性。
情感目标： 通过练习，培养学生的团队合作精神和竞争意识。

场区设置（教师可依教学实际情况进行调整）	课程结构（40min）
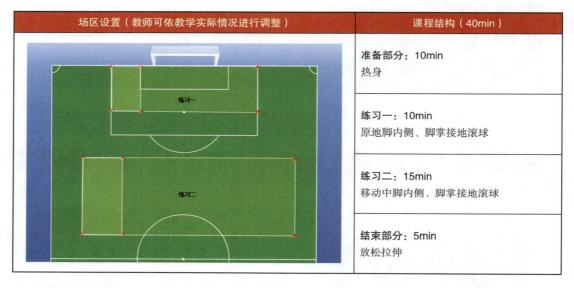	**准备部分：10min** 热身
	练习一：10min 原地脚内侧、脚掌接地滚球
	练习二：15min 移动中脚内侧、脚掌接地滚球
	结束部分：5min 放松拉伸

准备部分：热身	
场地设置	**组织方法**

场地	40m×30m
时间	10min
器材	标志盘

1.绕场地进行慢跑热身；
2.教师将学生分成5人一组，共8组；
3.教师带领学生做行进间热身操；
4.行进间热身操包括：扩胸运动、振臂运动、体转运动、正面踢腿、侧面踢腿、小步跑、高抬腿等。

指导要点

1.动作舒展、协调；
2.注意力集中。

练习一：原地脚内侧、脚掌接地滚球

场地设置		组织方法
场地	10m×4m	1.教师将学生分成2人一组，共20组；（图示以2组为例） 2.相距10m相向而站，进行传接球练习； 3.一名学生接球时采用脚内侧接球，另一名学生采用脚底接球。 变化：改变接球脚（左脚、右脚）。
时间	10min：练习3min，间歇30s，共3组	
器材	足球、标志盘	

	指导要点
	1.接球前做好身体准备，脚下移动； 2.接球前多观察，判断来球方向和速度； 3.调整身体姿势，正对来球方向； 4.脚尖斜45°上翘，将脚掌正对来球； 5.触球的中上部，注意触球的时机。

练习二：移动中脚内侧、脚掌接地滚球

场地设置		组织方法
场地	20m×5m	1.教师将学生分成5人一组，共8组，每组在各自场地区域内进行传接球练习；（图示以2组为例） 2.练习开始，起点处的学生通过敏捷梯到达标志桶位置，用脚内侧或脚掌对侧传球学生的传球； 3.接球学生接球后将球回传并返回队尾，接球失误则与传球学生轮换位置； 4.依次循环练习。 变化：改变接球脚（左脚、右脚）。
时间	15min：练习6min，间歇1min，共2组	
器材	足球、敏捷梯、标志盘、标志桶	

	指导要点
	1.接球前调整身体姿态； 2.接球前多观察，判断来球方向和速度； 3.接球时动作连贯、协调； 4.接球与传球的衔接顺畅、迅速。

结束部分：放松拉伸

场地设置	组织方法
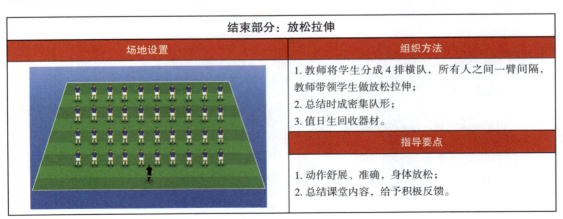	1.教师将学生分成4排横队，所有人之间一臂间隔，教师带领学生做放松拉伸； 2.总结时成密集队形； 3.值日生回收器材。

指导要点
1.动作舒展、准确，身体放松； 2.总结课堂内容，给予积极反馈。

第七课 学习脚背正面、脚外侧接球技术

技能目标：通过本节课的学习，学生掌握脚背正面、脚外侧接球技术。
体能目标：通过练习，发展学生的协调性和灵敏性。
情感目标：通过练习，培养学生的专注力和团队合作精神。

场区设置（教师可依教学实际情况进行调整）	课程结构（40min）
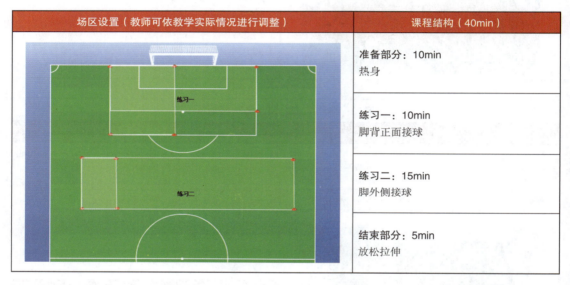	**准备部分：10min** 热身
	练习一：10min 脚背正面接球
	练习二：15min 脚外侧接球
	结束部分：5min 放松拉伸

准备部分：热身	
场地设置	组织方法

场地设置		组织方法
场地	40m×30m	1.绕场地进行慢跑热身； 2.教师将学生分成5人一组，共8组； 3.教师带领学生做行进间热身操； 4.行进间热身操包括：扩胸运动、振臂运动、体转运动、正面踢腿、侧面踢腿、小步跑、高抬腿等。
时间	10min	
器材	标志盘	

指导要点
1.动作舒展、协调； 2.注意力集中。

练习一：脚背正面接球

场地设置		组织方法
场地	20m×20m	1. 教师将学生分成 8 人一组，共 5 组，每名学生 1 个球；（图示以 1 组为例）
时间	10min：练习 3min，间歇 30s，共 3 组	2. 在规定区域内进行自抛、自停脚背正面接球练习；
器材	足球、标志盘	3. 左右脚交替练习。

变化：两人一组，间距 5m 左右，一人手抛球，一人脚背正面接球。

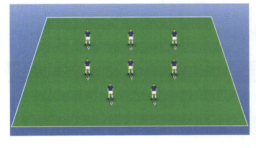

指导要点

1. 接球前做好身体准备；
2. 接球前多观察，判断来球方向与落点；
3. 身体重心放在支撑腿上，膝关节微屈；
4. 触球腿提起迎球，脚背正面对准来球，脚尖微微上翘；
5. 在脚与球接触前的瞬间开始下撤，缓冲来球力量；
6. 膝、踝关节放松以增强缓冲效果。

练习二：脚外侧接球

场地设置		组织方法
场地	10m×4m	1. 教师将学生分成 2 人一组，共 20 组；（图示以 2 组为例）
时间	15min：练习 3min，间歇 1min，共 4 组	2. 每组学生在 10m×4m 的区域外相向而站；
器材	足球、标志盘	3. 一侧学生传球，另一侧学生用脚外侧将球接在标志盘区域外，然后将球传回；

4. 依次循环练习。

变化：改变接球脚（左脚、右脚）。

指导要点

1. 接球前做好身体准备；
2. 接球前多观察，判断来球方向与速度；
3. 接球腿大腿内收，脚尖内旋 30°～45°，踝关节紧张；
4. 用脚外侧触球的后中部；
5. 用推送或敲击的方法将球击出。

结束部分：放松拉伸

场地设置	组织方法
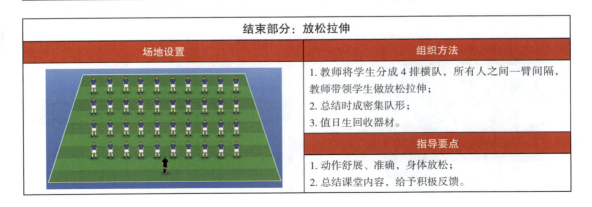	1. 教师将学生分成 4 排横队，所有人之间一臂间隔，教师带领学生做放松拉伸；
	2. 总结时成密集队形；
	3. 值日生回收器材。

指导要点

1. 动作舒展、准确，身体放松；
2. 总结课堂内容，给予积极反馈。

第八课　身体素质练习

体能目标： 通过练习，提高学生奔跑能力，提高学生速度和平衡性。
情感目标： 通过练习，培养学生兴趣，提升学生的沟通能力。

场区设置（教师可依教学实际情况进行调整）	课程结构（40min）
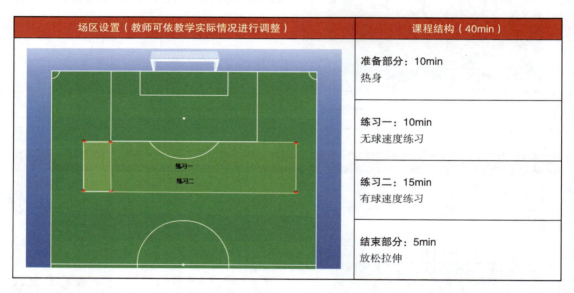	**准备部分：10min** 热身
	练习一：10min 无球速度练习
	练习二：15min 有球速度练习
	结束部分：5min 放松拉伸

准备部分：热身	
场地设置	**组织方法**
场地　40m×30m 时间　10min 器材　标志盘	1.绕场地进行慢跑热身； 2.教师将学生分成5人一组，共8组； 3.教师带领学生做行进间热身操； 4.行进间热身操包括：扩胸运动、振臂运动、体转运动、正面踢腿、侧面踢腿、小步跑、高抬腿等。
	指导要点
	1.动作舒展、协调； 2.注意力集中。

练习一：无球速度练习

场地设置		组织方法
场地	20m×10m	1.教师将学生分成5人一组，共8组；（图示以2组为例） 2.间隔3～5m，直线放置5～8个标志桶； 3.教师组织学生进行专项速度练习，折返跑、变向跑、侧身跑等； 4.到达终点后冲刺返回。 变化：（1）改变标志桶距离； 　　　（2）采用比赛形式。
时间	10min：练习3min，间歇30s，共3组	
器材	标志桶	

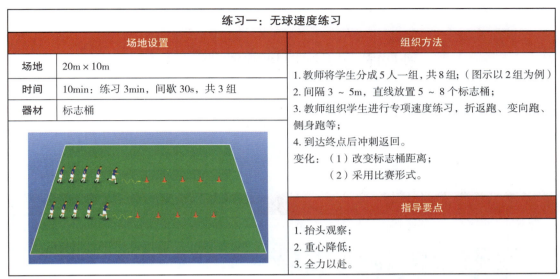

	指导要点
	1.抬头观察； 2.重心降低； 3.全力以赴。

练习二：有球速度练习

场地设置		组织方法
场地	20m×10m	1.教师将学生分成5人一组，共8组，每名学生1球；（图示以2组为例） 2.间隔3～5m，直线放置5～8个标志桶； 3.学生结合球进行专项速度练习，如运球折返、运球变向、运球冲刺等； 4.到达终点后运球冲刺返回。 变化：（1）改变标志盘距离； 　　　（2）采用比赛形式。
时间	15min：练习3min，间歇1min，共4组	
器材	足球、标志桶	

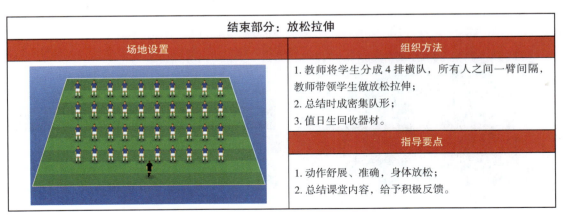

	指导要点
	1.抬头观察； 2.重心降低； 3.控制住球。

结束部分：放松拉伸

场地设置	组织方法
	1.教师将学生分成4排横队，所有人之间一臂间隔，教师带领学生做放松拉伸； 2.总结时成密集队形； 3.值日生回收器材。

	指导要点
	1.动作舒展、准确，身体放松； 2.总结课堂内容，给予积极反馈。

第九课 学习运球变向射门技术

技能目标：通过本节课的学习，学生掌握运球变向与射门动作相结合的技术。
体能目标：通过练习，发展学生的协调性和平衡性。
情感目标：通过练习，提高专注度和自信心，提高团队合作精神，加强竞争意识。

场区设置（教师可依教学实际情况进行调整）	课程结构（40min）
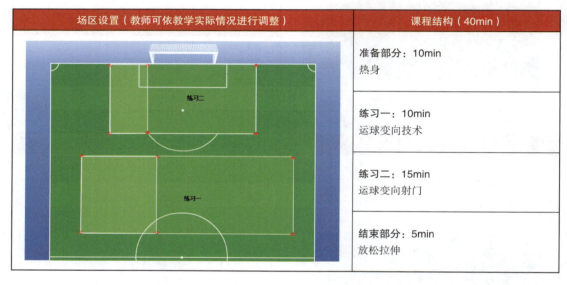	准备部分：10min 热身
	练习一：10min 运球变向技术
	练习二：15min 运球变向射门
	结束部分：5min 放松拉伸

准备部分：热身	
场地设置	组织方法

场地	40m×30m	1.绕场地进行慢跑热身； 2.教师将学生分成5人一组，共8组； 3.教师带领学生做行进间热身操； 4.行进间热身操包括：扩胸运动、振臂运动、体转运动、正面踢腿、侧面踢腿、小步跑、高抬腿等。
时间	10min	
器材	标志盘	

	指导要点
	1.动作舒展、协调； 2.注意力集中。

练习一：运球变向技术

场地设置		组织方法
场地	20m × 20m	1.教师将学生分成8人一组，共5组；（图示以1组为例） 2.在20m×20m的区域内，每组学生两两结合分别站在四角的标志桶后，每个标志桶的排头学生持球； 3.4名学生同时运球出发，至面前右边标志盘后向右变向，运球至下一点标志桶并将球交给该点学生。 变化：（1）变换跑动方向； 　　　　（2）根据学生的掌握情况，可运球至标志盘变向后，将球传给下一个标志桶的学生。
时间	10min：练习3min，间歇30s，共3组	
器材	足球、标志盘、标志桶	
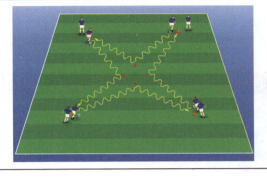		**指导要点**
		1.变向前减速制动； 2.运球时缩小步幅，多触球； 3.变向时注意球与身体的距离，避免球离身体过远失去控制。

练习二：运球变向射门

场地设置		组织方法
场地	1/2场	1.教师将学生分成5人一组，共8组；（图示以2组为例） 2.学生运球至标志桶后进行变向射门； 3.完成射门后回到队尾，依次轮转； 4.左右脚交替练习。 变化：根据学生的掌握情况，可限制完成练习的时间。
时间	15min：练习7min，间歇1min，共2组	
器材	足球、标志盘、标志桶	
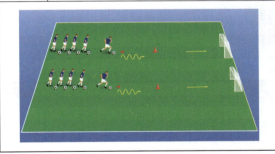		**指导要点**
		1.运球时缩小步幅，多触球； 2.变向前减速制动； 3.变向时注意球与身体的距离，避免球离身体过远失去控制； 4.射门时支撑脚踏在球的后侧方，充分摆腿，触球的中后部。

结束部分：放松拉伸

场地设置	组织方法
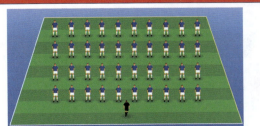	1.教师将学生分成4排横队，所有人之间一臂间隔，教师带领学生做放松拉伸； 2.总结时成密集队形； 3.值日生回收器材。
	指导要点
	1.动作舒展、准确，身体放松； 2.总结课堂内容，给予积极反馈。

第十课　提高运球变速、运球转身技术

技能目标：通过本节课的学习，提高学生运球变速、运球转身技术。
体能目标：通过练习，发展学生的协调性和平衡性。
情感目标：通过练习，培养学生的团队合作精神和竞争意识。

场区设置（教师可依教学实际情况进行调整）	课程结构（40min）
	准备部分：10min 热身
	练习一：10min 运球变速比赛
	练习二：15min 运球转身接力赛
	结束部分：5min 放松拉伸

准备部分：热身

场地设置		组织方法
场地	40m×30m	1. 绕场地进行慢跑热身； 2. 教师将学生分成 5 人一组，共 8 组； 3. 教师带领学生做行进间热身操； 4. 行进间热身操包括：扩胸运动、振臂运动、体转运动、正面踢腿、侧面踢腿、小步跑、高抬腿等。
时间	10min	
器材	标志盘	

指导要点
1. 动作舒展、协调； 2. 注意力集中。

练习一：运球变速比赛

场地设置		组织方法
场地	15m×8m	1.教师将学生分成10人一组，共4组，每组分红蓝两队；（图示以1组为例）
时间	10min：练习3min，间歇30s，共3组	2.每队学生站在标志盘后，每名学生1个球；
器材	足球、标志盘、标志桶	3.红、蓝两队进行运球比赛。听教师指令后运球出发，假动作（教师规定动作）变向通过标志桶后快速运球进标志盘组成的小门，先到队伍得1分。

指导要点
1.运球时将球控制在脚下，注意抬头观察； 2.做动作之前减速； 3.过人时变速变向； 4.过人后加速向前。

练习二：运球转身接力赛

场地设置		组织方法
场地	15m×8m	1.教师将学生分成10人一组，共4组，每组分红、蓝两队；（图示以1组为例）
时间	15min：练习3min，间歇1min，共4组	2.每队学生站在标志盘后，每名学生1个球；
器材	足球、标志盘、标志桶	3.红、蓝两队进行运球比赛，听教师指令后运球，遇到标志桶后转身运球，回到起点与下一个学生接力，最先完成的一组获胜。

指导要点
1.注意力集中，快速反应； 2.运球转身时提前减缓速度； 3.运球转身时重心降低； 4.转身后衔接迅速。

结束部分：放松拉伸

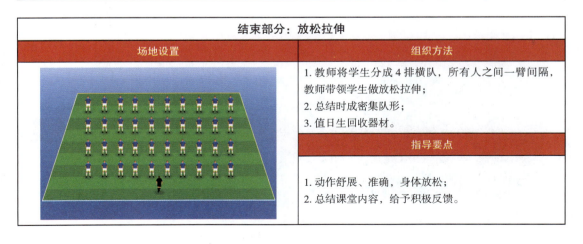

场地设置	组织方法
	1.教师将学生分成4排横队，所有人之间一臂间隔，教师带领学生做放松拉伸； 2.总结时成密集队形； 3.值日生回收器材。

指导要点
1.动作舒展、准确，身体放松； 2.总结课堂内容，给予积极反馈。

第十一课　学习运球假动作、1V1护球技术

> **技能目标**：通过本节课的学习，使学生初步掌握运球假动作、1V1护球技术。
> **体能目标**：通过练习，发展学生的协调性、灵敏性、柔韧性、平衡性。
> **情感目标**：通过练习，培养学生的专注力和自信心。

场区设置（教师可依教学实际情况进行调整）	课程结构（40min）
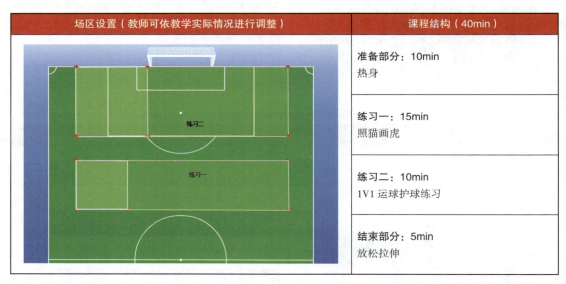	**准备部分：10min** 热身
	练习一：15min 照猫画虎
	练习二：10min 1V1运球护球练习
	结束部分：5min 放松拉伸

准备部分：热身	
场地设置	**组织方法**

场地	40m×30m	1.绕场地进行慢跑热身； 2.教师将学生分成5人一组，共8组； 3.教师带领学生做行进间热身操； 4.行进间热身操包括：扩胸运动、振臂运动、体转运动、正面踢腿、侧面踢腿、小步跑、高抬腿等。
时间	10min	
器材	标志盘	

	指导要点
	1.动作舒展、协调； 2.注意力集中。

练习一：照猫画虎

场地设置		组织方法
场地	20m × 20m	1. 教师将学生分成 10 人一组，共 4 组，每名学生 1 个球；
时间	15min：练习 3min，间歇 1min，共 4 组	2. 所有人持球在场地均匀散开；（图示以 1 组为例）
器材	足球	3. 教师示范双脚跨球假动作，学生模仿练习。教师做左跨右拨假动作，学生模仿练习；

组织方法（续）

3. 教师示范双脚跨球假动作，学生模仿练习。教师做左跨右拨假动作，学生模仿练习；
4. 教师做右跨左拨假动作，学生模仿练习。

变化：学生初步掌握三个假动作后，听教师指令完成相应动作。

指导要点

1. 做假动作时身体放松；
2. 注意降低重心；
3. 上体跟随动作摆动，幅度要大，迷惑性要强。

练习二：1V1 运球护球练习

场地设置		组织方法
场地	30m × 30m	1. 教师将学生分成 2 人一组，共 20 组，每组 1 个球；（图示以 5 组为例）
时间	10min：练习 3min，间歇 30s，共 3 组	2. 每 5 组在一个规定区域内练习，组内持球人在区域内运球，无球人抢球；
器材	足球、标志服	3. 抢下球不交换球权继续进行练习；

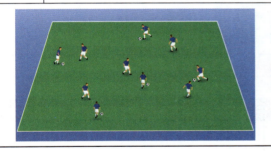

组织方法（续）

3. 抢下球不交换球权继续进行练习；
4. 3min 后交换。

变化：抢下球后交换球权，教师吹哨后持球者胜利。

指导要点

1. 运球时注意观察（对手，空间）；
2. 合理利用身体；
3. 假动作的运用。

结束部分：放松拉伸

场地设置	组织方法
	1. 教师将学生分成 4 排横队，所有人之间一臂间隔，教师带领学生做放松拉伸；
	2. 总结时成密集队形；
	3. 值日生回收器材。

指导要点

1. 动作舒展、准确，身体放松；
2. 总结课堂内容，给予积极反馈。

第十二课　学习 1V1 防守技术

场区设置（教师可依教学实际情况进行调整）	课程结构（40min）
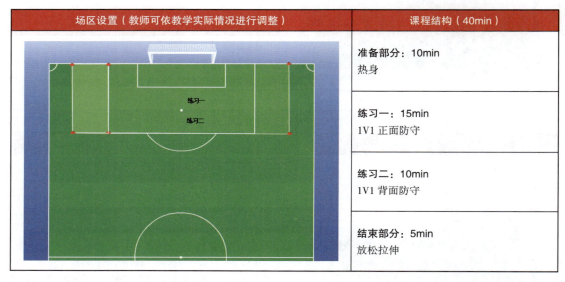	**准备部分：10min** 热身
	练习一：15min 1V1 正面防守
	练习二：10min 1V1 背面防守
	结束部分：5min 放松拉伸

准备部分：热身	

场地设置		组织方法
场地	40m×30m	1.绕场地进行慢跑热身； 2.教师将学生分成 5 人一组，共 8 组； 3.教师带领学生做行进间热身操； 4.行进间热身操包括：扩胸运动、振臂运动、体转运动、正面踢腿、侧面踢腿、小步跑、高抬腿等。
时间	10min	
器材	标志盘	

指导要点
1.动作舒展、协调； 2.注意力集中。

练习一：1V1 正面防守

场地设置		组织方法
场地	20m × 10m	1.教师将学生分成 2 人一组，共 20 组；（图示以 2 组为例） 2.每组一球，相距 6m 相向而站，防守方（红）拿球； 3.练习开始后，防守方（红）传球给进攻方（蓝）后，快速上前进行个人正面防守模拟练习； 4.防守方退回原位置，两人角色交换，重复练习。 变化：进攻方持球后向前运球，防守方后退防守，只跟随，不抢球，体会移动中防守的脚步移动与重心转换。
时间	15min：练习 3min，间歇 1min，共 4 组	
器材	足球、标志服、标志盘	

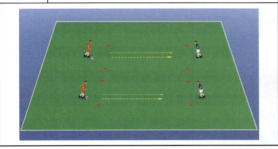

指导要点

1.靠近持球人时减速；
2.在距离持球人 1 ~ 1.5m 时站住；
3.身体放松，膝关节弯曲，上体前倾，重心降低。

练习二：1V1 背面防守

场地设置		组织方法
场地	20m × 10m	1.教师将学生分成 8 人一组，共 5 组；（图示以 1 组为例） 2.两侧防守学生传球给中间的两名进攻学生，传球间距为 5 ~ 10m； 3.进攻学生接球后不转身，防守学生快速上前在进攻学生身后呈防守姿势站住，进行个人防守模拟练习； 4.防守学生退回原位置，进攻学生转身将球传至另一侧，两名学生角色交换，重复练习。 变化：当学生掌握了个人背面防守基本动作及逼迫时机后，练习形式不变，进攻学生持球后可试图转身运球，防守学生后退防守，只跟随，不抢球，体会移动中防守的脚步移动与重心转换。
时间	10min：练习 3min，间歇 30s，共 3 组	
器材	足球、标志服、标志盘	

指导要点

1.全速靠近防守学生，接近持球学生时减速；
2.侧身站位，保持一臂距离；
3.紧跟持球学生。

结束部分：放松拉伸

场地设置	组织方法
	1.教师将学生分成 4 排横队，所有人之间一臂间隔，教师带领学生做放松拉伸； 2.总结时成密集队形； 3.值日生回收器材。

指导要点

1.动作舒展、准确，身体放松；
2.总结课堂内容，给予积极反馈。

第十三课　身体素质练习

场区设置（教师可依教学实际情况进行调整）	课程结构（40min）
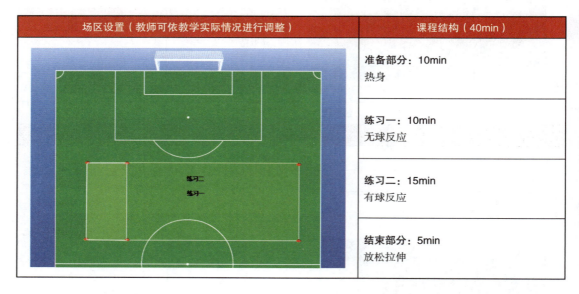	**准备部分：** 10min 热身
	练习一： 10min 无球反应
	练习二： 15min 有球反应
	结束部分： 5min 放松拉伸

准备部分：热身	
场地设置	**组织方法**
场地　40m×30m 时间　10min 器材　标志盘	1. 绕场地进行慢跑热身； 2. 教师将学生分成5人一组，共8组； 3. 教师带领学生做行进间热身操； 4. 行进间热身操包括：扩胸运动、振臂运动、体转运动、正面踢腿、侧面踢腿、小步跑、高抬腿等。
	指导要点
	1. 动作舒展、协调； 2. 注意力集中。

练习一：无球反应

场地设置		组织方法
场地	20m×10m	1.教师将学生分成5人一组，共8组；（图示以2组为例） 2.每次练习时，每组一名学生进入标志盘摆放的正方形区域中间位置，根据教师指令进行步法训练（高抬腿、小步跑）； 3.教师给出颜色指令，学生以最快的速度去触碰该颜色标志盘； 4.多次重复后，教师给出"跑"的指令，学生加速冲刺至身后的标志桶处，然后返回队尾。 5.每组依次循环练习。 变化：（1）变化不同部位触碰标志盘； 　　　（2）组间比赛。
时间	10min：练习3min，间歇30s，共3组	
器材	足球、标志盘、标志桶	
		指导要点
		1.及时抬头观察； 2.注意力集中； 3.降低身体重心。

练习二：有球反应

场地设置		组织方法
场地	20m×10m	1.教师将学生分成5人一组，共8组，每名学生1个球；（图示以2组为例） 2.每次练习时，每组一名学生进入标志盘摆放的正方形区域中间位置，根据教师指令进行控球练习（扣拨球、踩拉球等）； 3.教师给出颜色指令，学生以最快的速度去触碰该颜色标志盘； 4.多次重复后，教师给出"跑"的指令，学生运球加速冲刺至身后的标志桶处，然后返回队尾。 5.每组依次循环练习。 变化：（1）限制左右脚运球； 　　　（2）组间比赛。
时间	15min：练习3min，间歇1min，共4组	
器材	足球、标志盘、标志桶	
		指导要点
		1.及时抬头观察； 2.注意力集中； 3.降低身体重心。

结束部分：放松拉伸

场地设置	组织方法
	1.教师将学生分成4排横队，所有人之间一臂间隔，教师带领学生做放松拉伸； 2.总结时成密集队形； 3.值日生回收器材。
	指导要点
	1.动作舒展、准确，身体放松； 2.总结课堂内容，给予积极反馈。

第十四课　小场地 5V5 比赛

技能目标：通过本节课的练习，提高学生在比赛中运用技术的能力。
体能目标：通过比赛，发展学生的速度和协调性。
情感目标：通过比赛，培养学生的团队合作精神和竞争意识。

场区设置（教师可依教学实际情况进行调整）	课程结构（40min）
	**准备部分：10min** 热身
	练习：25min 小场地 5V5 比赛
	结束部分：5min 放松拉伸

准备部分：热身	
场地设置	**组织方法**

场地	40m × 30m
时间	10min
器材	标志盘

组织方法：
1. 绕场地进行慢跑热身；
2. 教师将学生分成 5 人一组，共 8 组；
3. 教师带领学生做行进间热身操；
4. 行进间热身操包括：扩胸运动、振臂运动、体转运动、正面踢腿、侧面踢腿、小步跑、高抬腿等。

指导要点
1. 动作舒展、协调；
2. 注意力集中。

练习：小场地 5V5 比赛	
场地设置	**组织方法**
<table><tr><td>场地</td><td>25m×15m</td></tr><tr><td>时间</td><td>25min：练习 10min，间歇 5min，共 2 组</td></tr><tr><td>器材</td><td>足球、球门</td></tr></table> 	1. 教师将学生分为 5 人一组，共 8 组；（图示以 2 组为例） 2. 8 组学生分别在编号为 1、2、3、4 的四块场地进行比赛，比赛分为两节，每节 10min； 3. 第一节比赛结束后，1 号场地和 2 号场地的队伍随机交换比赛对手，3 号场地和 4 号场地的队伍随机交换比赛对手，继续进行第二节比赛。
	指导要点
	1. 比赛中积极运用所学技术； 2. 比赛中互相协作及交流； 3. 比赛中互相鼓励，积极参与。

结束部分：放松拉伸	
场地设置	**组织方法**
	1. 教师将学生分成 4 排横队，所有人之间一臂间隔，教师带领学生做放松拉伸； 2. 总结时成密集队形； 3. 值日生回收器材。
	指导要点
	1. 动作舒展、准确，身体放松； 2. 总结课堂内容，给予积极反馈。

第十五课 足球竞赛规则与兴趣培养

> **知识目标：**通过本节课的学习，学生掌握足球竞赛规则。
> **情感目标：**通过学习，培养学生对足球的兴趣和独立思考的能力。

课程结构（40min）			
开始部分（8min）	内容一（17min）	内容二（10min）	结束部分（5min）
介绍本节课内容	点球规则与换人规则	足球动画短片	总结

开始部分：介绍本节课内容			
组织方法			**指导要点**
时间	8min	地点	多媒体教室
1. 提问； 2. 视频导入； 3. 介绍本节课内容。			1. 问题：足球比赛中在什么情况下会判罚点球？在什么情况下会换人，一场比赛中可以换几个人下场？换人时有什么条件？ 2. 内容：点球规则和换人规则，观看相关视频。

内容一：点球规则与换人规则			
组织方法			**指导要点**
时间	17min	地点	多媒体教室
1. 教师讲解点球和换人的规则； 2. 学生思考后，教师提问。 变化：可增加知识竞答。			1. 比赛中罚点球的规则； 2. 点球决胜时的规则； 3. 除罚点球人之外，其他人应遵守的规则。 4. 比赛中换人的规则。

内容二：足球动画短片			
组织方法			**指导要点**
时间	10min	地点	多媒体教室
1. 学生观看足球动画短片； 2. 教师提问。			1. 推荐视频《熊猫说球》第17集"球点球"； 2. 问题：通过视频你们学到了什么？

结束部分：总结			
组织方法			**指导要点**
时间	5min	地点	多媒体教室
1. 提问； 2. 总结。			1. 问题：我们这节课学习了什么？ 2. 总结。

第十六课　足球技能考试

技能目标： 通过考试，考查学生的运球、传球技术能力掌握情况。
体能目标： 通过考试，测评学生的协调性、灵敏性、平衡性。
情感目标： 通过考试，考查学生的专注度。

场区设置（教师可依教学实际情况进行调整）	课程结构（40min）
	**准备部分：** 5min 热身
	考试一： 15min 往返运球
	考试二： 15min 1min传接球
	结束部分： 5min 放松拉伸

准备部分：热身			
场地设置		⊙	**组织方法**
场地	40m×30m		1.绕场地进行慢跑热身；
时间	10min		2.教师将学生分成5人一组，共8组；
器材	标志盘		3.教师带领学生做行进间热身操；
			4.行进间热身操包括：扩胸运动、振臂运动、体转运动、正面踢腿、侧面踢腿、小步跑、高抬腿等。
			指导要点
			1.动作舒展、协调； 2.注意力集中。

考试一：往返运球

场地设置		组织方法
场地	10m×5m	1.考试场地与组织形式：考试区域为10m×5m，教师将学生分成5人一组，共8组，站在起点线后。
时间	15min	2.考试方法：听教师指令后，从起点线开始快速运球，绕过距离起点线10m处的标志盘后运球返回，以脚踩球于起点线上结束。
器材	足球、标志盘	注意：必须在规定区域内运球，否则成绩无效。

指导要点

根据运球时间，参照评分标准打分，测试2次，记录最佳成绩。

考试二：1min传接球

场地设置		组织方法
场地	10m×5m	1.考试场地与组织形式：学生2人一组分别相对站于10m×5m区域两侧。
时间	15min	2.考试方法：计时1min，教师发出指令后，同组学生互相传球，记录1min内各自传球的次数。
器材	足球、标志盘	

指导要点

根据1min内的传球次数，参照评分标准打分，测试2次，记录最佳成绩。

结束部分：放松拉伸

场地设置	组织方法
	1.教师将学生分成4排横队，所有人之间一臂间隔，教师带领学生做放松拉伸；
	2.总结时成密集队形；
	3.值日生回收器材。

指导要点

1.动作舒展、准确，身体放松；
2.总结课堂内容，给予积极反馈。

评分标准

考试内容	单位	单项得分									
		100	90	80	70	60	50	40	30	20	10
往返运球	（秒）	≤7.5	7.6~8.0	8.1~9.2	9.3~10.0	10.1~11.1	11.2~11.9	12~12.7	12.8~13.3	13.4~14.3	≥14.4
1min传接球	（个）	≥30	25	20	18	16	14	12	10	8	≥5

注：教师可根据学生掌握技能的实际情况对考试标准进行适度调整。

综合评分：往返运球得分×0.5+1min传接球得分×0.5。

四年级下学期

足球教学课次内容示例

第十七课 学习推拉球技术

技能目标： 通过本节课的学习，学生初步学习推拉球技术，提高球感。
体能目标： 通过练习，发展学生的协调性和平衡性。
情感目标： 通过练习，培养学生的团队合作精神和竞争意识。

场区设置（教师可依教学实际情况进行调整）	课程结构（40min）
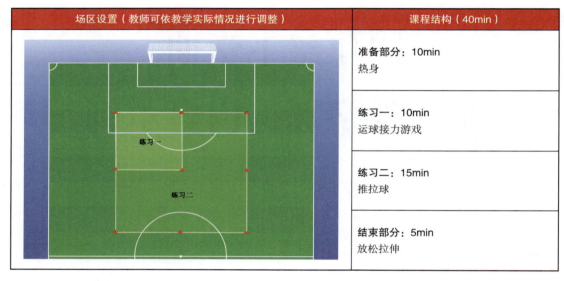	**准备部分：** 10min 热身
	练习一： 10min 运球接力游戏
	练习二： 15min 推拉球
	结束部分： 5min 放松拉伸

准备部分：热身	
场地设置	**组织方法**

场地	40m×30m	1.绕场地进行慢跑热身； 2.教师将学生分成5人一组，共8组； 3.教师带领学生做行进间热身操； 4.行进间热身操包括：扩胸运动、振臂运动、体转运动、正面踢腿、侧面踢腿、小步跑、高抬腿等。
时间	10min	
器材	标志盘	

	指导要点
	1.动作舒展、协调； 2.注意力集中。

练习一：运球接力游戏

场地设置		组织方法
场地	20m×20m	1. 学生分2组，每组20人，组内平分为2队进行比赛； 2. 在20m×20m区域里摆放两组标志盘；（图示以1组为例） 3. 所有学生站至起始位置排成一列纵队，最后一名学生运球至第一名学生身前，将球从侧面传给队尾学生，依次循环； 4. 两队进行竞赛，先到对面标志盘的队伍胜利。 变化：（1）可变为手持球； （2）传球方式可变为手持球传递必须向左一次向一右一次。
时间	10min：练习3min，间歇30s，共3组	
器材	足球、标志盘	

	指导要点
	1. 注意观察； 2. 沟通与交流； 3. 互相协作。

练习二：推拉球

场地设置		组织方法
场地	40m×40m	1. 所有学生在40m×40m规定区域内，不限制个人区域，自由进行推拉球练习； 2. 3组练习分别为脚内侧推球脚底拉球、脚外侧推球脚底拉球和脚背正面推球脚底拉球。 变化：（1）由慢到快，循序渐进； （2）熟练后可进行连续推拉练习； （3）开展组间竞赛。
时间	15min：练习4min，间歇1.5min，共3组	
器材	足球	

	指导要点
	1. 上肢放松，注意力集中； 2. 注意触球的脚形，踝关节绷住。

结束部分：放松拉伸

场地设置	组织方法
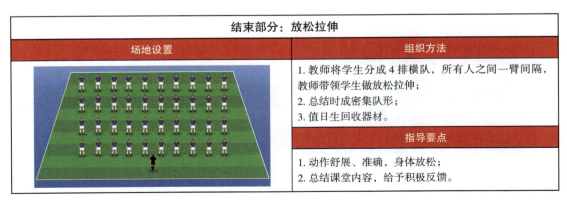	1. 教师将学生分成4排横队，所有人之间一臂间隔，教师带领学生做放松拉伸； 2. 总结时成密集队形； 3. 值日生回收器材。

	指导要点
	1. 动作舒展、准确，身体放松； 2. 总结课堂内容，给予积极反馈。

第十八课　学习揉球技术

场区设置（教师可依教学实际情况进行调整）	课程结构（40min）
	**准备部分：10min** 热身
	练习一：10min 占领碉堡
	练习二：15min 揉球
	结束部分：5min 放松拉伸

准备部分：热身	

场地设置		组织方法
场地	40m × 30m	1. 绕场地进行慢跑热身； 2. 教师将学生分成5人一组，共8组； 3. 教师带领学生做行进间热身操； 4. 行进间热身操包括：扩胸运动、振臂运动、体转运动、正面踢腿、侧面踢腿、小步跑、高抬腿等。
时间	10min	
器材	标志盘	

指导要点
1. 动作舒展、协调； 2. 注意力集中。

练习一：占领碉堡

场地设置		组织方法
场地	20m×20m	1. 教师将学生分成 10 人一组，每组以红色标志盘围成的区域为基地，每名学生 1 个球进行练习；（图示以 1 组为例） 2. 从基地出发运球绕标志盘一圈便占领一座碉堡，听到教师的哨音后快速回到基地,占领碉堡最多的学生获胜。 变化：（1）右脚脚内侧绕标志盘； 　　　　（2）左脚脚内侧绕标志盘； 　　　　（3）右脚脚外侧绕标志盘； 　　　　（4）左脚脚外侧绕标志盘。
时间	10min：练习 4min，间歇 2min，共 2 组	
器材	足球、标志盘	
		指导要点
		1. 反应快速，行动敏捷； 2. 充分热身，避免受伤。

练习二：揉球

场地设置		组织方法
场地	40m×40m	1. 所有学生在规定的 40m×40m 区域内，进行脚底、脚内侧、外侧揉球练习； 2. 不必拘泥于每个人的位置，所有人在规定区域内自由练习，同时注意观察，不要与他人相撞。 变化：（1）变化踢球脚； 　　　　（2）前后揉球、左右揉球、绕圈揉球； 　　　　（3）增加行进间练习； 　　　　（4）开展组间竞赛，在规定时间内比较每名同学揉球的次数，次数多者获胜。
时间	15min：练习 3min，间歇 1min，共 4 组	
器材	足球	
		指导要点
		1. 双手自然打开，保持身体平衡； 2. 注意抬头观察。

结束部分：放松拉伸

场地设置	组织方法
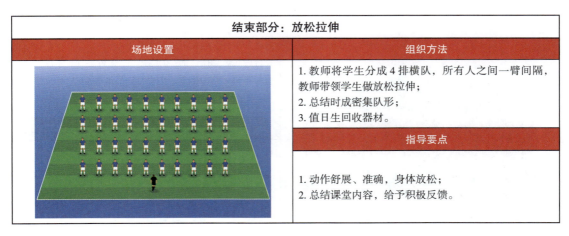	1. 教师将学生分成 4 排横队，所有人之间一臂间隔，教师带领学生做放松拉伸； 2. 总结时成密集队形； 3. 值日生回收器材。
	指导要点
	1. 动作舒展、准确，身体放松； 2. 总结课堂内容，给予积极反馈。

第十九课　提高脚外侧颠球技术

技能目标：通过本节课的学习，提高学生脚外侧颠球技术。
体能目标：通过练习，发展学生的协调性和平衡性。
情感目标：通过练习，培养学生的团队合作精神和竞争意识。

场区设置（教师可依教学实际情况进行调整）	课程结构（40min）
	**准备部分：10min** 热身
	练习一：10min 综合球感
	练习二：15min 脚外侧颠球
	结束部分：5min 放松拉伸

准备部分：热身	
场地设置	组织方法
场地　40m×30m 时间　10min 器材　标志盘 （图）	1. 绕场地进行慢跑热身； 2. 教师将学生分成5人一组，共8组； 3. 教师带领学生做行进间热身操； 4. 行进间热身操包括：扩胸运动、振臂运动、体转运动、正面踢腿、侧面踢腿、小步跑、高抬腿等。
	指导要点
	1. 动作舒展、协调； 2. 注意力集中。

练习一：综合球感

场地设置		组织方法
场地	15m×15m	1.教师将学生分成8人一组，共5组；（图示以1组为例） 2.每组学生平均分布标志盘后，每名学生1个球； 3.练习开始后，面对面两人同时运球出发，假动作（教师规定动作）变向通过标志盘后按逆时针顺序快速带球至下一点标志盘，最后回到本队队尾，依次循环练习。
时间	10min：练习3min，间歇30s，共3组	
器材	足球、标志盘	

指导要点

1.运球时注意观察球前方；
2.运球时尽量加快频率；
3.运球时身体重心前倾。

练习二：脚外侧颠球

场地设置		组织方法
场地	15m×15m	1.教师将学生分成10人一组，共4组，每名学生1个球；（图示以1组为例） 2.每组学生在各自区域内进行原地脚外侧颠球练习。 变化：（1）单脚颠球练习； （2）左右脚连续颠球练习。
时间	15min：练习3min，间歇1min，共4组	
器材	足球、标志盘	

指导要点

1.膝关节微屈，上体稍前倾；
2.脚外侧抬至与地面平行击球；
3.脚背外侧击球中下部；
4.注意身体重心与节奏控制。

结束部分：放松拉伸

场地设置	组织方法
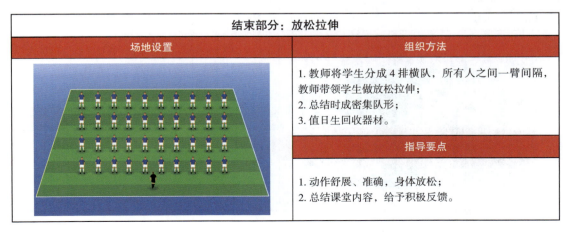	1.教师将学生分成4排横队，所有人之间一臂间隔，教师带领学生做放松拉伸； 2.总结时成密集队形； 3.值日生回收器材。

指导要点

1.动作舒展、准确，身体放松；
2.总结课堂内容，给予积极反馈。

第二十课　小场地 5V5 比赛

技能目标：通过本节课的练习，提高学生在比赛中运用技术的能力。
体能目标：通过比赛，发展学生的速度和协调性。
情感目标：通过比赛，培养学生的团队合作精神和竞争意识。

场区设置（教师可依教学实际情况进行调整）	课程结构（40min）
	**准备部分：**10min 热身
	练习：25min 小场地 5V5 比赛
	结束部分：5min 放松拉伸

准备部分：热身	
场地设置	**组织方法**

场地设置		组织方法
场地	40m×30m	1. 绕场地进行慢跑热身； 2. 教师将学生分成 5 人一组，共 8 组； 3. 教师带领学生做行进间热身操； 4. 行进间热身操包括：扩胸运动、振臂运动、体转运动、正面踢腿、侧面踢腿、小步跑、高抬腿等。
时间	10min	
器材	标志盘	
		指导要点
		1. 动作舒展、协调； 2. 注意力集中。

练习：小场地 5V5 比赛

场地设置		组织方法
场地	25m×15m	1.教师将学生分为 5 人一组，共 8 组；（图示以 2 组为例） 2.8 组学生分别在编号为 1、2、3、4 的四块场地进行比赛，比赛分为两节，每节 10min； 3.第一节比赛结束后，1 号场地和 2 号场地的队伍随机交换比赛对手，3 号场地和 4 号场地的队伍随机交换比赛对手，继续进行第二节比赛。
时间	25min：练习 10min，间歇 5min，共 2 组	
器材	足球、球门	
		**指导要点**
		1.比赛中积极运用所学技术； 2.比赛中互相协作及交流； 3.比赛中互相鼓励，积极参与。

结束部分：放松拉伸

场地设置	组织方法
	1.教师将学生分成 4 排横队，所有人之间一臂间隔，教师带领学生做放松拉伸； 2.总结时成密集队形； 3.值日生回收器材。
	指导要点
	1.动作舒展、准确，身体放松； 2.总结课堂内容，给予积极反馈。

第二十一课　巩固射门技术

技能目标： 通过本节课的学习，学生掌握脚背正面射门技术和脚尖射门技术。
体能目标： 通过练习，发展学生的协调和平衡素质。
情感目标： 通过练习，提高学生的专注度和自信心，增强团队合作精神和竞争意识。

场区设置（教师可依教学实际情况进行调整）	课程结构（40min）
	**准备部分：** 10min 热身
	练习一： 10min 脚背正面射门
	练习二： 15min 脚尖射门
	结束部分： 5min 放松拉伸

准备部分：热身	
场地设置	**组织方法**
场地 40m×30m	1. 绕场地进行慢跑热身；
时间 10min	2. 教师将学生分成5人一组，共8组；
器材 标志盘	3. 教师带领学生做行进间热身操；
	4. 行进间热身操包括：扩胸运动、振臂运动、体转运动、正面踢腿、侧面踢腿、小步跑、高抬腿等。
	指导要点
	1. 动作舒展、协调； 2. 注意力集中。

练习一：脚背正面射门	
场地设置	**组织方法**
<table><tr><td>场地</td><td>20m × 15m</td></tr><tr><td>时间</td><td>10min：练习 3min，间歇 30s，共 3 组</td></tr><tr><td>器材</td><td>足球、标志盘、小球门</td></tr></table> 	1. 教师将学生分成 10 人一组，共 4 组，组内分为两队；（图示以 1 组为例） 2. 其中一队每名学生 1 个球站在球门侧方，每次练习时，持球学生将球传向球门前，无球学生在球门前接球并用脚背正面射门； 3. 传球学生和射门学生完成练习后交换位置并回到队尾； 4. 两队依次循环练习。 变化：（1）不停球直接射门； 　　　（2）组间比赛射门成功率。
	指导要点
	1. 注意支撑脚站位，脚尖指向射门方向； 2. 踢球脚触球部位要准确，击球中后部； 3. 踢球脚击球瞬间要绷紧脚背。

练习二：脚尖射门	
场地设置	**组织方法**
<table><tr><td>场地</td><td>20m × 15m</td></tr><tr><td>时间</td><td>15min：练习 3min，间歇 1min，共 4 组</td></tr><tr><td>器材</td><td>足球、标志盘、小球门</td></tr></table> 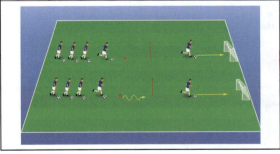	1. 教师将学生分成 5 人一组，共 8 组，每名学生 1 个球；（图示以 2 组为例） 2. 每组学生依次运球绕过标志杆，随即用脚尖射门。 3. 射门完成后将球捡回，并返回队尾。 4. 各组依次循环练习。 变化：（1）限制左右脚运球； 　　　（2）组间比赛。
	指导要点
	1. 注意支撑脚站位，脚尖指向射门方向； 2. 踢球脚触球部位要准确，击球中后部； 3. 脚尖踢球瞬间，脚趾蜷缩，避免伤到脚趾。

结束部分：放松拉伸	
场地设置	**组织方法**
	1. 教师将学生分成 4 排横队，所有人之间一臂间隔，教师带领学生做放松拉伸； 2. 总结时成密集队形； 3. 值日生回收器材。
	指导要点
	1. 动作舒展、准确，身体放松； 2. 总结课堂内容，给予积极反馈。

第二十二课　提高脚内侧、脚掌传接球技术

技能目标：通过本节课的学习，提高学生脚内侧和脚掌传接球技术。
体能目标：通过练习，发展学生的协调性和平衡性。
情感目标：通过练习，培养学生的团队合作精神和竞争意识。

场区设置（教师可依教学实际情况进行调整）	课程结构（40min）
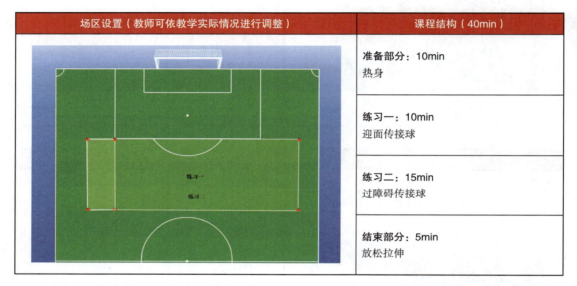	**准备部分：**10min 热身
	练习一：10min 迎面传接球
	练习二：15min 过障碍传接球
	结束部分：5min 放松拉伸

准备部分：热身	
场地设置	**组织方法**

场地	40m×30m
时间	10min
器材	标志盘

组织方法：

1. 绕场地进行慢跑热身；
2. 教师将学生分成 5 人一组，共 8 组；
3. 教师带领学生做行进间热身操；
4. 行进间热身操包括：扩胸运动、振臂运动、体转运动、正面踢腿、侧面踢腿、小步跑、高抬腿等。

指导要点

1. 动作舒展、协调；
2. 注意力集中。

练习一：迎面传接球

场地设置		组织方法
场地	30m×15m	1. 教师将学生分成 5 人一组，共 8 组，每两组在一个场地训练；（图示以 2 组为例） 2.A 处的学生先进入标志盘区域内，持球并传球给对面 B 处的学生，传球后跑回本队队尾； 3.B 处学生随后前快速进标志盘区域，在标志盘区域内完成接球后，再回传给 A 处学生，然后再跑回本队队尾； 4. 依次循环练习。 变化：（1）改变接球脚（左脚、右脚）； 　　　（2）由脚内侧接球转变为脚掌接球。
时间	10min：练习 3min，间歇 30s，共 3 组	
器材	足球、标志盘	

指导要点
1. 接球前观察，及时移动到位； 2. 呼应接球学生后传球。

练习二：过障碍传接球

场地设置		组织方法
场地	30m×15m	1. 教师将学生分成 5 人一组，共 8 组；（图示以 1 组为例） 2.A 处学生带球绕过标志盘，将球传给 B 处学生，并跑向 B 处区域； 3.B 处学生接球后转身并带球绕 B 处的标志桶一周，然后通过传球通道传球给 C 处学生，并跑向 C 处； 4.C 处学生接球后，带球回到 A 处的队尾排队等待。如此循环练习。 变化：由脚内侧接球转变为脚掌接球。
时间	15min：练习 7min，间歇 1min，共 2 组	
器材	足球、标志盘、标志桶	

指导要点
1. 接球前观察，判断来球方向与速度； 2. 接球后注意下一步的技术衔接。

结束部分：放松拉伸

场地设置	组织方法
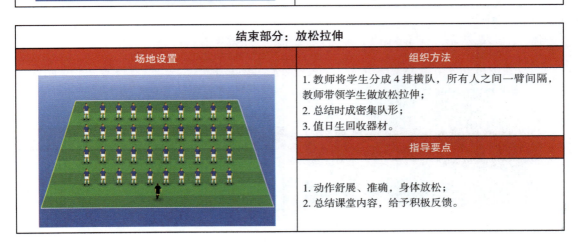	1. 教师将学生分成 4 排横队，所有人之间一臂间隔，教师带领学生做放松拉伸； 2. 总结时成密集队形； 3. 值日生回收器材。
	指导要点
	1. 动作舒展、准确，身体放松； 2. 总结课堂内容，给予积极反馈。

第二十三课　提高脚背正面、脚外侧接球技术

技能目标：通过本节课的学习，提高学生脚背正面、脚外侧接球技术。
体能目标：通过练习，发展学生的协调性、灵敏性和耐力等素质。
情感目标：通过练习，培养学生的团队合作精神和竞争意识。

场区设置（教师可依教学实际情况进行调整）	课程结构（40min）
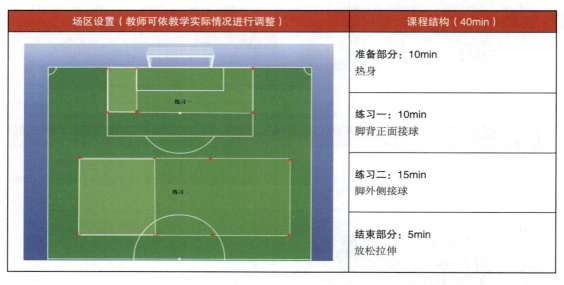	**准备部分**：10min 热身
	练习一：10min 脚背正面接球
	练习二：15min 脚外侧接球
	结束部分：5min 放松拉伸

准备部分：热身	
场地设置	**组织方法**

场地	40m×30m
时间	10min
器材	标志盘

组织方法

1. 绕场地进行慢跑热身；
2. 教师将学生分成5人一组，共8组；
3. 教师带领学生做行进间热身操；
4. 行进间热身操包括：扩胸运动、振臂运动、体转运动、正面踢腿、侧面踢腿、小步跑、高抬腿等。

指导要点

1. 动作舒展、协调；
2. 注意力集中。

练习一：脚背正面接球

场地设置		组织方法
场地	4m×10m	1. 2名学生一组，共20组；（图示以1组为例） 2. 2名学生间隔10m相向而站，进行传接球练习； 3. 一人手抛球，一人脚背正面接球，接球学生用脚背正面接球后，用脚背内侧或脚背正面将球以地滚球形式传回，10个球后换另一侧学生练习； 4. 依次循环练习； 变化：改变接球脚（左脚、右脚）。
时间	10min：练习3min，间歇30s，共3组	
器材	足球	
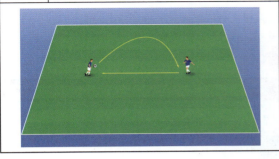		**指导要点**
		1. 观察判断球的落点，及时移动到位； 2. 脚背正面上迎下落的球，当球与脚面接触的一瞬间，接球脚与球下落的速度同步下撤； 3. 大腿膝关节、踝关节、脚趾均保持适度紧张； 4. 脚尖微翘将球接到需要的地方。

练习二：脚外侧接球

场地设置		组织方法
场地	30m×30m	1. 5名学生一组，共8组，2组在一块场地上练习；（图示以2组为例） 2. "1"点学生传球给"2"点学生的同时喊口令"转身"，"2"点学生停球后完成转身，将传给"3"点的学生，"3"点学生接球后，带球绕过标志杆，经过最后一个标志杆后完成射门； 3. 指定时间内进球最多的一组获胜。 变化：由固定脚外侧接球过渡到不限制触球部位接球。
时间	15min：练习7min，间歇1min，共2组	
器材	足球、标志盘、标志杆	
		**指导要点**
		1. 判断来球方向，及时移动到位； 2. 接球点放在接球腿一侧，支撑腿膝关节微屈； 3. 接球腿提起屈膝，脚内翻使小腿和脚背外侧与地面呈一锐角并对着接球后球的运行方向； 4. 脚离地面的高度应略等于球的半径，然后大腿向接球后球运行的方向推送，同时身体随球移动； 5. 注意脚背外侧接球后的运传球技术衔接。

结束部分：放松拉伸

场地设置	组织方法
（图）	1. 教师将学生分成4排横队，所有人之间一臂间隔，教师带领学生做放松拉伸； 2. 总结时成密集队形； 3. 值日生回收器材。
	指导要点
	1. 动作舒展、准确，身体放松； 2. 总结课堂内容，给予积极反馈。

第二十四课　身体素质练习

体能目标：通过练习，提高学生的奔跑能力，发展学生的平衡性。
情感目标：通过练习，培养学生对足球运动的兴趣，提升学生的沟通能力。

场区设置（教师可依教学实际情况进行调整）	课程结构（40min）
	**准备部分**：10min 热身
	练习一：10min 无球速度练习
	练习二：15min 有球速度练习
	结束部分：5min 放松拉伸

准备部分：热身		
场地设置		**组织方法**
场地	40m×30m	1.绕场地进行慢跑热身； 2.教师将学生分成5人一组，共8组； 3.教师带领学生做行进间热身操； 4.行进间热身操包括：扩胸运动、振臂运动、体转运动、正面踢腿、侧面踢腿、小步跑、高抬腿等。
时间	10min	
器材	标志盘	
		指导要点
		1.动作舒展、协调； 2.注意力集中。

练习一：无球速度练习

场地设置		组织方法
场地	20m × 10m	1.教师将学生分成5人一组，共8组；（图示以1组为例） 2.每组场地由宽4m、长4m的多个折线组成； 3.学生由起点出发，沿折线依次跑动（侧身、绕盘、侧滑、急停、变向等），最后15m冲刺。 变化：（1）改变标志盘距离； 　　　（2）增加标志盘数量； 　　　（3）比赛形式。
时间	10min：练习3min，间歇30s，共3组	
器材	标志盘	

指导要点

1.重心降低；
2.步频快；
3.注意力集中；
4.全力以赴。

练习二：有球速度练习

场地设置		组织方法
场地	20m × 10m	1.教师将学生分成5人一组，共8组；（图示以1组为例） 2.场地由宽4m、长4m的多个折线组成； 3.学生由起点运球出发，沿折线依次运球绕过标志盘（脚内侧、脚背正面、脚背外侧、急停、变向等），最后15m冲刺。 变化：（1）左右脚交换； 　　　（2）改变运球方法。
时间	15min：练习4min，间歇30s，共3组	
器材	足球、标志盘	

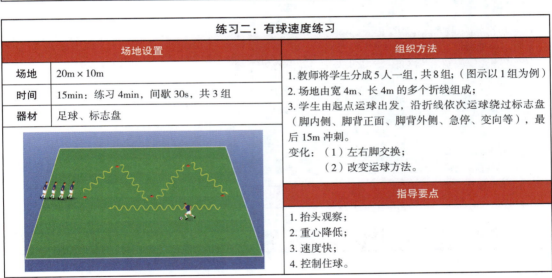

指导要点

1.抬头观察；
2.重心降低；
3.速度快；
4.控制住球。

结束部分：放松拉伸

场地设置	组织方法
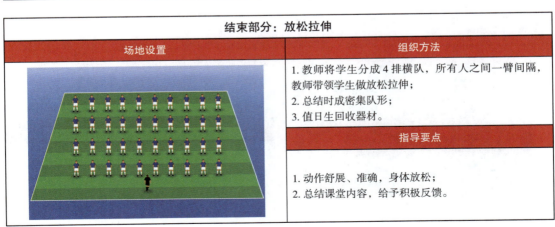	1.教师将学生分成4排横队，所有人之间一臂间隔，教师带领学生做放松拉伸； 2.总结时成密集队形； 3.值日生回收器材。

指导要点

1.动作舒展、准确，身体放松；
2.总结课堂内容，给予积极反馈。

第二十五课　提高运球变向、射门技术

技能目标：通过本节课的复习，提高学生运球变向、射门技术。
体能目标：通过练习，发展学生的协调性和平衡性。
情感目标：通过练习，培养学生的团队合作精神和竞争意识。

场区设置（教师可依教学实际情况进行调整）	课程结构（40min）
	**准备部分**：10min 热身
	练习一：10min 运球变向
	练习二：15min 运球射门
	结束部分：5min 放松拉伸

准备部分：热身	
场地设置	**组织方法**

场地	40m × 30m
时间	10min
器材	标志盘

组织方法：
1. 绕场地进行慢跑热身；
2. 教师将学生分成 5 人一组，共 8 组；
3. 教师带领学生做行进间热身操；
4. 行进间热身操包括：扩胸运动、振臂运动、体转运动、正面踢腿、侧面踢腿、小步跑、高抬腿等。

指导要点

1. 动作舒展、协调；
2. 注意力集中。

练习一：运球变向

场地设置		组织方法
场地	15m×15m	1.教师将学生分成8人一组，共5组；（图示以1组为例） 2.每组学生平均分布标志盘后，每名学生1个球； 3.练习开始后，面对面两人同时运球出发，假动作（教师规定动作）变向过标志桶后快速带球至对面队尾循环练习。 变化：改变运球脚。
时间	10min：练习3min，间歇30s，共3组	
器材	足球、标志盘	

场地设置图

指导要点

1.运球时将球控制在脚下，注意抬头观察；
2.做动作之前要注意减缓运球速度；
3.提醒学生变向时与标志盘的距离；
4.变向后快速控制足球。

练习二：运球射门

场地设置		组织方法
场地	40m×30m	1.教师将学生分成5人一组，共8组，每4组在一个场地练习； 2.每组学生列队站在标志盘后，每名学生1个球； 3.练习开始后，学生运球出发过标志盘后完成射门，从左到右依次进行。 变化：每组改变位置完成练习。
时间	15min：练习3min，间歇1min，共4组	
器材	足球、标志盘	

场地设置图

指导要点

1.运球时将球控制在脚下，注意抬头观察；
2.做动作之前减速；
3.射门前抬头观察。

结束部分：放松拉伸

场地设置	组织方法
场地设置图	1.教师将学生分成4排横队，所有人之间一臂间隔，教师带领学生做放松拉伸； 2.总结时成密集队形； 3.值日生回收器材。

指导要点

1.动作舒展、准确，身体放松；
2.总结课堂内容，给予积极反馈。

第二十六课　提高运球变速、转身技术

技能目标： 通过本节课的复习，巩固学生学习运球变速、转身技术。
体能目标： 通过复习，发展学生的协调性和平衡性。
情感目标： 通过复习，培养学生的团队合作精神和竞争意识。

场区设置（教师可依教学实际情况进行调整）	课程结构（40min）
	**准备部分：** 10min 热身
	练习一： 10min 运球变速
	练习二： 15min 运球转身
	结束部分： 5min 放松拉伸

准备部分：热身		
场地设置		**组织方法**
场地	40m×30m	1.绕场地进行慢跑热身； 2.教师将学生分成5人一组，共8组； 3.教师带领学生做行进间热身操； 4.行进间热身操包括：扩胸运动、振臂运动、体转运动、正面踢腿、侧面踢腿、小步跑、高抬腿等。
时间	10min	
器材	标志盘	
		指导要点
		1.动作舒展、协调； 2.注意力集中。

<table>
<tr><td colspan="2" align="center">练习一：运球变速</td></tr>
</table>

场地设置		组织方法
场地	20m×10m	1. 8名学生一组，共5组；（图示以1组为例） 2. 每组学生平均分布标志盘后，每名学生1个球； 3. 练习开始后，面对面两人同时运球出发，假动作（教师规定动作）变向通过标志桶后快速带球至对面队尾排队，依次循环练习。 变化：由教师规定动作变为自由做动作。
时间	10min：练习3min，间歇30s，共3组	
器材	足球、标志盘、标志桶	

指导要点
1. 运球时将球控制在脚下，注意抬头观察； 2. 做动作之前减速； 3. 过人时变速变向； 4. 过人后加速向前。

<table>
<tr><td colspan="2" align="center">练习二：运球转身</td></tr>
</table>

场地设置		组织方法
场地	25m×25m	1. 20名学生一组，共2组；（图示以1组为例） 2. 每组学生分成红、蓝两队在一块场地进行练习，每名学生1个球； 3. 练习开始后，所有人在中间区域自由运球。当教师发出"A"信号，红队学生运球到红色区域转身，再运球回中间区域，蓝队到蓝色区域转向返回。当教师发出"B"信号，红队学生运球到蓝色区域转身，再运球回中间区域，蓝队学生运球到红色区域转身返回；率先全部返回的队伍获胜。 变化：规定转身技术的变化，如脚内侧转身、脚外侧转身、踩球转身等技术动作。
时间	15min：练习3min，间歇1min，共4组	
器材	足球、标志盘、标志服	

指导要点
1. 注意力集中，快速反应； 2. 运球转身时提前减缓速度； 3. 运球转身时重心降低； 4. 转身后衔接迅速。

<table>
<tr><td colspan="2" align="center">结束部分：放松拉伸</td></tr>
</table>

场地设置	组织方法
	1. 教师将学生分成4排横队，所有人之间一臂间隔，教师带领学生做放松拉伸； 2. 总结时成密集队形； 3. 值日生回收器材。

指导要点
1. 动作舒展、准确，身体放松； 2. 总结课堂内容，给予积极反馈。

第二十七课　提高 1V1 进攻能力

技能目标：通过本节课的学习，提高学生 1V1 进攻能力。
体能目标：通过练习，发展学生的协调性、灵敏性、柔韧性、平衡性等素质。
情感目标：通过练习，培养学生的专注力和自信心。

场区设置（教师可依教学实际情况进行调整）	课程结构（40min）
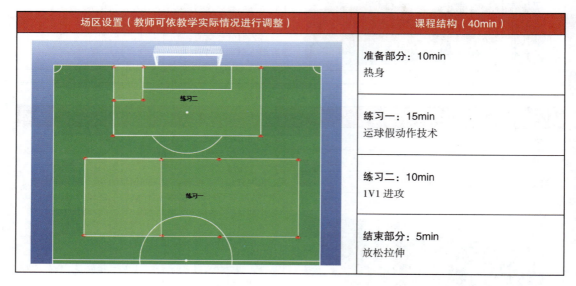	准备部分：10min 热身
	练习一：15min 运球假动作技术
	练习二：10min 1V1 进攻
	结束部分：5min 放松拉伸

准备部分：热身	
场地设置	**组织方法**

场地	40m × 30m	
时间	10min	1. 绕场地进行慢跑热身； 2. 教师将学生分成 5 人一组，共 8 组； 3. 教师带领学生做行进间热身操； 4. 行进间热身操包括：扩胸运动、振臂运动、体转运动、正面踢腿、侧面踢腿、小步跑、高抬腿等。
器材	标志盘	

	指导要点
	1. 动作舒展、协调； 2. 注意力集中。

练习一：运球假动作技术

场地设置		组织方法
场地	20m×20m	1. 20名学生一组，共2组；（图示以1组为例） 2. 如图所示，摆放场地，每个标志盘后面站5人； 3. 练习开始后，每组排头学生向中间区域运球，到达中间做假动作并转身将球运回，下一名学生接力。 变化：（1）由转身变为做完假动作后向右侧变向，轮转接力进行。 　　　（2）由做完假动作后向右侧变向，变为向左侧变向，轮转接力进行。
时间	15min：练习3min，间歇1min，共4组	
器材	足球、标志盘	
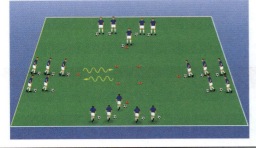		**指导要点**
		1. 运球时抬头观察； 2. 做假动作之前减速； 3. 动作协调、连贯、逼真； 4. 假动作后衔接变向迅速。

练习二：1V1进攻

场地设置		组织方法
场地	10m×5m	1. 教师将学生分成2人一组，共20组；（图示以2组为例） 2. 每组一球，两名学生在规定区域内进行1V1攻防练习，进攻方学生运球突破对方底线得分，防守方学生抢下球权后运球突破对方底线得分。 3. 球被破坏出区域后则重新开始下一轮，依次循环练习。 变化：（1）限制进攻时间； 　　　（2）改变场地大小。
时间	10min：练习3min，间歇30s，共3组	
器材	足球、标志盘	
		**指导要点**
		1. 运球过人时变速变向； 2. 结合假动作过人； 3. 保持控球节奏。

结束部分：放松拉伸

场地设置	组织方法
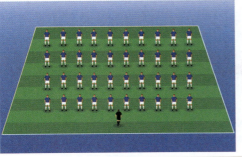	1. 教师将学生分成4排横队，所有人之间一臂间隔，教师带领学生做放松拉伸； 2. 总结时成密集队形； 3. 值日生回收器材。
	指导要点
	1. 动作舒展、准确，身体放松； 2. 总结课堂内容，给予积极反馈。

第二十八课　提高 1V1 防守能力

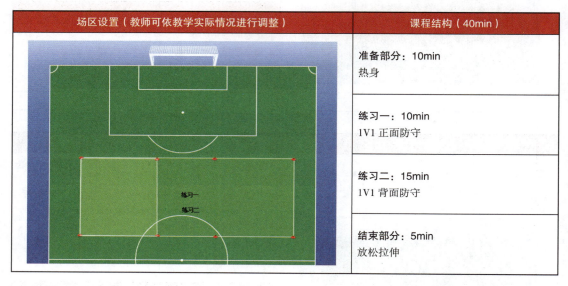

场区设置（教师可依教学实际情况进行调整）	课程结构（40min）
	准备部分：10min 热身
	练习一：10min 1V1 正面防守
	练习二：15min 1V1 背面防守
	结束部分：5min 放松拉伸

准备部分：热身	
场地设置	**组织方法**

场地	40m×30m	1. 绕场地进行慢跑热身； 2. 教师将学生分成 5 人一组，共 8 组； 3. 教师带领学生做行进间热身操； 4. 行进间热身操包括：扩胸运动、振臂运动、体转运动、正面踢腿、侧面踢腿、小步跑、高抬腿等。
时间	10min	
器材	标志盘	
		指导要点
		1. 动作舒展、协调； 2. 注意力集中。

练习一：1V1 正面防守练习

场地设置		组织方法
场地	20m×20m	1. 10名学生一组，共4组；（图示以1组为例） 2. 防守方（蓝）传地滚球给进攻方（红）后，上前防守抢球； 3. 进攻方持球后运球突破，射进小球门得1分，防守方将球抢断后突破至进攻方的底线得1分，球被破坏出界，双方不得分； 4. 5min后攻防交换。 变化：防守方传高空球给进攻方的学生。
时间	10min：练习3min，间歇30s，共3组	
器材	足球、标志盘、小球门	
		**指导要点**
		1. 防守方学生接近进攻方学生时需要降速； 2. 在距离持球人1～1.5m处站住； 3. 身体放松，膝关节弯曲，上体前倾，重心降低； 4. 防守的学生要有耐心，不盲目伸脚抢球，看准时机抢球。

练习二：1V1 背面防守练习

场地设置		组织方法
场地	20m×10m	1. 10名学生一组，共4组。每组分为进攻方和防守方，分别站至球门两侧；（图示以1组为例） 2. 每次练习进攻方与防守方各有1名学生进入场地内进行练习；防守方（红）从进攻方（蓝）裆下传球，进攻方需转身持球向球门进攻，防守方传球后紧随进攻方，上前进行逼迫防守； 3. 进攻方突破射门得1分，防守方抢断后将球运过底线得1分，球出界结束练习且双方不得分；一轮后攻防交换。 变化：防守方手抛过顶球给进攻方。
时间	15min：练习3min，间歇1min，共4组	
器材	足球、标志盘、小球门	
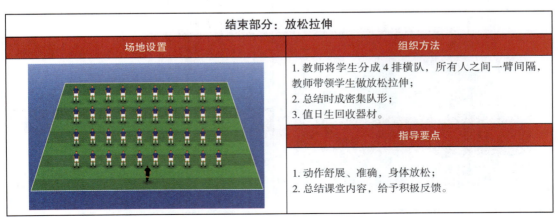		**指导要点**
		1. 全速靠近进攻方，尽量延缓进攻方第一时间转身； 2. 侧身站位，保持一臂距离； 3. 紧跟持球方。

结束部分：放松拉伸

场地设置	组织方法
	1. 教师将学生分成4排横队，所有人之间一臂间隔，教师带领学生做放松拉伸； 2. 总结时成密集队形； 3. 值日生回收器材。
	指导要点
	1. 动作舒展、准确，身体放松； 2. 总结课堂内容，给予积极反馈。

第二十九课　身体素质练习

体能目标：通过练习，提高学生基本反应能力。
情感目标：通过练习，提高学生的沟通能力。

场区设置（教师可依教学实际情况进行调整）	课程结构（40min）
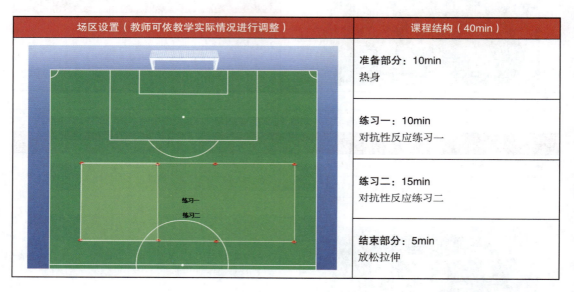	**准备部分：**10min 热身
	练习一：10min 对抗性反应练习一
	练习二：15min 对抗性反应练习二
	结束部分：5min 放松拉伸

准备部分：热身	
场地设置	**组织方法**

场地	40m×30m
时间	10min
器材	标志盘

组织方法：
1. 绕场地进行慢跑热身；
2. 教师将学生分成 5 人一组，共 8 组；
3. 教师带领学生做行进间热身操；
4. 行进间热身操包括：扩胸运动、振臂运动、体转运动、正面踢腿、侧面踢腿、小步跑、高抬腿等。

指导要点
1. 动作舒展、协调；
2. 注意力集中。

练习一：对抗性反应练习一

场地设置		组织方法
场地	15m×15m	1. 10人一组，共4组，每组分红、蓝两队；（图示以1组为例）
时间	10min：练习3min，间歇30s，共3组	2. 标志桶间隔距离6~8m，中间放置3~5个标志盘隔开，2名学生相向站立；
器材	足球、标志盘、标志服、标志桶	3. 训练开始，蓝方学生跟着红方学生脚步移动，模仿对手的动作，教师发出口令"红方"，则红方学生任意选择左右方向跑，蓝方学生追逐。

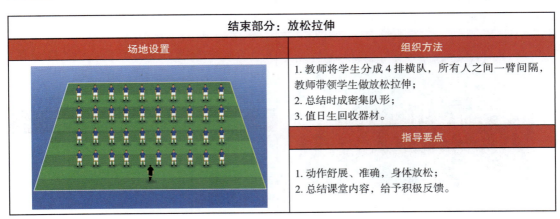

	指导要点
	1. 抬头观察； 2. 迅速反应； 3. 迅速决策； 4. 迅速行动。

练习二：对抗性反应练习二

场地设置		组织方法
场地	15m×15m	1. 10人一组，共4组，每组分红、蓝两队；（图示以1组为例）
时间	15min：练习3min，间歇1min，共4组	2. 标志桶间隔距离6~8m，中间放置3~5个标志盘隔开，2名学生相向站立；
器材	足球、标志盘、标志服、标志桶	3. 红方进攻学生试图突破蓝方学生防守。 变化：红方学生持球进攻，增加难度。

	指导要点
	1. 抬头观察； 2. 迅速反应； 3. 迅速决策； 4. 迅速行动； 5. 控制住球。

结束部分：放松拉伸

场地设置	组织方法
	1. 教师将学生分成4排横队，所有人之间一臂间隔，教师带领学生做放松拉伸； 2. 总结时成密集队形； 3. 值日生回收器材。
	指导要点
	1. 动作舒展、准确，身体放松； 2. 总结课堂内容，给予积极反馈。

第三十课　小场地5V5比赛

技能目标：通过本节课的练习，提高学生在比赛中运用技术的能力。
体能目标：通过比赛，提高学生的速度，发展学生的协调性。
情感目标：通过比赛，培养学生的团队合作精神和竞争意识。

场区设置（教师可依教学实际情况进行调整）	课程结构（40min）
	准备部分：10min 热身
	练习：25min 小场地5V5比赛
	结束部分：5min 放松拉伸

准备部分：热身	
场地设置	**组织方法**
场地	40m×30m	1.绕场地进行慢跑热身；
时间	10min	2.教师将学生分成5人一组，共8组；
器材	标志盘	3.教师带领学生做行进间热身操；
		4.行进间热身操包括：扩胸运动、振臂运动、体转运动、正面踢腿、侧面踢腿、小步跑、高抬腿等。

场地设置	**指导要点**
	1.动作舒展、协调；
	2.注意力集中。

练习：小场地 5V5 比赛

场地设置		组织方法
场地	25m × 15m	1. 教师将学生分为5人一组，共8组；（图示以2组为例） 2. 8组学生分别在编号为1、2、3、4的四块场地进行比赛，比赛分为两节，每节10min； 3. 第一节比赛结束后，1号场地和2号场地的队伍随机交换比赛对手，3号场地和4号场地的队伍随机交换比赛对手，继续进行第二节比赛。
时间	25min：练习10min，间歇5min，共2组	
器材	足球、球门	
		**指导要点**
		1. 比赛中积极运用所学技术； 2. 比赛中互相协作及交流； 3. 比赛中互相鼓励，积极参与。

结束部分：放松拉伸

场地设置	组织方法
	1. 教师将学生分成4排横队，所有人之间一臂间隔，教师带领学生做放松拉伸； 2. 总结时成密集队形； 3. 值日生回收器材。
	指导要点
	1. 动作舒展、准确，身体放松； 2. 总结课堂内容，给予积极反馈。

第三十一课　足球竞赛规则与兴趣培养

课程结构（40min）			
开始部分（8min）	内容一（17min）	内容二（10min）	结束部分（5min）
介绍本节课内容	点球规则与换人规则	足球动画短片	总结

开始部分：介绍本节课内容			
组织方法			**指导要点**
时间	8min	地点	多媒体教室
1.教师提问； 2.视频导入； 3.介绍本节课内容。			1.讲解越位的条件与规则； 2.比赛中的特殊情况，中止与继续。

内容一：点球规则与换人规则			
组织方法			**指导要点**
时间	17min	地点	多媒体教室
1.教师讲解点球和换人的规则； 2.学生思考后，教师提问。 变化：可增加知识竞答。			1.比赛中罚点球的规则； 2.点球决胜时的规则； 3.除罚点球球员之外，其他球员应遵守的规则； 4.比赛中换人的规则。

内容二：足球动画短片			
组织方法			**指导要点**
时间	10min	地点	多媒体教室
1.观看视频中，暂停讲解； 2.延伸课题内容，提出问题。例如，球场内有学生受伤倒地，是否主动踢出界外。			1.推荐视频《熊猫说球》； 2.问题：通过视频你们学到了什么？

结束部分：总结			
组织方法			**指导要点**
时间	5min	地点	多媒体教室
1.提问； 2.总结。			1.问题：我们这节课学习了什么？ 2.总结：进一步了解越位、比赛开始与恢复、比赛进行与停止。

第三十二课 足球技能考试

技能目标：通过考试，考查学生的运球技术。
体能目标：通过考试，测试学生的速度、灵敏性、协调性等。
情感目标：通过考试，考查学生的专注度。

场区设置（教师可依教学实际情况进行调整）	课程结构（40min）
	**准备部分：**5min 热身
	考试一：15min 往返运球
	考试二：15min 冲刺跑
	结束部分：5min 放松拉伸

准备部分：热身	
场地设置	**组织方法**
场地　40m×30m 时间　10min 器材　标志盘	1.绕场地进行慢跑热身； 2.教师将学生分成5人一组，共8组； 3.教师带领学生做行进间热身操； 4.行进间热身操包括：扩胸运动、振臂运动、体转运动、正面踢腿、侧面踢腿、小步跑、高抬腿等。
	指导要点
	1.动作舒展、协调； 2.注意力集中。

考试一：往返运球

场地设置		组织方法

场地	10m×5m
时间	15min
器材	足球、标志盘、标志桶

1. 考试场地与组织形式：考试区域为 10m×5m，教师将学生分为 20 人一组，共 2 组，学生站在起点线后。

2. 考试方法：听教师指令后，每组排头学生从起点线开始快速运球，绕过距离起点线 10m 处的标志桶后运球返回，以脚踩球于起点线上结束，然后回到队尾。

注意：必须在规定区域内运球，否则成绩无效。

指导要点

根据运球时间，参照评分标准打分，测试 2 次，记录最佳成绩。

考试二：冲刺跑

场地设置		组织方法

场地	20m×5m
时间	15min
器材	足球、标志盘

1. 考试场地与组织形式：考试区域为 20m×5m，教师将学生分成 20 人一组，共 2 组，学生站在起点线后。

2. 考试方法：学生采用站立式起跑，听教师口令后，每组排头学生加速跑冲过终点线，从规定区域两侧回到队尾。

指导要点

教师计时，每名学生测试 2 次，记录最佳成绩。

结束部分：放松拉伸

场地设置	组织方法

1. 教师将学生分成 4 排横队，所有人之间一臂间隔，教师带领学生做放松拉伸；
2. 总结时成密集队形；
3. 值日生回收器材。

指导要点

1. 动作舒展、准确，身体放松；
2. 总结课堂内容，给予积极反馈。

评分标准

考试内容	单位	单项得分									
		100	90	80	70	60	50	40	30	20	10
往返运球	（秒）	≤7.2	7.3~8.0	8.1~9.2	9.3~10.0	10.1~11.1	11.2~11.9	12~12.7	12.8~13.3	13.4~14.3	≥14.4
冲刺跑	（秒）	≤4.0	4.1~4.2	4.3~4.4	4.5~4.6	4.7~4.8	4.9~5.0	5.1~5.2	5.3~5.4	5.5~5.6	≥5.7

注：教师可根据学生掌握技术的实际情况对考试标准进行适度调整。

综合评分：往返运球得分 ×0.5+ 冲刺跑得分 ×0.5。

五、小学五年级足球课

五年级足球教学计划

五年级足球教学计划见表 3-9。

表 3-9　五年级足球教学计划（以 32 课时为例）

学习目标	学习内容		课时	教学要点
	类别	内容		
1. 使学生主动参与足球学习 2. 使学生逐步提高足球组合技术能力以及与同伴的协作能力 3. 强化学生的足球规则意识；使学生学会调节情绪的方法	游戏与球感	足球游戏、踩拉球、敲球、推拉球、拨球、扣球、颠球	6	1. 注重学生左右脚的协调发展 2. 注重学生进攻与防守的意识培养 3. 合理运用技术与技能
	技术	射门	14	
		踢、接球		
		运球、1V1、2V1		
	身体素质	柔韧性、灵敏性、协调性、反应能力	4	
	比赛	小场地比赛	4	
	知识与考试	运动饮食营养与卫生；考试	4	

五年级足球教学课次内容示例

五年级足球教学课次内容示例见表3-10。

表3-10 五年级足球教学课次内容示例（以32课时为例）

五年级上学期		五年级下学期	
课次	主要内容	课次	主要内容（进阶）
第一课	学习"U"形拉拨球	第十七课	学习扣、拨球技术
第二课	学习"O"形拉拨球	第十八课	复习拉推球技术
第三课	学习8部位颠球技术	第十九课	复习8部位颠球技术
第四课	小场地5V5比赛	第二十课	小场地5V5比赛
第五课	学习脚内侧踢、接空中球技术	第二十一课	学习脚背内侧长传球技术
第六课	学习脚背正面踢、接空中球技术	第二十二课	学习射门组合技术
第七课	学习脚内、外侧接控反弹球技术	第二十三课	学习大腿接控球、头顶球技术
第八课	身体素质练习	第二十四课	身体素质练习
第九课	提高1V1进攻技术	第二十五课	提高1V1防守能力
第十课	提高1V1防守技术	第二十六课	提高1V1进攻能力
第十一课	学习传接球射门技术	第二十七课	提高2V1战术配合能力
第十二课	学习2V1战术配合	第二十八课	巩固2V1战术配合能力
第十三课	身体素质练习	第二十九课	身体素质练习
第十四课	小场地5V5比赛	第三十课	小场地5V5比赛
第十五课	足球个人技战术知识	第三十一课	足球小组技战术知识
第十六课	足球技能考试	第三十二课	足球技能考试

五年级上学期
足球教学课次内容示例

第一课　学习"U"形拉拨球

技能目标： 通过本节课的练习，提高学生的控球能力。
体能目标： 通过练习，发展学生的灵敏性、协调性、平衡性。
情感目标： 通过练习，提高学生的专注度和自信心，加强学生间的交流。

场区设置（教师可依教学实际情况进行调整）	课程结构（40min）
	**准备部分：10min** 热身
	练习一：12min "U"形拉拨球
	练习二：13min 钻石争夺
	结束部分：5min 放松拉伸

准备部分：热身	
场地设置	**组织方法**

场地	40m×30m	1.绕场地进行慢跑热身； 2.教师将学生分成5人一组，共8组； 3.教师带领学生做行进间热身操； 4.行进间热身操包括：扩胸运动、振臂运动、体转运动、正面踢腿、侧面踢腿、小步跑、高抬腿等。
时间	10min	
器材	标志盘	

	指导要点
	1.动作舒展、协调； 2.注意力集中。

练习一："U"形拉拨球

场地设置		组织方法
场地	10m × 10m	1.教师将学生分成5人一组，共8组，每名学生1个球；（图示以1组为例） 2.各组学生持球站在指定区域内进行练习； 3.教师发出指令，各组学生在场内自由进行"U"形拉拨球（球的运行轨迹呈"U"形）。 变化：（1）改变场地大小； 　　　（2）循序渐进加快动作速度； 　　　（3）增加标志盘进行干预练习。
时间	12min：练习2min，间歇30s，共5组	
器材	足球、标志盘	
		**指导要点**
		1.上肢放松，身体保持平衡； 2.注意触球部位要准确，动作连接要迅速； 3.支撑脚垫步； 4.注意推球力度。

练习二：钻石争夺

场地设置		组织方法
场地	20m × 20m	1.教师将学生分成5人一组，共8组，每4组在一块场地内比赛；（图示以4组为例） 2.指定区域内四角视为各组的"山洞"，场地中间摆好"钻石"（足球）； 3.各组出发一名学生到场地中间取"钻石"，并运球回"山洞"； 4.当每名学生运送过一次"钻石"后，每组可以5名学生一同出发；教师吹哨后，视为练习结束，"山洞"里球多的组即为获胜。
时间	13min：练习4min，间歇30s，共3组	
器材	足球、标志盘	
		指导要点
		1.运球时重心降低； 2.注意触球力量，快频率，多触球； 3.将球始终控制在自己的脚下； 4.抬头观察。

结束部分：放松拉伸

场地设置	组织方法
	1.教师将学生分成4排横队，所有人之间一臂间隔，教师带领学生做放松拉伸； 2.总结时成密集队形； 3.值日生回收器材。
	指导要点
	1.动作舒展、准确，身体放松； 2.总结课堂内容，给予积极反馈。

第二课　学习"O"形拉拨球

技能目标：通过本节课的练习，提高学生的控球能力，发展和培养学生的球感。
体能目标：通过练习，发展学生的灵敏性、协调性、平衡性。
情感目标：通过练习，提高学生的专注度和自信心，加强同学间的交流。

场区设置（教师可依教学实际情况进行调整）	课程结构（40min）
	准备部分：10min 热身
	练习一：12min "O"形拉拨球
	练习二：13min 抓尾巴游戏
	结束部分：5min 放松拉伸

准备部分：热身	
场地设置	组织方法

场地设置		组织方法
场地	40m×30m	1.绕场地进行慢跑热身； 2.教师将学生分成5人一组，共8组； 3.教师带领学生做行进间热身操； 4.行进间热身操包括：扩胸运动、振臂运动、体转运动、正面踢腿、侧面踢腿、小步跑、高抬腿等。
时间	10min	
器材	标志盘	

指导要点

1.动作舒展、协调；
2.注意力集中。

练习一："O"形拉拨球

场地设置		组织方法
场地	10m×10m	1. 教师将学生分成5人一组，共8组；（图示以2组为例） 2. 各组学生持球站在指定场地内进行练习。 3. 教师发出指令后，各组学生在场内自由进行"O"形拉拨球（球的运行轨迹呈"O"形）练习。 变化：（1）循序渐进加快动作速度； （2）增加标志盘进行干预练习。
时间	12min：练习2min，间歇30s，共5组	
器材	足球、标志盘	
		指导要点
		1. 上肢放松，身体保持平衡； 2. 注意触球部位要准确，动作连接要迅速； 3. 支撑脚垫步； 4. 注意推球力度。

练习二：抓尾巴游戏

场地设置		组织方法
场地	20m×20m	1. 教师将学生分成10人一组，共4组；（图示以1组为例） 2. 在指定区域内，每名学生一件标志服放于身后充当尾巴，学生需在跑动中保护自己的"尾巴"并试图抓到别人的"尾巴"，练习结束时手中"尾巴"最多者即为获胜。 变化：（1）加入足球，在运球中进行游戏； （2）改变场地大小。
时间	13min：练习4min，间歇30s，共3组	
器材	足球、标志盘、标志服	
		指导要点
		1. 保持移动，行动敏捷，反应迅速； 2. 注意通过转身保护"尾巴"； 3. 抬头观察。

结束部分：放松拉伸

场地设置	组织方法
	1. 教师将学生分成4排横队，所有人之间一臂间隔，教师带领学生做放松拉伸； 2. 总结时成密集队形； 3. 值日生回收器材。
	指导要点
	1. 动作舒展、准确，身体放松； 2. 总结课堂内容，给予积极反馈。

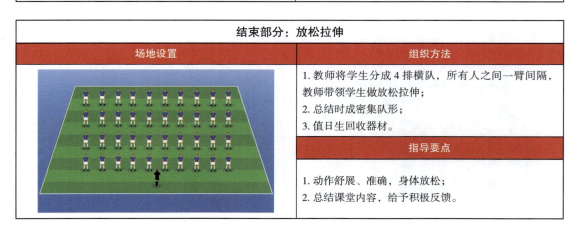

第三课　学习 8 部位颠球技术

技能目标：通过本节课的学习，提高学生的颠球技术，培养学生的球感。
体能目标：通过练习，发展学生的灵敏性、协调性。
情感目标：通过练习，得高学生的专注度和耐心，培养学生的竞争意识。

场区设置（教师可依教学实际情况进行调整）	课程结构（40min）
	准备部分：10min 热身
	练习一：10min 综合球感
	练习二：15min 8 部位颠球
	结束部分：5min 放松拉伸

准备部分：热身	
场地设置	**组织方法**

场地	40m×30m
时间	10min
器材	标志盘

1.绕场地进行慢跑热身；
2.教师将学生分成 5 人一组，共 8 组；
3.教师带领学生做行进间热身操；
4.行进间热身操包括：扩胸运动、振臂运动、体转运动、正面踢腿、侧面踢腿、小步跑、高抬腿等。

指导要点

1.动作舒展、协调；
2.注意力集中。

练习一：综合球感

场地设置		组织方法
场地	15m×15m	1.教师将学生分成10人一组，共4组，每名学生1个球；（图示以1组为例） 2.在教师口令下学生围绕标志盘做左右脚踩拉球、敲球、推拉球、拨球、扣球等球感练习。 变化：由教师规定动作变为自由做动作。
时间	10min：练习3min，间歇30s，共3组	
器材	足球、标志盘	
		**指导要点**
		1.做动作时注意上肢与下肢的协调配合； 2.动作熟练后眼睛观察球前方； 3.动作准确、频率加快，控制重心。

练习二：8部位颠球

场地设置		组织方法
场地	15m×15m	1.教师将学生分成10人一组，共4组，每名学生1个球；（图示以1组为例） 2.所有学生在规定区域内原地练习8个部位（左右脚背、左右脚内侧、左右脚外侧、左右大腿）依次颠球。 变化：开始可重复部位颠球，熟练后不可重复。
时间	15min：练习3min，间歇1min，共4组	
器材	足球、标志盘	
		指导要点
		1.膝关节微屈，上体稍前倾，重心向前； 2.注意控制身体重心与节奏； 3.各部位击球点准确。

结束部分：放松拉伸

场地设置	组织方法
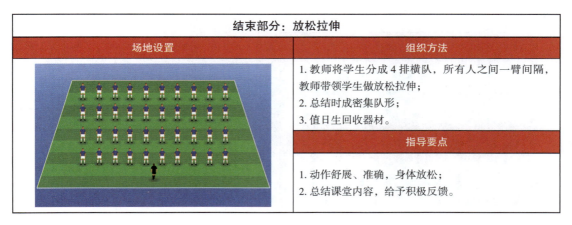	1.教师将学生分成4排横队，所有人之间一臂间隔，教师带领学生做放松拉伸； 2.总结时成密集队形； 3.值日生回收器材。
	指导要点
	1.动作舒展、准确，身体放松； 2.总结课堂内容，给予积极反馈。

第四课　小场地 5V5 比赛

技能目标：通过本节课的练习，提高学生在比赛中运用技术的能力。
体能目标：通过比赛，提高学生的速度，发展学生的协调性。
情感目标：通过比赛，培养学生的团队合作精神和竞争意识。

场区设置（教师可依教学实际情况进行调整）	课程结构（40min）
	**准备部分：10min** 热身
	练习：25min 小场地 5V5 比赛
	结束部分：5min 放松拉伸

准备部分：热身	
场地设置	**组织方法**

场地	40m × 20m
时间	10min
器材	无

组织方法

1. 绕场地进行慢跑热身；
2. 教师将学生分成 4 排横队，所有人之间一臂间隔，教师带领学生做徒手操；
3. 徒手操包括：头部运动、肩部运动、扩胸运动、体转运动、腹背运动、弓步压腿、膝关节运动、手腕 及踝关节运动。

指导要点

1. 动作舒展、协调；
2. 注意力集中。

练习：小场地 5V5 比赛	
场地设置	**组织方法**
场地	25m×15m

场地设置	组织方法
场地 25m×15m **时间** 25min：练习 10min，间歇 5min，共 2 组 **器材** 足球、球门 	1.教师将学生分为 5 人一组，共 8 组；（图示以 2 组为例） 2.8 组学生分别在编号为 1、2、3、4 的四块场地进行比赛，比赛分为两节，每节 10min； 3.第一节比赛结束后，1 号场地和 2 号场地的队伍随机交换比赛对手，3 号场地和 4 号场地的队伍随机交换比赛对手，继续进行第二节比赛。
	指导要点
	1.比赛中积极运用所学技术； 2.比赛中互相协作及交流； 3.比赛中互相鼓励，积极参与。

结束部分：放松拉伸	
场地设置	组织方法
	1.教师将学生分成 4 排横队，所有人之间一臂间隔，教师带领学生做放松拉伸； 2.总结时成密集队形； 3.值日生回收器材。
	指导要点
	1.动作舒展、准确，身体放松； 2.总结课堂内容，给予积极反馈。

第五课 学习脚内侧踢、接空中球技术

技能目标： 通过本节课的学习，学生掌握脚内侧踢、接空中球的技术。
体能目标： 通过练习，发展学生的协调性和平衡性。
情感目标： 通过练习，培养学生的团队合作精神和竞争意识。

场区设置（教师可依教学实际情况进行调整）	课程结构（40min）
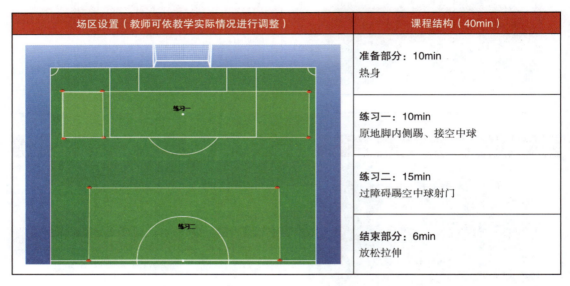	**准备部分：** 10min 热身
	练习一： 10min 原地脚内侧踢、接空中球
	练习二： 15min 过障碍踢空中球射门
	结束部分： 6min 放松拉伸

准备部分：热身	
场地设置	**组织方法**
场地 40m×30m **时间** 10min **器材** 标志盘	1. 绕场地进行慢跑热身； 2. 教师将学生分成5人一组，共8组； 3. 教师带领学生做行进间热身操； 4. 行进间热身操包括：扩胸运动、振臂运动、体转运动、正面踢腿、侧面踢腿、小步跑、高抬腿等。
	指导要点
	1. 动作舒展、协调； 2. 注意力集中。

练习一：原地脚内侧踢、接空中球

场地设置		组织方法
场地	8m×4m	1. 教师将学生分成2人一组，共20组；（图示以3组为例） 2. 每组学生相距5~8m进行传接球练习； 3. 一名学生用手抛高、低、平球，另一名学生用脚内侧将球踢回； 4. 10次传球后2名学生交换； 5. 依次循环练习。 变化：（1）改变接球脚（左脚、右脚）； 　　　（2）一组练习后换为脚内侧接球。
时间	10min：练习3min，间歇30s，共3组	
器材	足球、标志盘	

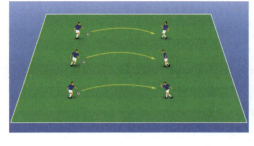

指导要点
1. 根据来球速度和运行轨迹及时移动到位； 2. 接球时，脚与球接触的瞬间开始后撤； 3. 将球控制在衔接下一个动作的位置上。

练习二：过障碍踢空中球射门

场地设置		组织方法
场地	40m×20m	1. 教师将学生分成10人一组，共4组； 2. 每组各派一名学生在距球门5m处准备抛球； 3. 每组排头学生通过障碍后至标志盘区域接学生手抛空中来球进行射门，完成后捡球并站到抛球区域，初始抛球学生则跑回本队队尾，以进球多的小组为胜； 4. 依次循环练习。 变化：规定定先用脚背内侧接停空中球，再推射得分。
时间	15min：练习3min，间歇1min，共4组	
器材	足球、标志盘、绳梯、灵敏环	

指导要点
1. 快速通过障碍物，及时到达踢、接球区域； 2. 接球前注意观察、判断来球方向和速度； 3. 抛球学生抛球后注意从外侧跑回队尾。

结束部分：放松拉伸

场地设置	组织方法
	1. 教师将学生分成4排横队，所有人之间一臂间隔，教师带领学生做放松拉伸； 2. 总结时成密集队形； 3. 值日生回收器材。

指导要点
1. 动作舒展、准确，身体放松； 2. 总结课堂内容，给予积极反馈。

第六课　学习脚背正面踢、接空中球技术

技能目标：通过本节课的学习，学生掌握脚背正面踢、接空中球技术。
体能目标：通过练习，发展学生的协调性和灵敏性。
情感目标：通过练习，培养学生的团队合作精神和竞争意识。

场区设置（教师可依教学实际情况进行调整）	课程结构（40min）
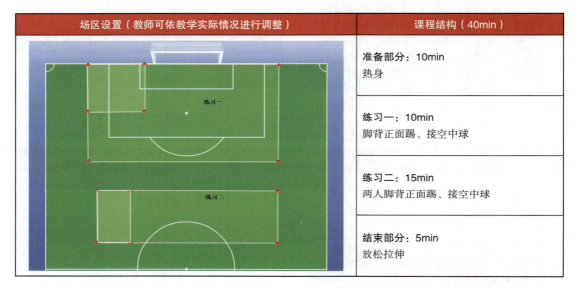 练习一 练习二	**准备部分：10min** 热身
	练习一：10min 脚背正面踢、接空中球
	练习二：15min 两人脚背正面踢、接空中球
	结束部分：5min 放松拉伸

准备部分：热身	
场地设置	**组织方法**
场地　40m×30m 时间　10min 器材　标志盘	1.绕场地进行慢跑热身； 2.教师将学生分成5人一组，共8组； 3.教师带领学生做行进间热身操； 4.行进间热身操包括：扩胸运动、振臂运动、体转运动、正面踢腿、侧面踢腿、小步跑、高抬腿等。
	指导要点
	1.动作舒展、协调； 2.注意力集中。

练习一：脚背正面踢、接空中球

场地设置		组织方法
场地	20m × 20m	1. 教师将学生分成 10 人一组，共 4 组，每名学生 1 球在规定标志盘区域进行原地颠球练习；（图示以 1 组为例）
时间	10min：练习 3min，间歇 30s，共 3 组	2. 教师以哨声为指令，学生用脚背正面用力击球中下部； 3. 球下落时，用脚背将球接到脚下； 4. 依次循环练习。
器材	足球、标志盘	变化：（1）改变接球脚（左脚、右脚）； 　　　　（2）控制球弹起的高度。

指导要点

1. 两脚开立，重心下沉，保持身体紧张感；
2. 观察来球方向，适当移动脚步；
3. 在球接触脚背的瞬间踝关节放松，将球接到脚下。

练习二：两人脚背正面踢、接空中球

场地设置		组织方法
场地	8m × 4m	1. 教师将学生分为 2 人一组，共 20 组；（图示以 2 组为例）
时间	15min：练习 3min，间歇 1 min，共 4 组	2. 每组 2 名学生相向而站，相距 6m 进行传接球练习； 3. 一名学生手抛高空球，另一名学生用脚背正面将球接到脚下；2 组练习后，一名学生手抛球，另一名学生用脚背将球踢回；2 组练习后，轮换。
器材	足球、标志盘	4. 依次循环练习。 变化：改变踢、接球脚（左脚、右脚）。

指导要点

1. 注意抛球的力度和准确度；
2. 根据球的落点，及时移动到位；
3. 脚尖微翘将球接到需要的地方，便于下一个技术动作的衔接。

结束部分：放松拉伸

场地设置	组织方法
	1. 教师将学生分成 4 排横队，所有人之间一臂间隔，教师带领学生做放松拉伸； 2. 总结时成密集队形； 3. 值日生回收器材。

指导要点

1. 动作舒展、准确，身体放松；
2. 总结课堂内容，给予积极反馈。

第七课　学习脚内、外侧接控反弹球技术

技能目标：通过本节课的学习，学生掌握脚内、外侧接控反弹球技术。
体能目标：通过练习，发展学生的协调性和灵敏性。
情感目标：通过练习，树立学生的自信心、培养时空判断能力。

场区设置（教师可依教学实际情况进行调整）	课程结构（40min）
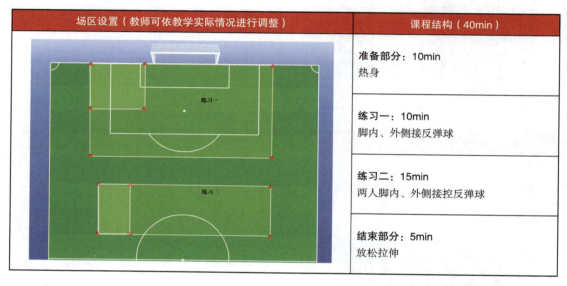	**准备部分：**10min 热身
	练习一：10min 脚内、外侧接反弹球
	练习二：15min 两人脚内、外侧接控反弹球
	结束部分：5min 放松拉伸

准备部分：热身	
场地设置	**组织方法**

场地设置		组织方法
场地	40m×30m	1.绕场地进行慢跑热身；
时间	10min	2.教师将学生分成5人一组，共8组；
器材	标志盘	3.教师带领学生做行进间热身操；
		4.行进间热身操包括：扩胸运动、振臂运动、体转运动、正面踢腿、侧面踢腿、小步跑、高抬腿等。

指导要点

1.动作舒展、协调；
2.注意力集中。

练习一：脚内、外侧接反弹球

场地设置		组织方法
场地	20m×20m	1.教师将学生分成10人一组，共4组，学生每人1个球在规定区域进行原地自抛自接反弹球；（图示以1组为例）
时间	10min：练习3min，间歇30s，共3组	2.第一组练习运用脚内侧接反弹球练习； 3.第二组练习运用脚外侧接反弹球练习； 4.依次循环练习。 变化：改变接球脚（左脚、右脚）。
器材	足球、标志盘	

指导要点

1. 根据球的落点及时移动到位；
2. 支撑脚与球的落点的相对位置在球的侧前方，支撑腿膝关节微屈，身体向球运行的方向偏移；
3. 当球落地反弹刚离地面时，大腿向球运行的方向摆动，用脚内侧部位轻推球的中上部。

练习二：两人脚内、外侧接控反弹球

场地设置		组织方法
场地	8m×4m	1.教师将学生分成2人一组，共20组；（图示以1组为例）
时间	15min：练习3min，间歇1min，共4组	2.2名学生相距5～8m面对面进行传接球练习； 3.一名学生手抛高空球，另一名学生用脚内侧接反弹球后，向一侧带球到标志盘外侧，然后地滚球传回； 4.10次传球为一组，一组练习后两名学生交换； 5.依次循环练习。 变化：（1）改变踢、接球脚（左脚、右脚）； 　　　　（2）改为脚外侧接控反弹球。
器材	足球、标志盘	

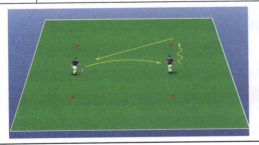

指导要点

1. 观察、判断来球方向和落点，及时移动到位；
2. 接球的位置方便下一个控球技术动作的衔接。

结束部分：放松拉伸

场地设置	组织方法
（图示）	1.教师将学生分成4排横队，所有人之间一臂间隔，教师带领学生做放松拉伸； 2.总结时成密集队形； 3.值日生回收器材。
	指导要点
	1.动作舒展、准确，身体放松； 2.总结课堂内容，给予积极反馈。

第八课　身体素质练习

体能目标：通过练习，发展学生的平衡性和速度素质。
情感目标：通过练习，提高学生的专注度和自信心，促进相互协作。

场区设置（教师可依教学实际情况进行调整）	课程结构（40min）
	**准备部分**：10min 热身
	练习一：10min 平衡性练习
	练习二：15min 速度练习
	结束部分：5min 放松拉伸

准备部分：热身	

场地设置		组织方法
场地	40m×30m	1.绕场地进行慢跑热身； 2.教师将学生分成5人一组，共8组； 3.教师带领学生做行进间热身操； 4.行进间热身操包括：扩胸运动、振臂运动、体转运动、正面踢腿、侧面踢腿、小步跑、高抬腿等。
时间	10min	
器材	标志盘	
		指导要点
		1.动作舒展、协调； 2.注意力集中。

练习一：平衡性练习

场地设置		组织方法
场地	35m×15m	1.教师将学生分成5人一组，共8组；（图示以1组为例） 2.学生从标志盘出发进行跨跳，在灵敏环内单腿支撑，在标志盘区域原地旋转5圈，最后绕过一个标志盘跑至队尾排队。
时间	10min：练习3min，间歇30s，共3组	
器材	标志盘、灵敏环	

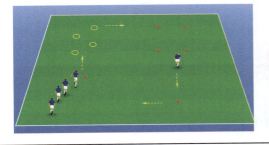

指导要点

1.在灵敏环内单腿支撑时间保持2s；
2.转圈速度快；
3.最快速度绕过最后一个标志盘。

练习二：速度练习

场地设置		组织方法
场地	20m×10m	1.教师将学生分为10人一组，共4组；（图示以1组为例） 2.首先学生小步跑通过敏捷梯； 3.然后连续跳过栏架； 4.最后全速跑过标志盘，慢跑至队尾排队。 变化：（1）高抬腿通过敏捷梯； 　　　　（2）后踢腿通过敏捷梯； 　　　　（3）里里外外通过敏捷梯。
时间	15min：练习3min，间歇1min，共4组	
器材	标志盘、敏捷梯、栏架	

指导要点

1.步频要快；
2.跳杆落地间隙短；
3.全速冲刺。

结束部分：放松拉伸

场地设置	组织方法
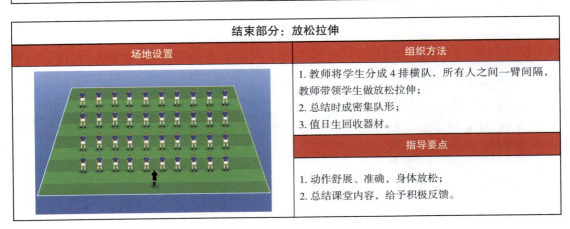	1.教师将学生分成4排横队，所有人之间一臂间隔，教师带领学生做放松拉伸； 2.总结时成密集队形； 3.值日生回收器材。
	指导要点
	1.动作舒展、准确，身体放松； 2.总结课堂内容，给予积极反馈。

第九课　提高 1V1 进攻技术

技能目标：通过本节课的学习，学生掌握左右脚运球绕杆射门、1V1 进攻技术。

体能目标：通过练习，发展学生的协调性和平衡性。

情感目标：通过练习，提高学生的专注度和自信心，促进相互协作。

场区设置（教师可依教学实际情况进行调整）	课程结构（40min）
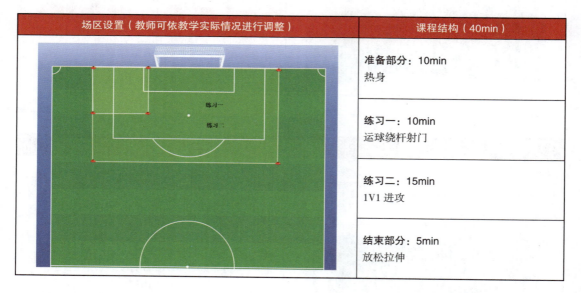	**准备部分：10min** 热身
	练习一：10min 运球绕杆射门
	练习二：15min 1V1 进攻
	结束部分：5min 放松拉伸

准备部分：热身	
场地设置	**组织方法**
场地　40m×30m 时间　10min 器材　标志盘	1. 绕场地进行慢跑热身； 2. 教师将学生分成 5 人一组，共 8 组； 3. 教师带领学生做行进间热身操； 4. 行进间热身操包括：扩胸运动、振臂运动、体转运动、正面踢腿、侧面踢腿、小步跑、高抬腿等。
	指导要点
	1. 动作舒展、协调； 2. 注意力集中。

练习一：运球绕杆射门

场地设置		组织方法
场地	20m×20m	1.教师将学生分成5人一组，共8组；（图示以2组为例） 2. 每名学生1个球，在指定区域内进行绕杆射门练习； 3. 前一名学生绕杆结束后，下一名学生再出发依次循环进行。 变化：根据学生掌握情况可增加限制，如脚内侧运球绕杆或脚背外侧运球绕杆。
时间	12min：练习2min，间歇30s，共5组	
器材	足球、标志杆（可用标志桶替代）、小球门、标志盘	

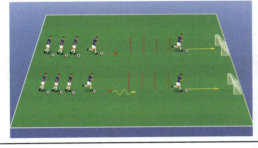

指导要点

1.减小运球步幅，通过多触球提高球速，避免触碰标志杆；

2.绕杆后快速衔接射门，注意射门前支撑脚需迈一大步，同时使球在自己的最大掌控范围内。

练习二：1V1进攻

场地设置		组织方法
场地	20m×20m	1.教师将学生分成8人一组，共5组；每名学生1个球，学生在2组标志盘后平均站位；（图示以2组为例） 2. 学生1V1射门后进行守门或防守，完成守门或防守的学生捡球后至队尾进行排队； 3. 由右向左依次1V1射门，并以此进行位置轮换。 变化：根据学生的掌握情况，增加1V1进攻空间。
时间	15min：练习3min，间歇1min，共4组	
器材	足球、标志盘	

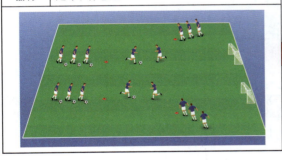

指导要点

1.减小运球步幅，通过多触球来提高球速，避免触碰标志杆；

2.绕杆后快速衔接射门，注意射门前支撑脚需迈一大步，同时使球在自己的最大掌控范围内。

结束部分：放松拉伸

场地设置	组织方法
	1.教师将学生分成4排横队，所有人之间一臂间隔，教师带领学生做放松拉伸； 2. 总结时成密集队形； 3. 值日生回收器材。
	指导要点
	1.动作舒展、准确，身体放松； 2. 总结课堂内容，给予积极反馈。

第十课　提高 1V1 防守技术

> **技能目标**：通过本节课的练习，巩固学生运球假动作技术能力，提高学生 1V1 防守技术。
> **体能目标**：通过练习，发展学生的协调性、灵敏性、柔韧性、平衡性。
> **情感目标**：通过练习，培养学生的专注力、自信心及意志品质。

场区设置（教师可依教学实际情况进行调整）	课程结构（40min）
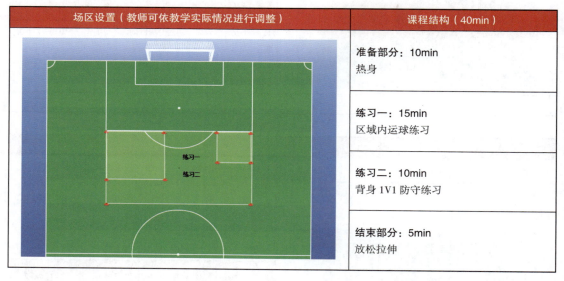	**准备部分**：10min 热身
	练习一：15min 区域内运球练习
	练习二：10min 背身 1V1 防守练习
	结束部分：5min 放松拉伸

准备部分：热身	
场地设置	**组织方法**
场地　40m×30m 时间　10min 器材　标志盘	1. 绕场地进行慢跑热身； 2. 教师将学生分成 5 人一组，共 8 组； 3. 教师带领学生做行进间热身操； 4. 行进间热身操包括：扩胸运动、振臂运动、体转运动、正面踢腿、侧面踢腿、小步跑、高抬腿等。
	指导要点
	1. 动作舒展、协调； 2. 注意力集中。

练习一：区域内运球练习

场地设置		组织方法
场地	25m×20m	1.教师将学生分成20人一组，共2组；（图示以1组为例）
时间	15min：练习3min，间歇1min，共4组	2.每组学生在25m×20m区域内运球；
器材	足球、标志盘	3.在区域内运用所学的假动作进行运球练习； 4.自由运球，若碰触到其他正在运球的学生，则原地做5个蹲起。 变化：（1）听教师指令，进行左右脚变换； 　　　（2）听教师指令，使用所学假动作。

指导要点

1.运球时注意抬头观察；
2.运球时注意触球力度大小，身体重心变化；
3.注意运球时的速度变化。

练习二：背身1V1防守练习

场地设置		组织方法
场地	10m×8m	1.教师将学生分成4人一组，共10组；（图示以1组为例）
时间	10min：练习3min，间歇30s，共3组	2.每组2名学生持球，一名学生左侧传一次球，另一名学生右侧传一次球；
器材	足球、标志盘	3.2名无球学生前后站至有球学生对面，一名学生接球，另一名学生绕到前方防守。 变化：（1）传球人可以传高空球，提高接球难度； 　　　（2）防守人变为争抢。

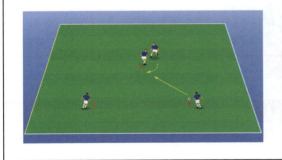

指导要点

1.观察传球人传球的时机；
2.判断绕前抢断时机；
3.当进攻人接球后，防守人距离进攻人一臂距离站住；
4.侧身站位，眼睛看球，重心降低。

结束部分：放松拉伸

场地设置	组织方法
	1.教师将学生分成4排横队，所有人之间一臂间隔，教师带领学生做放松拉伸； 2.总结时成密集队形； 3.值日生回收器材。

指导要点

1.动作舒展、准确，身体放松；
2.总结课堂内容，给予积极反馈。

第十一课　学习传接球射门技术

> **技能目标：**通过本节课的学习，学生掌握传接球射门技术。
> **体能目标：**通过练习，发展学生的协调性和平衡性。
> **情感目标：**通过练习，提高学生的专注度和自信心，促进相互协作。

场区设置（教师可依教学实际情况进行调整）	课程结构（40min）
	**准备部分：10min** 热身
	练习一：10min 传接球
	练习二：15min 传接球衔接射门
	结束部分：5min 放松拉伸

准备部分：热身	

场地设置		组织方法
场地	40m×30m	1.绕场地进行慢跑热身； 2.教师将学生分成5人一组，共8组； 3.教师带领学生做行进间热身操； 4.行进间热身操包括：扩胸运动、振臂运动、体转运动、正面踢腿、侧面踢腿、小步跑、高抬腿等。
时间	10min	
器材	标志盘	
		指导要点
		1.动作舒展、协调； 2.注意力集中。

练习一：传接球	
场地设置	**组织方法**
场地	10m × 10m × 10m	1.8 人一组，共 5 组。组内分成 3 小组，其中 2 个小组各 3 人，每组学生分别站在规定区域所摆放的 3 个标志盘后面；（图示以 1 组为例）
时间	10min：练习 3min，间歇 30s，共 3 组	2.学生传球后跑向接球学生所在队伍的队尾；
器材	足球、标志盘	3.逆时针传球。

练习一图示与组织方法续：

变化：（1）改变传球方向；
　　　（2）传球回做，给第三名学生。

指导要点

1.向来球的反方向摆脱接应，调整身体姿势以便既可以看见来球，也可以看见即将传球的同伴；
2.身体重心跟上，连接传球动作；
3.注意传球学生的支撑脚站位及使用部位，击球的中后部；
4.左右脚都要练习。

练习二：传接球衔接射门	
场地设置	**组织方法**
场地	20m × 15m	1.教师将学生分成 10 人一组，共 4 组，组内分成 3 小组，其中两个小组各 3 人，另一个小组 4 人；（图示以 1 组为例）
时间	15min：练习 3min，间歇 1min，共 4 组	2.学生分别站在指定区域内的标志杆后，持球的学生向任意一侧的学生传球并跑向接球队伍的队尾，一侧学生接球后转身射门，射门后的学生跑向传球队伍的队尾，循环进行练习。
器材	足球、标志杆	

变化：（1）加快传球速度；
　　　（2）限制射门时间。

指导要点

1.注意传球准确性和力度适中；
2.接球前调整好身体姿势；
3.接球转身动作衔接紧密。

结束部分：放松拉伸	
场地设置	**组织方法**
	1.教师将学生分成 4 排横队，所有人之间一臂间隔，教师带领学生做放松拉伸； 2.总结时成密集队形； 3.值日生回收器材。

指导要点

1.动作舒展、准确，身体放松；
2.总结课堂内容，给予积极反馈。

第十二课　学习 2V1 战术配合

技能目标：通过本节课的学习，使学生初步掌握 2V1 战术配合。
体能目标：通过练习，发展学生的协调性和平衡性。
情感目标：通过练习，培养学生的团队合作精神和竞争意识。

场区设置（教师可依教学实际情况进行调整）	课程结构（40min）
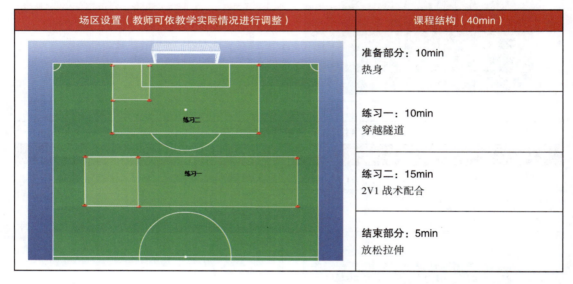	**准备部分：10min** 热身
	练习一：10min 穿越隧道
	练习二：15min 2V1 战术配合
	结束部分：5min 放松拉伸

准备部分：热身		
场地设置		**组织方法**
场地	40m×30m	1. 绕场地进行慢跑热身； 2. 教师将学生分成 5 人一组，共 8 组； 3. 教师带领学生做行进间热身操； 4. 行进间热身操包括：扩胸运动、振臂运动、体转运动、正面踢腿、侧面踢腿、小步跑、高抬腿等。
时间	10min	
器材	标志盘	
		指导要点
		1. 动作舒展、协调； 2. 注意力集中。

练习一：穿越隧道

场地设置		组织方法
场地	20m×20m	1.教师将学生分成10人一组，共4组，在指定区域内，将学生分为有球组和无球组；（图示以1组为例） 2.有球的学生自由运球，无球的学生根据教师的指令做出相应的动作，如倒退跑、小步跑、高抬腿、侧滑步等； 3.教师吹哨后，无球学生站在原地双脚打开，有球学生需在15s内将球穿过无球学生的裆。 变化：（1）两组交替进行； 　　　（2）穿裆变为人球分过。
时间	10min：练习3min，间歇30s，共3组	
器材	足球	

指导要点	
	1.注意观察，避免相撞； 2.掌握好触球力度。

练习二：2V1 战术配合

场地设置		组织方法
场地	20m×15m	1.教师将学生分成10人一组，共4组；（图示以1组为例） 2.持球学生将球传给一侧接球学生，并做2V1配合过掉标志杆，随后完成射门； 3.一组练习结束后，两侧学生交换位置，循环练习。
时间	15min：练习3min，间歇1min，共4组	
器材	足球、标志盘、标志杆	

指导要点	
	1.注意传球准确性，传球力度要适中； 2.注意传球时机和跑动的时机。

结束部分：放松拉伸

场地设置	组织方法
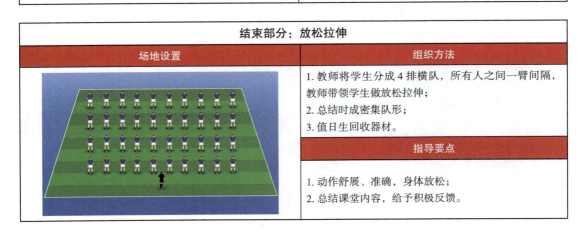	1.教师将学生分成4排横队，所有人之间一臂间隔，教师带领学生做放松拉伸； 2.总结时成密集队形； 3.值日生回收器材。
	指导要点
	1.动作舒展、准确，身体放松； 2.总结课堂内容，给予积极反馈。

第十三课　身体素质练习

体能目标：通过练习，发展学生的协调性和平衡性。
情感目标：通过练习，提高学生的专注度和自信心，促进相互协作。

场区设置（教师可依教学实际情况进行调整）	课程结构（40min）
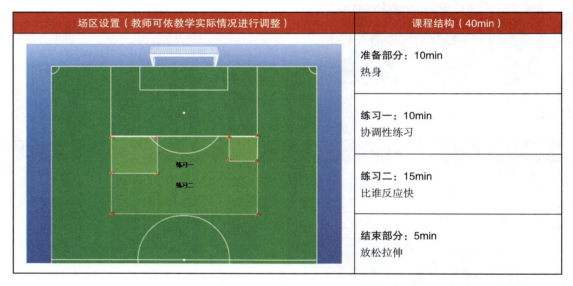	**准备部分：**10min 热身
	练习一：10min 协调性练习
	练习二：15min 比谁反应快
	结束部分：5min 放松拉伸

准备部分：热身	

场地设置		组织方法
场地	40m×30m	1.绕场地进行慢跑热身； 2.教师将学生分成5人一组，共8组； 3.教师带领学生做行进间热身操； 4.行进间热身操包括：扩胸运动、振臂运动、体转运动、正面踢腿、侧面踢腿、小步跑、高抬腿等。
时间	10min	
器材	标志盘	

		指导要点
		1.动作舒展、协调； 2.注意力集中。

练习一：协调性练习

场地设置		组织方法
场地	20m×20m	1.教师将学生分成10人一组，共4组；
时间	10min：练习3min，间歇30s，共3组	2.第一组学生冲刺到标志桶制动，然后横向交叉步，绕至最后一个标志桶后转身后退跑至标志盘； 3.第二组学生进行侧滑步绕标志杆最后跑至标志盘； 4.第三组学生进行跳栏，最后冲刺至标志盘； 5.第四组学生步行过敏捷梯，进行步法练习； 6.4组学生同时由右向左依次进行轮换。
器材	标志盘、标志桶、标志杆、栏架、敏捷梯	

	指导要点
	1.以最快速度完成每组所要求的动作； 2.避免触碰标志物； 3.每名学生之间衔接紧密。

练习二：比谁反应快

场地设置		组织方法
场地	10m×10m	1.教师将学生分成8人一组，共5组；（图示以1组为例） 2.每名学生1球，在指定区域内自由运球，教师手持红色、绿色两种颜色的标志盘； 3.学生运球时需关注教师的动作，当教师手举红色标志盘时，学生用右脚前脚掌踩住球，当教师手举绿色标志盘时，学生用左脚前脚掌踩住球。 变化：教师改变举盘的频率。
时间	15min：练习3min，间歇1min，共4组	
器材	足球、标志盘	

	指导要点
	1.抬头观察； 2.注意力集中； 3.遵守规则。

结束部分：放松拉伸

场地设置	组织方法
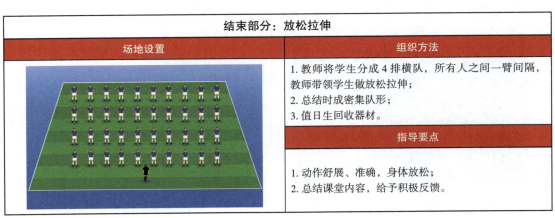	1.教师将学生分成4排横队，所有人之间一臂间隔，教师带领学生做放松拉伸； 2.总结时成密集队形； 3.值日生回收器材。

	指导要点
	1.动作舒展、准确，身体放松； 2.总结课堂内容，给予积极反馈。

第十四课　小场地 5V5 比赛

技能目标：通过本节课的练习，提高学生在比赛中运用技术的能力。
体能目标：通过比赛，提高学生的速度，发展学生的协调性。
情感目标：通过比赛，培养学生的团队合作精神和竞争意识。

场区设置（教师可依教学实际情况进行调整）	课程结构（40min）
	**准备部分：10min** 热身
	练习：25min 小场地 5V5 比赛
	结束部分：5min 放松拉伸

准备部分：热身	
场地设置	**组织方法**

场地	40m × 30m	
时间	10min	1. 绕场地进行慢跑热身；
器材	标志盘	2. 教师将学生分成 5 人一组，共 8 组； 3. 教师带领学生做行进间热身操； 4. 行进间热身操包括：扩胸运动、振臂运动、体转运动、正面踢腿、侧面踢腿、小步跑、高抬腿等。

	指导要点
	1. 动作舒展、协调； 2. 注意力集中。

练习：小场地 5V5 比赛	
场地设置	组织方法
<table><tr><td>场地</td><td>25m×15m</td></tr><tr><td>时间</td><td>25min：练习10min，间歇5min，共2组</td></tr><tr><td>器材</td><td>足球、球门</td></tr></table> 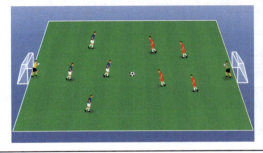	1.教师将学生分为5人一组，共8组；（图示以2组为例） 2.8组学生分别在编号为1、2、3、4的四块场地进行比赛，比赛分为两节，每节10min； 3.第一节比赛结束后，1号场地和2号场地的队伍随机交换比赛对手，3号场地和4号场地的队伍随机交换比赛对手，继续进行第二节比赛。
	指导要点
	1.比赛中积极运用所学技术； 2.比赛中互相协作及交流； 3.比赛中互相鼓励，积极参与。

结束部分：放松拉伸	
场地设置	组织方法
	1.教师将学生分成4排横队，所有人之间一臂间隔，教师带领学生做放松拉伸； 2.总结时成密集队形； 3.值日生回收器材。
	指导要点
	1.动作舒展、准确，身体放松； 2.总结课堂内容，给予积极反馈。

第十五课　足球个人技战术知识

课程结构（40min）			
开始部分（5min）	内容一（15min）	内容二（15min）	结束部分（5min）
介绍本节课内容	个人进攻技战术知识	个人防守技战术知识	总结

开始部分：介绍本节课内容			
组织方法			指导要点
时间	5min	地点	多媒体教室
1. 提问； 2. 讲解。			1. 引导学生进入主题； 2. 了解学生关于足球基础技战术的知识储备； 3. 介绍本节课内容。

注：指导要点列对应"1. 引导学生进入主题；2. 了解学生关于足球基础技战术的知识储备；3. 介绍本节课内容。"

内容一：个人进攻技战术知识			
组织方法			指导要点
时间	15min	地点	多媒体教室
1. 提问、讨论； 2. 观看视频学习。 变化：知识竞答。			1. 通过教学，使学生了解和掌握基础的个人进攻技战术知识； 2. 个人进攻技战术主要包括传球、射门、过人、跑位等。可以通过相关视频，如个人突破视频集锦，加深学生对个人技战术的理解； 3. 通过讨论、辩论等教学方法引导学生积极思考。

内容二：个人防守技战术知识			
组织方法			指导要点
时间	15min	地点	多媒体教室
1. 提问、讨论； 2. 观看视频学习。 变化：辩论。			1. 通过教学，使学生了解和掌握基础的个人防守技战术知识； 2. 个人防守技战术主要包括过人、跑位等。可以通过相关视频，如个人防守视频集锦，加深学生对个人防守技战术的理解； 3. 通过讨论、辩论等教学方法引导学生积极思考。

结束部分：总结			
组织方法			指导要点
时间	5min	地点	多媒体教室
1. 提问； 2. 课堂作业。			1. 本节课学习的主要内容； 2. 鼓励学生学以致用。

第十六课　足球技能考试

技能目标：通过考试，考查学生的运球技术能力。
体能目标：通过考试，测试学生的速度、灵敏性、协调性。
情感目标：通过考试，考查学生的专注度。

场区设置（教师可依教学实际情况进行调整）	课程结构（40min）
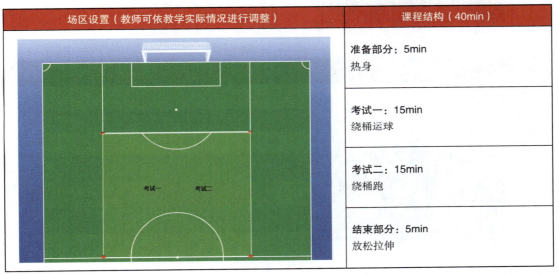	准备部分：5min 热身
	考试一：15min 绕桶运球
	考试二：15min 绕桶跑
	结束部分：5min 放松拉伸

准备部分：热身	

场地设置		组织方法
场地	40m×30m	1.绕场地进行慢跑热身；
时间	10min	2.教师将学生分成5人一组，共8组；
器材	标志盘	3.教师带领学生做行进间热身操；
		4.行进间热身操包括：扩胸运动、振臂运动、体转运动、正面踢腿、侧面踢腿、小步跑、高抬腿等。
		指导要点
		1.动作舒展、协调； 2.注意力集中。

考试一：绕桶运球

场地设置		组织方法
场地	18m×4m	1.考试场地与组织形式：考试区域 18m×4m，起点标志盘距第一个标志桶 4m，其余标志桶依次间隔 2m、4m，分 2 队，2 人一组。
时间	15min	
器材	足球、标志盘、标志桶	

2.考试方法：听教师口令后，学生从起点线标志盘开始运球出发，依次绕过间隔不等的 8 个标志桶，运球过终点线结束。

指导要点

教师计时，对照评分标准给予学生相应成绩，测试 2 次，记录最佳成绩，漏桶则成绩无效。

考试二：绕桶跑

场地设置		组织方法
场地	18m×4m	1.考试场地与组织形式：考试区域 18m×4m，起点标志盘距第一个标志桶 4m，其余标志桶依次间隔 2m、4m，分 2 队，2 人一组。
时间	15min	
器材	标志盘、标志桶	

2.考试方法：听教师口令后，学生从起点标志盘以站立式起跑开始出发，依次绕过间隔不等的 8 个标志桶，冲过终点线结束。

指导要点

教师计时，对照评分标准给予学生相应成绩，测试 2 次，记录最佳成绩，漏桶则成绩无效。

结束部分：放松拉伸

场地设置	组织方法
	1.教师将学生分成 4 排横队，所有人之间一臂间隔，教师带领学生做放松拉伸； 2.总结时成密集队形； 3.值日生回收器材。

指导要点

1.动作舒展、准确，身体放松；
2.总结课堂内容，给予积极反馈。

评分标准

测评内容	性别	单位	单项得分									
			100	90	80	70	60	50	40	30	20	10
绕桶运球	女	（秒）	≤9.0	9.1~10.2	10.3~11.1	11.2~12.3	12.4~13.1	13.2~13.9	14.0~14.9	15.0~16.3	16.4~17.6	≥17.7
	男		≤8.5	8.6~9.3	9.4~9.8	9.9~10.7	10.8~11.4	11.5~12.4	12.5~13.1	13.2~14.0	14.1~14.8	≥14.9
绕桶跑	女	（秒）	≤5.8	5.9~6.2	6.3~6.4	6.5~6.6	6.7~6.8	6.9~7.0	7.1~7.2	7.3~7.4	7.5~7.7	7.8~8.5
	男		≤4.9	5.0~5.5	5.6~6.0	6.1~6.3	6.4~6.5	6.6~6.7	6.8~6.9	7.0~7.1	7.2~7.4	7.5~7.9

注：教师可根据学生掌握技能的实际情况对考试标准进行适度调整。

综合评分：绕桶运球得分 ×0.5+ 绕桶跑得分 ×0.5。

五年级下学期

足球教学课次内容示例

第十七课　学习扣、拨球技术

场区设置（教师可依教学实际情况进行调整）	课程结构（40min）
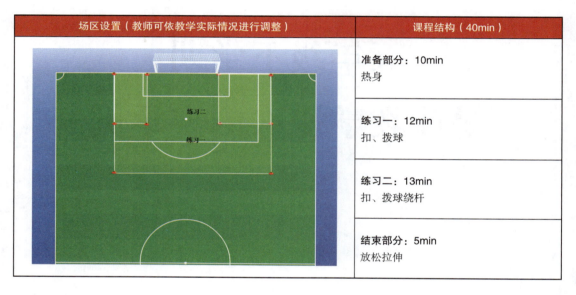	**准备部分：**10min 热身
	练习一：12min 扣、拨球
	练习二：13min 扣、拨球绕杆
	结束部分：5min 放松拉伸

准备部分：热身	
场地设置	**组织方法**
场地　40m×30m 时间　10min 器材　标志盘	1. 绕场地进行慢跑热身； 2. 教师将学生分成5人一组，共8组； 3. 教师带领学生做行进间热身操； 4. 行进间热身操包括：扩胸运动、振臂运动、体转运动、正面踢腿、侧面踢腿、小步跑、高抬腿等。
	指导要点
	1. 动作舒展、协调； 2. 注意力集中。

练习一：扣、拨球	
场地设置	组织方法

场地设置		组织方法
场地	20m×20m	1.教师将学生分成8人一组，共5组；（图示以1组为例）
时间	12min：练习2min，间歇30s，共5组	2.每名学生1球在规定区域内自由进行扣、拨练习，如单脚脚内侧扣球衔接脚背外侧拨球、一侧脚脚内侧扣球衔接另一侧脚脚背外侧拨球等。
器材	足球、标志盘	变化：（1）左右脚交替进行；
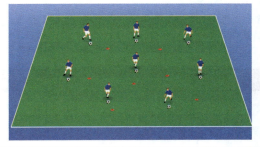		（2）渐进加快动作速度；
		（3）加入标志盘作为障碍物。
		指导要点
		1.触球部位准确，触球力量适中；
		2.触球后身体重心及时跟进；
		3.身体放松，动作连贯。

练习二：扣、拨球绕杆	
场地设置	组织方法

场地设置		组织方法
场地	20m×10m	1.教师将学生分成5人一组，共8组；（图示以2组为例）
时间	13min：练习4min，间歇30s，共3组	2.每名学生1球，在规定区域内做行进间单脚扣拨球绕标志桶练习；
器材	足球、标志盘、标志桶	3.前一名学生绕标志桶结束，下一名学生再出发。
		变化：（1）组间进行比赛；
		（2）改变标志桶的距离。
		指导要点
		1.集中注意力，抬头观察；
		2.触球部位准确，触球力度适中；
		3.身体放松，动作连贯。

结束部分：放松拉伸	
场地设置	组织方法

场地设置	组织方法
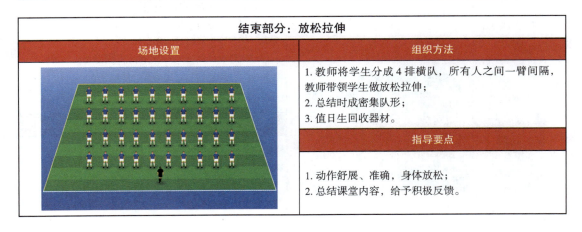	1.教师将学生分成4排横队，所有人之间一臂间隔，教师带领学生做放松拉伸；
	2.总结时成密集队形；
	3.值日生回收器材。
	指导要点
	1.动作舒展、准确，身体放松；
	2.总结课堂内容，给予积极反馈。

第十八课 复习拉推球技术

场区设置（教师可依教学实际情况进行调整）	课程结构（40min）
	准备部分： 10min 热身
	练习一： 12min 拉推球
	练习二： 13min 拉推球进阶
	结束部分： 5min 放松拉伸

准备部分：热身	
场地设置	组织方法

场地设置		组织方法
场地	40m×30m	1.绕场地进行慢跑热身； 2.教师将学生分成5人一组，共8组； 3.教师带领学生做行进间热身操； 4.行进间热身操包括：扩胸运动、振臂运动、体转运动、正面踢腿、侧面踢腿、小步跑、高抬腿等。
时间	10min	
器材	标志盘	
		指导要点
		1.动作舒展、协调； 2.注意力集中。

练习一：拉推球

场地设置		组织方法
场地	15m×10m	1. 8名学生一组，共5组；（图示以1组为例） 2. 教师发出指令，各组学生在15m×10m区域内自由进行拉推球练习，如单脚向前后左右进行拉、推球等； 3. 短暂休息后开始下一轮练习。 变化：（1）增加障碍物； 　　　（2）循序渐进加快动作速度； 　　　（3）教师发出指令，规定用左脚或右脚进行拉球。
时间	12min：练习2min，间歇30s，共5组	
器材	足球、标志盘	
		指导要点
		1. 双手自然打开，身体保持平衡； 2. 注意触球部位要准确，动作连接要迅速； 3. 推球时膝关节微屈； 4. 拉球脚拉球后迅速变为支撑脚，同时垫步。

练习二：拉推球进阶

场地设置		组织方法
场地	20m×20m	1. 教师将学生分成5人一组，共8组，两组在一个场地练习；（图示以2组为例） 2. 每名学生1个球，做行进间拉、推球练习； 3. 一组学生拉推球路线为"S"形，另一组为圆形，每组练习结束后，交换场地。 变化：（1）规定时间； 　　　（2）改变标志桶的距离。
时间	13min：练习4min，间歇30s，共3组	
器材	足球、标志盘、标志桶	
		指导要点
		1. 集中注意力，抬头观察； 2. 触球部位准确，触球力度适中； 3. 身体放松，动作连贯。

结束部分：放松拉伸

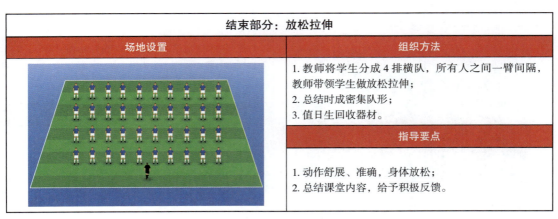

场地设置	组织方法
	1. 教师将学生分成4排横队，所有人之间一臂间隔，教师带领学生做放松拉伸； 2. 总结时成密集队形； 3. 值日生回收器材。
	指导要点
	1. 动作舒展、准确，身体放松； 2. 总结课堂内容，给予积极反馈。

第十九课　复习 8 部位颠球技术

技能目标： 通过本节课的复习，培养学生的球感，提高 8 部位颠球能力。
体能目标： 通过练习，发展学生的协调性和平衡性。
情感目标： 通过练习，培养学生的团队合作精神和竞争意识。

场区设置（教师可依教学实际情况进行调整）	课程结构（40min）
 练习二 练习一	**准备部分：** 10min 热身
	练习一： 10min 综合球感
	练习二： 15min 8 部位颠球
	结束部分： 5min 放松拉伸

准备部分：热身	
场地设置	**组织方法**

场地	40m×30m	
时间	10min	1. 绕场地进行慢跑热身；
器材	标志盘	2. 教师将学生分成 5 人一组，共 8 组； 3. 教师带领学生做行进间热身操； 4. 行进间热身操包括：扩胸运动、振臂运动、体转运动、正面踢腿、侧面踢腿、小步跑、高抬腿等。

指导要点
1. 动作舒展、协调； 2. 注意力集中。

练习一：综合球感

场地设置		组织方法
场地	35m×35m	1. 教师将学生分为5人一组，共8组；（图示以4组为例）
时间	10min：练习3min，间歇30s，共3组	2. 如图所示，各方形区域一组学生，每名学生1个球；
器材	足球、标志盘	3. 每组学生执行一项任务（如左右脚踩拉球、敲球、推拉球、拨球、扣球等球感练习）；教师指定一名学生，当该名学生完成任务时，所有组运球至下一个方框内，继续完成新的任务；

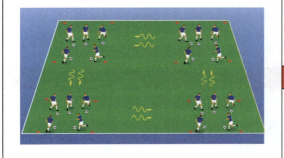

4. 练习区域各组移动的顺序及方向（如顺时针、对角线等）由教师决定。

指导要点

1. 做动作时注意上肢与下肢的协调配合；
2. 熟练后眼睛观察球前方；
3. 动作准确、频率快，控制好重心；
4. 反应迅速。

练习二：8部位颠球

场地设置		组织方法
场地	20m×20m	1. 教师将学生分成8人一组，共5组，每名学生1个球；
时间	15min：练习3min，间歇1min，共4组	2. 每组学生在规定区域原地练习8部位颠球（左右脚背、左右脚内侧、左右脚外侧、左右大腿）。
器材	足球、标志盘	变化：开始可重复部位颠球，熟练后不可重复。

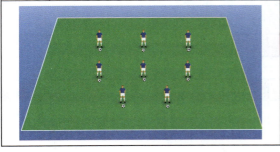

指导要点

1. 上体稍前倾，重心向前；
2. 注意身体重心与节奏控制；
3. 各部位击球点准确。

结束部分：放松拉伸

场地设置	组织方法
	1. 教师将学生分成4排横队，所有人之间一臂间隔，教师带领学生做放松拉伸；
	2. 总结时成密集队形；
	3. 值日生回收器材。

指导要点

1. 动作舒展、准确，身体放松；
2. 总结课堂内容，给予积极反馈。

第二十课　小场地 5V5 比赛

技能目标：通过本节课的练习，提高学生在比赛中运用技术的能力。
体能目标：通过比赛，提高学生的速度，发展学生的协调性。
情感目标：通过比赛，培养学生的团队合作精神和竞争意识。

场区设置（教师可依教学实际情况进行调整）	课程结构（40min）
	准备部分：10min 热身
	练习：25min 小场地 5V5 比赛
	结束部分：5min 放松拉伸

准备部分：热身	
场地设置	**组织方法**
场地：40m×30m 时间：10min 器材：标志盘	1. 绕场地进行慢跑热身； 2. 教师将学生分成 5 人一组，共 8 组； 3. 教师带领学生做行进间热身操； 4. 行进间热身操包括：扩胸运动、振臂运动、体转运动、正面踢腿、侧面踢腿、小步跑、高抬腿等。
	指导要点
	1. 动作舒展、协调； 2. 注意力集中。

练习：小场地 5V5 比赛

场地设置		组织方法
场地	25m×15m	1.教师将学生分为5人一组，共8组；（图示以2组为例） 2.8组学生分别在编号为1、2、3、4的四块场地进行比赛，比赛分为两节，每节10min； 3.第一节比赛结束后，1号场地和2号场地的队伍随机交换比赛对手，3号场地和4号场地的队伍随机交换比赛对手，继续进行第二节比赛。
时间	25min：练习10min，间歇5min，共2组	
器材	足球、球门	
		**指导要点**
		1.比赛中积极运用所学技术； 2.比赛中互相协作及交流； 3.比赛中互相鼓励，积极参与。

结束部分：放松拉伸

场地设置	组织方法
	1.教师将学生分成4排横队，所有人之间一臂间隔，教师带领学生做放松拉伸； 2.总结时成密集队形； 3.值日生回收器材。
	指导要点
	1.动作舒展、准确，身体放松； 2.总结课堂内容，给予积极反馈。

第二十一课　学习脚背内侧长传球技术

技能目标：通过本节课的学习，学生初步掌握脚背内侧长传球技术。
体能目标：通过练习，发展学生的协调性和平衡性。
情感目标：通过练习，培养学生的团队合作精神和竞争意识。

场区设置（教师可依教学实际情况进行调整）	课程结构（40min）
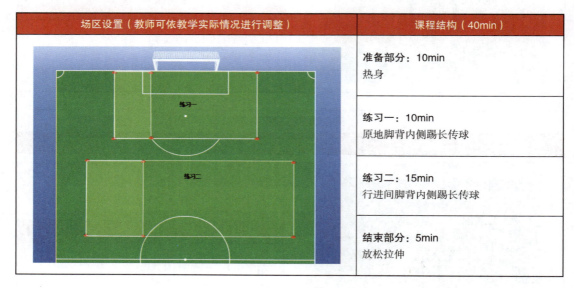	**准备部分：10min** 热身
	练习一：10min 原地脚背内侧踢长传球
	练习二：15min 行进间脚背内侧踢长传球
	结束部分：5min 放松拉伸

准备部分：热身	
场地设置	**组织方法**

场地设置		组织方法
场地	40m×30m	1.绕场地进行慢跑热身； 2.教师将学生分成5人一组，共8组； 3.教师带领学生做行进间热身操； 4.行进间热身操包括：扩胸运动、振臂运动、体转运动、正面踢腿、侧面踢腿、小步跑、高抬腿等。
时间	10min	
器材	标志盘	

	指导要点
	1.动作舒展、协调； 2.注意力集中。

练习一：原地脚背内侧踢长传球

场地设置		组织方法
场地	20m×4m	教师将学生分成2人一组，共20组。每组在20m×4m的区域内，2名学生练习脚背内侧长传球。（图示以1组为例） 变化：（1）改变踢球脚（左、右脚）； 　　　（2）改变传球距离。
时间	10min：练习3min，间歇30s，共3组	
器材	足球、标志盘	

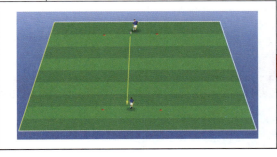

指导要点

1. 斜线助跑，助跑方向与出球方向约呈45°；
2. 支撑脚脚尖指向出球方向，距球20～25cm，膝关节微屈；
3. 触球后，踢球腿及身体继续随球向前。

练习二：行进间脚背内侧踢长传球

场地设置		组织方法
场地	20m×10m	1. 教师将学生分成2人一组，共20组；（图示以2组为例） 2. 每组学生一球，一侧学生运球绕标志桶后，将球拨向侧前方，随后用脚背内侧将球传给另一侧学生，重复进行练习。 变化：（1）改变踢球脚（左右脚）； 　　　（2）改变传球距离。
时间	15min：练习3min，间歇1min，共4组	
器材	足球、标志盘、标志桶	

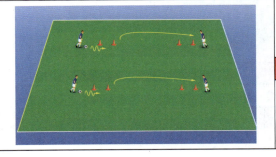

指导要点

1. 支撑脚位置；
2. 注意力集中，注意触球位置的准确性。

结束部分：放松拉伸

场地设置	组织方法
	1. 教师将学生分成4排横队，所有人之间一臂间隔，教师带领学生做放松拉伸； 2. 总结时成密集队形； 3. 值日生回收器材。

指导要点

1. 动作舒展、准确，身体放松；
2. 总结课堂内容，给予积极反馈。

第二十二课　学习射门组合技术

技能目标： 通过本节课的学习，学生掌握射门组合技术。
体能目标： 通过练习，发展学生的协调性和平衡性。
情感目标： 通过练习，提高学生的专注度和自信心。

场区设置（教师可依教学实际情况进行调整）	课程结构（40min）
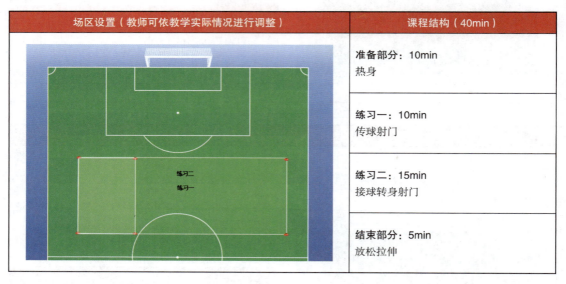	**准备部分：** 10min 热身
	练习一： 10min 传球射门
	练习二： 15min 接球转身射门
	结束部分： 5min 放松拉伸

准备部分：热身	
场地设置	**组织方法**

场地	40m × 30m
时间	10min
器材	标志盘

1. 绕场地进行慢跑热身；
2. 教师将学生分成 5 人一组，共 8 组；
3. 教师带领学生做行进间热身操；
4. 行进间热身操包括：扩胸运动、振臂运动、体转运动、正面踢腿、侧面踢腿、小步跑、高抬腿等。

指导要点

1. 动作舒展、协调；
2. 注意力集中。

练习一：传球射门

场地设置		组织方法
场地	20m×15m	1. 教师将学生分成 2 人一组，一人有球，另一人无球，共 20 组，每 10 组在一个场地练习；（图示以 5 组为例） 2. 有球侧的学生运球向前，在射门区域前将球横向传给同组的学生，同组的学生接到球后在射门区域前将球打进，各组依次进行练习。 变化：（1）改变踢球脚（左右脚）； 　　　（2）改变传球距离。
时间	10min：练习 3min，间歇 30s，共 3 组	
器材	足球、标志盘、小球门	
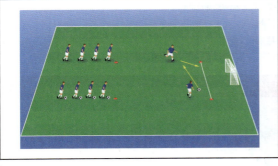		**指导要点**
		1. 抬头观察队友位置，积极跑动； 2. 注意力集中，把握好传球和射门的时机。

练习二：接球转身射门

场地设置		组织方法
场地	20m×15m	1. 教师将学生分成 2 人一组，一人有球，另一人无球，共 20 组，每 10 组在一个场地练习；（图示以 5 组为例） 2. 有球的学生将球传给同组的学生，同组的学生在标志桶处接到球后运球绕过标志桶射门，各组依次进行练习。 变化：（1）改变踢球脚（左右脚）； 　　　（2）限制射门时间。
时间	15min：练习 3min，间歇 1min，共 4 组	
器材	足球、标志盘、标志桶、小球门	
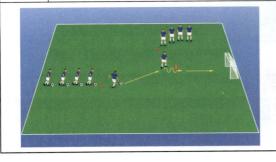		**指导要点**
		1. 运球射门动作连贯； 2. 射门时注意触球部位的准确性。

结束部分：放松拉伸

场地设置	组织方法
	1. 教师将学生分成 4 排横队，所有人之间一臂间隔，教师带领学生做放松拉伸； 2. 总结时成密集队形； 3. 值日生回收器材。
	指导要点
	1. 动作舒展、准确，身体放松； 2. 总结课堂内容，给予积极反馈。

第二十三课　学习大腿接控球、头顶球技术

场区设置（教师可依教学实际情况进行调整）	课程结构（40min）
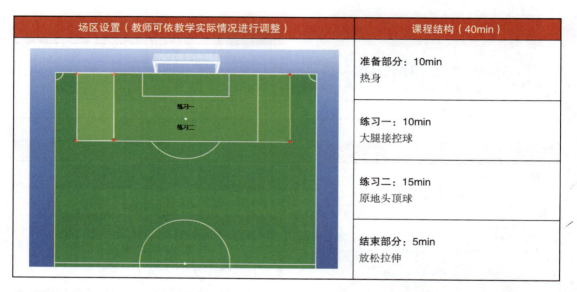	**准备部分：** 10min 热身
	练习一： 10min 大腿接控球
	练习二： 15min 原地头顶球
	结束部分： 5min 放松拉伸

准备部分：热身	

场地设置		组织方法
场地	40m×30m	1. 绕场地进行慢跑热身；
时间	10min	2. 教师将学生分成5人一组，共8组；
器材	标志盘	3. 教师带领学生做行进间热身操；
		4. 行进间热身操包括：扩胸运动、振臂运动、体转运动、正面踢腿、侧面踢腿、小步跑、高抬腿等。
		指导要点
		1. 动作舒展、协调； 2. 注意力集中。

练习一：大腿接控球练习	
场地设置	组织方法

场地	6m × 4m
时间	10min：练习 3min，间歇 30s，共 3 组
器材	足球、标志盘

组织方法

1. 教师将学生分成 2 人一组，共 20 组；（图示以 1 组为例）
2. 每组学生一球，在指定区域内，一侧学生手抛球将球传给另一侧学生，另一侧学生用大腿中部位置接球，随后将球控制在自己脚下，2 人交替进行练习。
变化：（1）改变接球腿（左右脚）；
　　　（2）改变抛球距离。

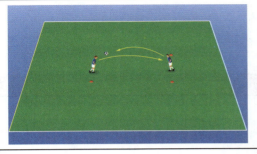

指导要点

1. 注意接球部位的准确性；
2. 接球控球动作连贯。

练习二：原地头顶球练习	
场地设置	组织方法

场地	6m × 4m
时间	15min：练习 3min，间歇 1min，共 4 组
器材	足球、标志盘

组织方法

1. 教师将学生分为 2 人一组，共 20 组；（图示以 1 组为例）
2. 每组学生相距 6m 面对面进行头顶球练习；
3. 一名学生手抛高空球，另一名学生在原地进行前额正面头顶球练习；
4. 依次循环练习。

指导要点

1. 身体正对来球方向，眼睛注视运动中的球；
2. 两脚左右开立（或前后开立），膝关节微屈，重心在两脚间的支撑面上（或后脚上），两臂自然张开；
3. 上体随球前摆。

结束部分：放松拉伸	
场地设置	组织方法

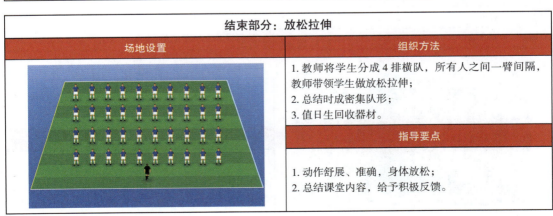

组织方法

1. 教师将学生分成 4 排横队，所有人之间一臂间隔，教师带领学生做放松拉伸；
2. 总结时成密集队形；
3. 值日生回收器材。

指导要点

1. 动作舒展、准确，身体放松；
2. 总结课堂内容，给予积极反馈。

第二十四课　身体素质练习

体能目标：通过练习，发展学生的平衡性和速度。
情感目标：通过练习，提高学生的专注度和自信心，促进学生相互协作。

场区设置（教师可依教学实际情况进行调整）	课程结构（40min）
	准备部分：10min 热身
	练习一：10min 平衡性练习
	练习二：15min 速度练习
	结束部分：5min 放松拉伸

准备部分：热身		
场地设置		**组织方法**
场地	40m×30m	1.绕场地进行慢跑热身； 2.教师将学生分成5人一组，共8组； 3.教师带领学生做行进间热身操； 4.行进间热身操包括：扩胸运动、振臂运动、体转运动、正面踢腿、侧面踢腿、小步跑、高抬腿等。
时间	10min	
器材	标志盘	
		指导要点
		1.动作舒展、协调； 2.注意力集中。

练习一：平衡性练习	
场地设置	组织方法

场地设置		组织方法
场地	10m × 5m	1. 教师将学生分成 2 人一组，一人有球，另一人无球，共 20 组；（图示以 4 组为例）
时间	10min：练习 3min，间歇 30s，共 3 组	2. 有球侧的学生手抛球传给同组学生，同组的学生单脚站立并用脚背正面将球回传；
器材	足球、标志盘	3. 同组学生交替进行练习。
		变化：（1）改变踢球脚（左右脚）；
		（2）改变踢球部位。

指导要点
1. 张开双臂保持平衡；
2. 注意踢球部位的准确性。

练习二：速度练习	
场地设置	组织方法

场地设置		组织方法
场地	20m × 10m	1. 教师将学生分成 4 人一组，共 10 组；（图示以 4 组为例）
时间	15min：练习 3min，间歇 1min，共 4 组	2. 每组 2 名学生持球，教师发出指令后，前一名学生快速向前运球，进入射门区域后方可射门，后一名无球的学生在教师发出指令后追赶运球的学生，在射门区域前追赶成功得一分，否则运球学生得一分，各组依次进行练习。
器材	足球、标志盘、小球门	变化：（1）改变运球距离；
		（2）改变运球脚。

指导要点
1. 运球时将球控制在身体范围之内；
2. 注意力集中，反应迅速。

结束部分：放松拉伸	
场地设置	组织方法

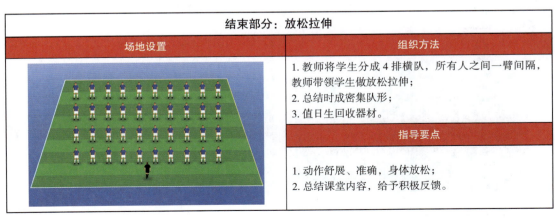

组织方法
1. 教师将学生分成 4 排横队，所有人之间一臂间隔，教师带领学生做放松拉伸；
2. 总结时成密集队形；
3. 值日生回收器材。

指导要点
1. 动作舒展、准确，身体放松；
2. 总结课堂内容，给予积极反馈。

第二十五课　提高 1V1 防守能力

技能目标：通过本节课的练习，得高学生 1V1 防守能力。
体能目标：通过练习，发展学生的协调性、灵敏性、柔韧性、平衡性。
情感目标：通过练习，培养学生的专注力、自信心及意志品质。

场区设置（教师可依教学实际情况进行调整）	课程结构（40min）
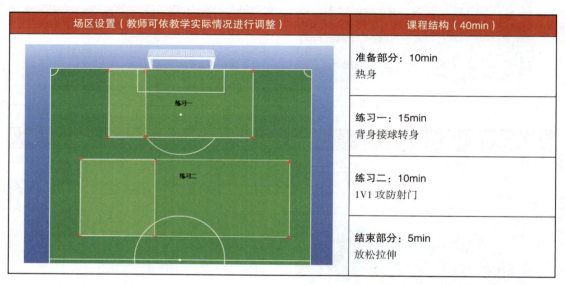	**准备部分**：10min 热身
	练习一：15min 背身接球转身
	练习二：10min 1V1 攻防射门
	结束部分：5min 放松拉伸

准备部分：热身	
场地设置	**组织方法**
场地　40m×30m 时间　10min 器材　标志盘	1.绕场地进行慢跑热身； 2.教师将学生分成 5 人一组，共 8 组； 3.教师带领学生做行进间热身操； 4.行进间热身操包括：扩胸运动、振臂运动、体转运动、正面踢腿、侧面踢腿、小步跑、高抬腿等。
	指导要点
	1.动作舒展、协调； 2.注意力集中。

练习一：背身接球转身

场地设置		组织方法
场地	20m×6m	1.教师将学生分成4人一组，共10组；（图示以1组为例） 2.两边各1名学生，中间2名学生，1名为进攻人，1名为防守人，进攻人需主动接应，防守人紧逼； 3.进攻人接球后需摆脱防守人将球传给另一侧学生，每1min交换角色。 变化：可增加时间限制以及得分形式。
时间	15min；练习3min，间歇1min，共4组	
器材	足球、标志盘	
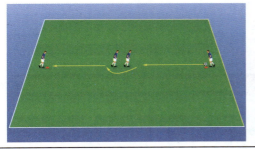		**指导要点**
		1.观察传球人传球的时机； 2.判断绕前抢断时机； 3.进攻人接球后，防守人与进攻人保持一臂距离站立； 4.侧身站位，眼睛看球，重心降低。

练习二：1V1攻防射门

场地设置		组织方法
场地	20m×10m	1.教师将学生分成8人一组，共5组；（图示以1组为例） 2.每组分为2队，持球学生作为进攻方，无球学生作为防守方。每次练习时，一名进攻方学生与一名防守方学生在指定区域内进行1V1攻防射门练习； 3.进攻方运球过掉防守人射门，防守人将球抢下后则攻防转换，进球或球出界视为练习结束，进行下一组轮换。 变化：进攻方持球后需要在20s内完成射门。
时间	10min：练习3min，间歇30s，共3组	
器材	足球、标志盘、小球门	
		**指导要点**
		1.观察传球人传球的时机； 2.判断绕前抢断时机； 3.当进攻学生接球后，防守学生与进攻学生保持一臂距离站立； 4.侧身站位，眼睛看球，重心降低。　.

结束部分：放松拉伸

场地设置	组织方法
	1.教师将学生分成4排横队，所有人之间一臂间隔，教师带领学生做放松拉伸； 2.总结时成密集队形； 3.值日生回收器材。
	指导要点
	1.动作舒展、准确，身体放松； 2.总结课堂内容，给予积极反馈。

第二十六课　提高 1V1 进攻能力

技能目标：通过本节课的练习，提高学生 1V1 进攻能力。
体能目标：通过练习，发展学生的协调性、灵敏性、柔韧性、平衡性。
情感目标：通过练习，培养学生的专注力、自信心及意志品质。

场区设置（教师可依教学实际情况进行调整）	课程结构（40min）
	准备部分：10min 热身
	练习一：10min 运球过人
	练习二：15min 1V1 进攻
	结束部分：5min 放松拉伸

准备部分：热身	
场地设置	**组织方法**

场地	40m × 30m
时间	10min
器材	标志盘

组织方法

1. 绕场地进行慢跑热身；
2. 教师将学生分成 5 人一组，共 8 组；
3. 教师带领学生做行进间热身操；
4. 行进间热身操包括：扩胸运动、振臂运动、体转运动、正面踢腿、侧面踢腿、小步跑、高抬腿等。

指导要点

1. 动作舒展、协调；
2. 注意力集中。

练习一：运球过人

场地设置		组织方法
场地	15m×10m	1. 教师将学生分成4人一组，共10组，每两组在一块场地练习；（图示以2组为例） 2. 每组排头学生运球至标志桶处进行假动作练习，在假动作练习过后转身运球至队尾进行下一轮练习； 3. 一轮练习过后需要进行左右侧轮换。 变化：左右脚需要进行轮换。
时间	10min；练习3min，间歇30s，共3组	
器材	足球、标志盘、标志桶	

指导要点
1. 抬头运球； 2. 运球时控制身体重心的变化； 3. 做完动作后运球的连接性、协调性。

练习二：1V1进攻

场地设置		组织方法
场地	20m×10m	1. 教师将学生分成10人一组，共4组；（图示以2组为例） 2. 每2组学生在一个场地相对而站，每次练习时，教师在场地边线处发球，每组各一名学生快速进入场地，双方争夺球权并进攻对方的球门，各组依次进行练习。 变化：（1）改变发球方式（地滚球、高空球）； （2）限制进攻时间。
时间	15min：练习3min，间歇1min，共4组	
器材	足球、标志盘、小球门	

指导要点
1. 注意力集中，快速进攻； 2. 运用所学的技术动作积极进攻。

结束部分：放松拉伸

场地设置	组织方法
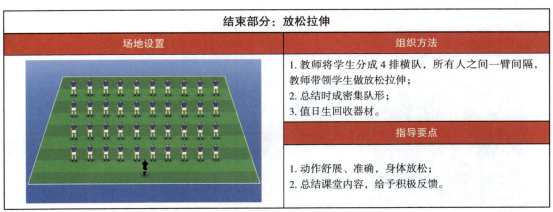	1. 教师将学生分成4排横队，所有人之间一臂间隔，教师带领学生做放松拉伸； 2. 总结时成密集队形； 3. 值日生回收器材。

指导要点
1. 动作舒展、准确，身体放松； 2. 总结课堂内容，给予积极反馈。

第二十七课 提高2V1战术配合能力

技能目标：通过本节课的学习，学生熟练掌握2V1战术配合，同时复习传接球技术。
体能目标：通过练习，发展学生的协调性和平衡性。
情感目标：通过练习，培养学生的团队合作精神和竞争意识。

场区设置（教师可依教学实际情况进行调整）	课程结构（40min）
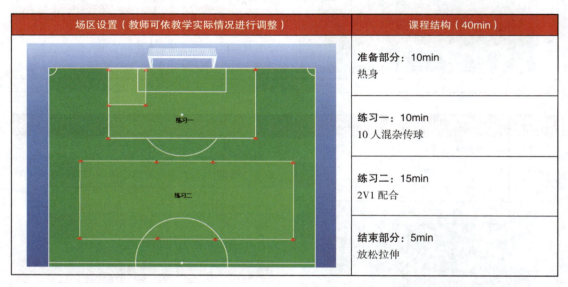	准备部分：10min 热身
	练习一：10min 10人混杂传球
	练习二：15min 2V1配合
	结束部分：5min 放松拉伸

准备部分：热身	
场地设置	组织方法
场地 40m×30m 时间 10min 器材 标志盘	1.绕场地进行慢跑热身； 2.教师将学生分成5人一组，共8组； 3.教师带领学生做行进间热身操； 4.行进间热身操包括：扩胸运动、振臂运动、体转运动、正面踢腿、侧面踢腿、小步跑、高抬腿等。
	指导要点
	1.动作舒展、协调； 2.注意力集中。

练习一：10人混杂传球

场地设置		组织方法
场地	10m×10m	1. 教师将学生分成10人一组，共4组。每组2人一队，共5队；（图示以1组为例） 2. 每组学生在区域内自由跑动，每队学生进行脚内侧传球，注意抬头观察，避免人或球与其他队相撞。 变化：（1）改变区域大小； 　　　（2）增加防守学生。
时间	10min：练习3min，间歇30s，共3组	
器材	足球、标志盘	

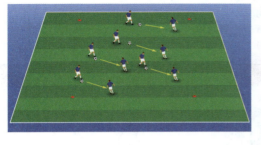

	指导要点
	1. 抬头观察，避免与其他学生相撞； 2. 注意移动中支撑脚站位； 3. 选择合适的传球路线； 4. 注意传球力度以及准确性。

练习二：2V1配合

场地设置		组织方法
场地	20m×20m	1. 教师将学生分成10人一组，共4组，每组在一个场地练习，同时组内均分成3个队，其中一队2人；（图示以1组为例） 2. 每组两个队伍作为进攻方，一个队伍作为防守方，在指定区域内进行2V1配合练习，进攻方将球打进球门得分，防守方抢断球后将球打进对方球门得分。 变化：（1）改变区域大小； 　　　（2）限制进攻时间。
时间	15min：练习3min，间歇1min，共4组	
器材	足球、标志盘、小球门	

	指导要点
	1. 注意力集中，快速进攻； 2. 运用不同形式的2V1战术积极进攻。

结束部分：放松拉伸

场地设置	组织方法
	1. 教师将学生分成4排横队，所有人之间一臂间隔，教师带领学生做放松拉伸； 2. 总结时成密集队形； 3. 值日生回收器材。

	指导要点
	1. 动作舒展、准确，身体放松； 2. 总结课堂内容，给予积极反馈。

第二十八课　巩固2V1战术配合能力

技能目标： 通过本节课的学习，巩固学生2V1战术配合能力，同时复习传接球技术。

体能目标： 通过练习，发展学生的协调性和平衡性。

情感目标： 通过练习，培养学生的团队合作精神和竞争意识。

场区设置（教师可依教学实际情况进行调整）	课程结构（40min）
	**准备部分：** 10min 热身
	练习一： 10min 双人连续2V1配合
	练习二： 15min 2V1配合
	结束部分： 5min 放松拉伸

准备部分：热身	
场地设置	**组织方法**

场地	40m×30m	
时间	10min	1. 绕场地进行慢跑热身；
器材	标志盘	2. 教师将学生分成5人一组，共8组； 3. 教师带领学生做行进间热身操； 4. 行进间热身操包括：扩胸运动、振臂运动、体转运动、正面踢腿、侧面踢腿、小步跑、高抬腿等。

指导要点
1. 动作舒展、协调； 2. 注意力集中。

练习一：双人连续 2V1 配合

场地设置		组织方法
场地	20m × 10m	1. 教师将学生分成 10 人一组，共 4 组，每组 2 人一队，共 5 队；（图示以 1 组为例）
时间	10min：练习 3min，间歇 30s，共 3 组	2. 每队学生均采用 2V1 配合过掉标志桶，并将球打进球门，各队依次进行练习。
器材	足球、标志盘、标志桶、小球门	变化：（1）改变传球脚（左右脚）；（2）改变触球次数。

（图示）

指导要点

1. 抬头观察队友位置，积极跑动；
2. 注意力集中，把握好传球的时机。

练习二：2V1 配合

场地设置		组织方法
场地	20m × 20m	1. 教师将学生分成 10 人一组，共 4 组，每组在一个场地练习，同时组内均分成 3 个队，其中一队 2 人；（图示以 1 组为例）
时间	15min：练习 3min，间歇 1min，共 4 组	2. 每组两个队伍作为进攻方，一个队伍作为防守方，在指定区域内进行 2V1 配合练习，进攻方将球打进球门得分，防守方抢断球后将球打进对方球门得分。
器材	足球、标志盘、小球门	变化：（1）改变区域大小；（2）限制进攻时间。

（图示）

指导要点

1. 注意力集中，快速进攻；
2. 运用不同形式的 2V1 战术积极进攻。

结束部分：放松拉伸

场地设置	组织方法
（图示）	1. 教师将学生分成 4 排横队，所有人之间一臂间隔，教师带领学生做放松拉伸； 2. 总结时成密集队形； 3. 值日生回收器材。

指导要点

1. 动作舒展、准确，身体放松；
2. 总结课堂内容，给予积极反馈。

第二十九课　身体素质练习

体能目标：通过练习，发展学生的协调性和快速反应。
情感目标：通过练习，提高学生的专注度和自信心，促进相互协作。

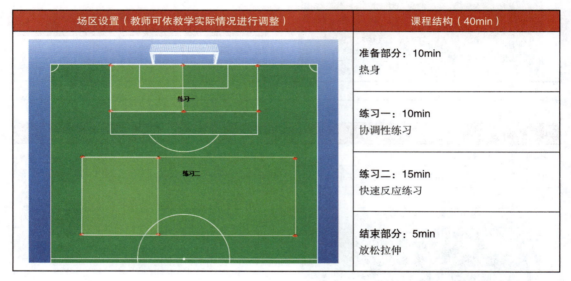

场区设置（教师可依教学实际情况进行调整）	课程结构（40min）
	准备部分：10min 热身
	练习一：10min 协调性练习
	练习二：15min 快速反应练习
	结束部分：5min 放松拉伸

准备部分：热身	
场地设置	**组织方法**
场地 40m×30m	1. 绕场地进行慢跑热身； 2. 教师将学生分成5人一组，共8组； 3. 教师带领学生做行进间热身操； 4. 行进间热身操包括：扩胸运动、振臂运动、体转运动、正面踢腿、侧面踢腿、小步跑、高抬腿等。
时间 10min	
器材 标志盘	
	指导要点
	1. 动作舒展、协调； 2. 注意力集中。

练习一：协调性练习

场地设置	
场地	30m×15m
时间	15min：练习 3min，间歇 1min，共 4 组
器材	足球、标志盘、标志桶、栏架、敏捷梯、标志杆

组织方法

1. 教师将学生分为 10 人一组，共 4 组。每组站在蓝色标志盘后面；（图示以每组 1 名学生为例）
2. 第一组学生进行步法和跳敏捷梯练习；
3. 第二组学生进行不同部位的球性、球感练习；
4. 第三组学生跳过栏架，绕过标志桶后转身再冲刺；
5. 第四组学生运球绕标志杆。

指导要点

1. 最快速度完成每组所要求的动作；
2. 避免触碰标志物；
3. 每名学生之间衔接紧密。

练习二：快速反应练习

场地设置	
场地	30m×30m
时间	15min：练习 3min，间歇 1min，共 4 组
器材	足球、标志盘

组织方法

1. 教师将学生分成 10 人一组，共 4 组；（图示以 2 组为例）
2. 每两组学生在一个场地训练，学生相对而站，当教师发出指令，学生迅速转身跑至标志盘处，先到达标志盘的学生获胜，各组循环进行练习。
变化：（1）改变学生起始状态，如：坐、蹲；
（2）加入足球，带球跑。

指导要点

注意力集中。

结束部分：放松拉伸

场地设置

组织方法

1. 教师将学生分成 4 排横队，所有人之间一臂间隔，教师带领学生做放松拉伸；
2. 总结时成密集队形；
3. 值日生回收器材。

指导要点

1. 动作舒展、准确，身体放松；
2. 总结课堂内容，给予积极反馈。

第三十课　小场地 5V5 比赛

技能目标： 通过本节课的练习，提高学生在比赛中运用技术的能力。
体能目标： 通过比赛，发展学生的速度和协调性。
情感目标： 通过比赛，培养学生的团队合作精神和竞争意识。

场区设置（教师可依教学实际情况进行调整）	课程结构（40min）
	**准备部分：** 10min 热身
	练习： 25min 小场地 5V5 比赛
	结束部分： 5min 放松拉伸

准备部分：热身	
场地设置	**组织方法**

场地设置		**组织方法**
场地	40m×30m	1. 绕场地进行慢跑热身； 2. 教师将学生分成 5 人一组，共 8 组； 3. 教师带领学生做行进间热身操； 4. 行进间热身操包括：扩胸运动、振臂运动、体转运动、正面踢腿、侧面踢腿、小步跑、高抬腿等。
时间	10min	
器材	标志盘	

指导要点
1. 动作舒展、协调； 2. 注意力集中。

练习：小场地 5V5 比赛

场地设置		组织方法
场地	25m×15m	1.教师将学生分为5人一组，共8组；（图示以2组为例） 2.8组学生分别在编号为1、2、3、4的四块场地进行比赛，比赛分为两节，每节10min； 3.第一节比赛结束后，1号场地和2号场地的队伍随机交换比赛对手，3号场地和4号场地的队伍随机交换比赛对手，继续进行第二节比赛。
时间	25min：练习10min，间歇5min，共2组	
器材	足球、球门	

	指导要点
	1.比赛中积极运用所学技术； 2.比赛中互相协作及交流； 3.比赛中互相鼓励，积极参与。

结束部分：放松拉伸

场地设置	组织方法
	1.教师将学生分成4排横队，所有人之间一臂间隔，教师带领学生做放松拉伸； 2.总结时成密集队形； 3.值日生回收器材。

	指导要点
	1.动作舒展、准确，身体放松； 2.总结课堂内容，给予积极反馈。

第三十一课　足球小组技战术知识

> **知识目标：**通过本节课的学习，使学生了解足球小组技战术知识。
> **情感目标：**通过本节课的学习，提高学生的思维能力。

课程结构（40min）			
开始部分（5min）	内容一（15min）	内容二（15min）	结束部分（5min）
介绍本节课内容	小组进攻技战术知识	小组防守技战术知识	总结

开始部分：介绍本节课内容			
组织方法			**指导要点**
时间	5min	地点	多媒体教室
1. 提问； 2. 讲解。			1. 引导学生进入主题； 2. 了解学生关于足球基础技战术的知识储备； 3. 介绍本节课内容。

表中的指导要点单独对应：
1. 引导学生进入主题；
2. 了解学生关于足球基础技战术的知识储备；
3. 介绍本节课内容。

内容一：小组进攻技战术知识			
组织方法			**指导要点**
时间	15min	地点	多媒体教室
1. 提问、讨论； 2. 观看视频学习。 变化：知识竞答。			1. 通过教学，使学生了解和掌握基础的小组进攻技战术知识； 2. 小组进攻技战术主要包括不同形式的二过一配合、三人配合等。可以通过相关视频，如小组配合进攻视频集锦，加深学生对小组进攻技战术的理解； 3. 通过讨论、辩论等教学方法引导学生积极思考。

内容二：小组防守技战术知识			
组织方法			**指导要点**
时间	15min	地点	多媒体教室
1. 提问、讨论； 2. 观看视频学习。 变化：辩论。			1. 通过教学，使学生了解和掌握基础的小组防守技战术知识； 2. 小组防守技战术主要包括保护、补位等。可以通过相关视频，如小组防守配合的视频集锦，加深学生对小组防守技战术的理解； 3. 通过讨论、辩论等教学方法引导学生积极思考。

结束部分：总结			
组织方法			**指导要点**
时间	5min	地点	多媒体教室
1. 提问； 2. 课堂作业。			1. 本节课学习的主要内容； 2. 鼓励学生学以致用。

第三十二课 足球技能考试

技能目标：通过考试，考查学生的运球技术能力。
体能目标：通过考试，测试学生的速度、灵敏性、协调性。
情感目标：通过考试，考查学生的专注力。

场区设置（教师可依教学实际情况进行调整）	课程结构（40min）
	**准备部分**：5min 热身
	考试一：15min 绕桶运球
	考试二：15min 颠球
	结束部分：5min 放松拉伸

准备部分：热身	
场地设置	**组织方法**

场地	40m×30m	1.绕场地进行慢跑热身； 2.教师将学生分成5人一组，共8组； 3.教师带领学生做行进间热身操； 4.行进间热身操包括：扩胸运动、振臂运动、体转运动、正面踢腿、侧面踢腿、小步跑、高抬腿等。
时间	10min	
器材	标志盘	
		指导要点
		1.动作舒展、协调； 2.注意力集中。

考试一：绕桶运球

场地设置		组织方法
场地	18m×4m	1.考试场地与组织形式：考试区域 18m×4m，起点距第一个标志桶 4m，其余标志桶依次间隔 2m，4m。分 2 队，2 名学生 1 组。
时间	15min	2.考试方法：听教师口令后，从起点线出发开始运球，依次绕过间隔不等的 6 个标志桶，以运球过终点线视为考试结束。
器材	足球、标志桶	

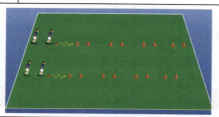

指导要点
教师计时，对照评分标准给予相应的成绩，测试 2 次，记录最佳成绩，漏桶则成绩无效。

考试二：颠球

场地设置		组织方法
场地	5m×5m	1.考试场地与组织形式：考试区域为 5m×5m，4 名学生同时开始，每人 1 球。
时间	15min	2.考试方法：听教师口令后，把放在原地的足球，用脚踢起或用手抛起，可用身体的任何部位进行颠球，球落地可重新开始，如球颠出规定区域则停止测试，测评时间不超过 1min。
器材	足球、标志盘	

指导要点
教师计时，每名学生测试 2 次，记录其最佳成绩。

结束部分：放松拉伸

场地设置	组织方法
	1.教师将学生分成 4 排横队，所有人之间一臂间隔，教师带领学生做放松拉伸；2.总结时成密集队形；3.值日生回收器材。

指导要点
1.动作舒展、准确，身体放松；2.总结课堂内容，给予积极反馈。

评分标准

考试内容	单位		单项得分									
			100	90	80	70	60	50	40	30	20	10
绕桶运球	女	（秒）	≤9.0	9.1～10.2	10.3～11.1	11.2～12.3	12.4～13.1	13.2～13.9	14.0～14.9	15.0～16.3	16.4～17.6	17.7～18.6
	男		≤8.5	8.6～9.3	9.4～9.8	9.9～10.7	10.8～11.4	11.5～12.4	12.5～13.1	13.2～14.0	14.1～14.8	14.9～15.6
颠球	–	（个）	≥40	30～39	25～29	22～24	20～21	18～19	15～17	12～14	8～11	5～7

注：教师可根据学生掌握技能的实际情况对考试标准进行适度调整。

综合评分：绕桶运球得分×0.6+颠球得分×0.4。

六、小学六年级足球课

六年级足球教学计划

六年级足球教学计划见表 3-11。

表 3-11 六年级足球教学计划（以 32 课时为例）

学习目标	学习内容		课时	教学要点
	类别	内容		
1.使学生主动参与足球学习 2.进一步提高学生足球组合技术及部分技能运用能力 3.强化学生的足球规则意识；使学生学会调节情绪的方法	游戏与球感	足球游戏、踩拉球、敲球、推拉球、拨球、扣球、颠球	6	1.注重学生左右脚的协调发展； 2.注重学生进攻与防守的意识培养； 3.注重培养学生合理运用技术与技能
	技术	射门	14	
		踢、接球		
		运球、1V1、2V1		
	身体素质	柔韧性、灵敏性、协调性、反应能力	4	
	比赛	小场地比赛	4	
	知识与考试	运动饮食营养与卫生；考试	4	

六年级足球教学课次内容示例

六年级足球教学课次内容示例见表 3-12。

表 3-12　六年级足球教学课次内容示例（以 32 课时为例）

六年级上学期		六年级下学期	
课次	主要内容	课次	主要内容（进阶）
第一课	提高传接球技术	第十七课	巩固传接球技术
第二课	提高学生球感及运控球技术	第十八课	提高运控球技术
第三课	学习前额正面头顶球、挺胸式胸部停球技术	第十九课	提高前额正面头顶球、胸部停球技术
第四课	小场地 5V5 比赛	第二十课	小场地 5V5 比赛
第五课	巩固假动作技术及 1V1 进攻技术	第二十一课	提高假动作技术及 1V1 进攻技术
第六课	提高射门技术及巩固 1V1 防守技术	第二十二课	提高射门技术及 1V1 防守技术
第七课	小场地 5V5 比赛	第二十三课	小场地 5V5 比赛
第八课	身体素质练习	第二十四课	身体素质练习
第九课	学习 2V1 战术配合	第二十五课	巩固 2V1 战术配合
第十课	巩固 2V1 战术配合	第二十六课	提高 2V1 战术配合能力
第十一课	复习脚背内侧长传球技术	第二十七课	提高脚背内侧长传接球技术
第十二课	提高 1V1、2V1 配合能力	第二十八课	提高 1V1、2V1 技术能力
第十三课	身体素质练习	第二十九课	身体素质练习
第十四课	小场地 5V5 比赛	第三十课	小场地 5V5 比赛
第十五课	足球运动中的体育精神	第三十一课	运动营养与运动防护
第十六课	足球技能考试	第三十二课	足球技能考试

六年级上学期

足球教学课次内容示例

第一课　提高传接球技术

技能目标：通过本节课的学习，学生熟练掌握传接球技术，学习多部位传接球技术。
体能目标：通过练习，发展学生的协调性和平衡性。
情感目标：通过练习，培养学生的团队合作精神和竞争意识。

场区设置（教师可依教学实际情况进行调整）	课程结构（40min）
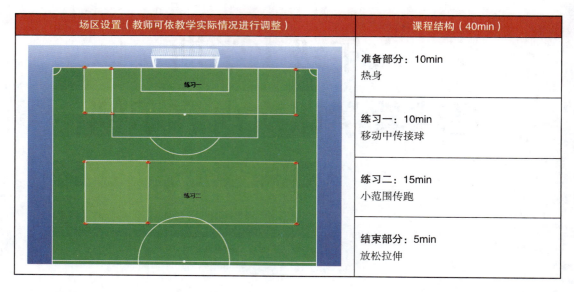	**准备部分**：10min 热身
	练习一：10min 移动中传接球
	练习二：15min 小范围传跑
	结束部分：5min 放松拉伸

准备部分：热身	
场地设置	组织方法

场地设置		组织方法
场地	40m×30m	1.绕场地进行慢跑热身； 2.教师将学生分成5人一组，共8组； 3.教师带领学生做行进间热身操； 4.行进间热身操包括：扩胸运动、振臂运动、体转运动、正面踢腿、侧面踢腿、小步跑、高抬腿等。
时间	10min	
器材	标志盘	

指导要点
1.动作舒展、协调； 2.注意力集中。

练习一：移动中传接球

场地设置		组织方法
场地	5m×2m	1.老师将学生分成2人一组，共20组。每组2名学生相对而站，分别站在2个标志盘所摆区域的后方进行传接球训练；（图示以1组为例）
时间	10min：练习3min，间歇30s，共3组	2.学生接球后用脚内侧将球从一只脚领到另一只脚，从区域一侧领到另一侧，再将球传给另一边队友，依次循环往复。
器材	足球、标志盘	变化：（1）变换接球部位（脚外侧、脚底、脚内侧将球从支撑脚后领过来）； （2）改变传球距离。

指导要点
1.小碎步移动，调整传接球身体姿势与位置； 2.领球时紧绷脚踝，注意重心的转换； 3.注意传球力度以及准确性

练习二：小范围传跑

场地设置		组织方法
场地	8m×8m	1.教师将学生分成4人一组，共10组；（图示以1组为例）
时间	15min：练习3min，间歇1min，共4组	2.如图所示，学生4点站位，持球学生将球传至对面点学生；
器材	足球、标志盘	3.传球结束后，此时无球的学生按逆时针跑位变换位置，如此循环，重复进行练习。 变化：（1）变化跑动方向（顺时针）； （2）一脚传球； （3）改变区域大小。

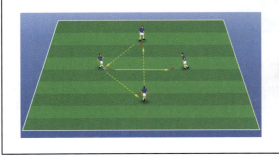

指导要点
1.快速调整身体姿势，传球时身体正对传球方向； 2.传球前减速，观察队友的位置，在传球瞬间注意力集中在球上； 3.传球前呼应，同时注意传球力度及准确性。

结束部分：放松拉伸

场地设置	组织方法
	1.教师将学生分成4排横队，所有人之间一臂间隔，教师带领学生做放松拉伸； 2.总结时成密集队形； 3.值日生回收器材。

指导要点
1.动作舒展、准确，身体放松； 2.总结课堂内容，给予积极反馈。

第二课　提高学生球感及运控球技术

场区设置（教师可依教学实际情况进行调整）	课程结构（40min）
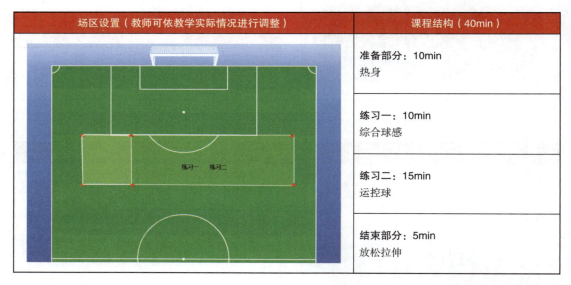	**准备部分**：10min 热身
	练习一：10min 综合球感
	练习二：15min 运控球
	结束部分：5min 放松拉伸

准备部分：热身	
场地设置	**组织方法**
场地　40m×30m 时间　10min 器材　标志盘	1. 绕场地进行慢跑热身； 2. 教师将学生分成5人一组，共8组； 3. 教师带领学生做行进间热身操； 4. 行进间热身操包括：扩胸运动、振臂运动、体转运动、正面踢腿、侧面踢腿、小步跑、高抬腿等。
	指导要点
	1. 动作舒展、协调； 2. 注意力集中。

练习一：综合球感

场地设置		组织方法
场地	15m×15m	1.教师将学生分成5人一组，共8组；（图示以2组为例） 2.如图所示，标志盘呈"Z"字形摆放，每名学生1个球。 3.练习开始后，学生按教师规定动作（如踩拉球、敲球、推拉球、拨球、扣球等）进行运球练习，过"Z"字标志盘后快速带球返回至队尾，依次循环练习。
时间	10min：练习3min，间歇30s，共3组	
器材	足球、标志盘	

	指导要点
	1.提醒学生运球时注意观察球前方； 2.学生运球时尽量加快频率； 3.学生运球时身体重心前倾。

练习二：运控球

场地设置		组织方法
场地	15m×15m	1.教师将学生分成8人一组，共5组；（图示以1组为例） 2.每个标志盘站两名学生，每名学生1个球； 3.前面的4名学生同时出发，听教师口令采用不同的运控球动作（单脚扣拨球、双脚扣拨球）逆时针运球至下一个标志盘后，后四名学生再同时出发运球，循环练习。 变化：（1）变换左右脚； 　　　（2）组间比赛。
时间	15min：练习3min，间歇1min，共4组	
器材	足球、标志盘、标志桶	

	指导要点
	1.运球时抬头观察，控制运球节奏； 2.控制触球力度； 3.变速变向时，身体重心跟上。

结束部分：放松拉伸

场地设置	组织方法
	1.教师将学生分成4排横队，所有人之间一臂间隔，教师带领学生做放松拉伸； 2.总结时成密集队形； 3.值日生回收器材。

	指导要点
	1.动作舒展、准确，身体放松； 2.总结课堂内容，给予积极反馈。

第三课　学习前额正面头顶球、挺胸式胸部停球技术

场区设置（教师可依教学实际情况进行调整）	课程结构（40min）
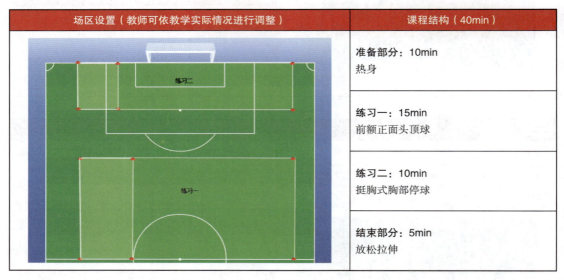	准备部分：10min 热身
	练习一：15min 前额正面头顶球
	练习二：10min 挺胸式胸部停球
	结束部分：5min 放松拉伸

准备部分：热身	
场地设置	**组织方法**
场地　40m×30m 时间　10min 器材　标志盘	1. 绕场地进行慢跑热身； 2. 教师将学生分成5人一组，共8组； 3. 教师带领学生做行进间热身操； 4. 行进间热身操包括：扩胸运动、振臂运动、体转运动、正面踢腿、侧面踢腿、小步跑、高抬腿等。
	指导要点
	1. 动作舒展、协调； 2. 注意力集中。

练习一：前额正面头顶球

场地设置		组织方法
场地	20m×10m	1. 教师将学生分成 10 人一组，共 4 组；
时间	15min：练习 3min，间歇 1min，共 4 组	2. 一组学生手抛球，另一组学生进行前额正面头顶球练习，2 人配合完成练习；
器材	足球、标志盘、球门	3. 一组学生在球门一侧进行手抛球，另一组学生正对球门进行头顶球射门，2 人配合完成练习；

1. 教师将学生分成 10 人一组，共 4 组；

2. 一组学生手抛球，另一组学生进行前额正面头顶球练习，2 人配合完成练习；

3. 一组学生在球门一侧进行手抛球，另一组学生正对球门进行头顶球射门，2 人配合完成练习；

4. 依次循环练习。

变化：教师按小组组织学生进行头球射门比赛，进球多的小组获胜。

指导要点

1. 接球前做好准备姿势；

2. 眼睛注视运动中的球，两脚前后开立。

3. 积极跑动抢点；

4. 球顶出后，为保持平衡，身体须随球向前移动。

练习二：挺胸式胸部停球

场地设置		组织方法
场地	8m×8m	1. 教师将学生分成 2 人一组，共 20 组。每组学生相距 6m 面对面练习；（图示以 1 组为例）
时间	10min：练习 3min，间歇 30s，共 3 组	2. 一名学生手抛高空球，另一名学生采用挺胸式胸部停球，停球后尝试用大腿、脚背正面接控球，接控球后带球到标志盘外侧将球传回；
器材	足球、标志盘	3. 10 次为 1 组，一组练习结束后两人互换位置；

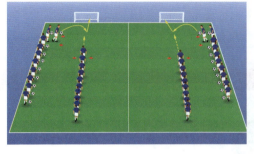

1. 教师将学生分成 2 人一组，共 20 组。每组学生相距 6m 面对面练习；（图示以 1 组为例）

2. 一名学生手抛高空球，另一名学生采用挺胸式胸部停球，停球后尝试用大腿、脚背正面接控球，接控球后带球到标志盘外侧将球传回；

3. 10 次为 1 组，一组练习结束后两人互换位置；

4. 依次循环练习。

变化：改变抛球的高度和速度增加胸部停球难度

指导要点

1. 面对来球站立（两脚左右或前后开立）；

2. 接触球瞬间，两脚蹬地，膝关节伸直，用胸部轻托球的下部使球微微弹起于胸前上方。

结束部分：放松拉伸

场地设置	组织方法
	1. 教师将学生分成 4 排横队，所有人之间一臂间隔，教师带领学生做放松拉伸；
	2. 总结时成密集队形；
	3. 值日生回收器材。

指导要点

1. 动作舒展、准确，身体放松；

2. 总结课堂内容，给予积极反馈。

第四课 小场地 5V5 比赛

技能目标：通过本节课的练习，提高学生在比赛中运用技术的能力。
体能目标：通过比赛，提高学生的速度，发展学生的协调性。
情感目标：通过比赛，培养学生的团队合作精神和竞争意识。

场区设置（教师可依教学实际情况进行调整）	课程结构（40min）
	**准备部分：10min** 热身
	练习：25min 小场地 5V5 比赛
	结束部分：5min 放松拉伸

准备部分：热身	
场地设置	**组织方法**
场地　40m×20m 时间　10min 器材　无 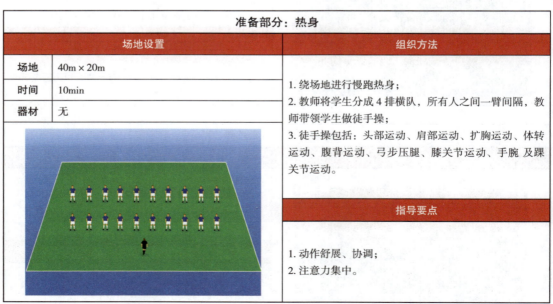	1. 绕场地进行慢跑热身； 2. 教师将学生分成 4 排横队，所有人之间一臂间隔，教师带领学生做徒手操； 3. 徒手操包括：头部运动、肩部运动、扩胸运动、体转运动、腹背运动、弓步压腿、膝关节运动、手腕 及踝关节运动。
	指导要点
	1. 动作舒展、协调； 2. 注意力集中。

练习：小场地 5V5 比赛

场地设置		组织方法
场地	25m × 15m	1.教师将学生分为5人一组，共8组；（图示以2组为例） 2.8组学生分别在编号为1、2、3、4的四块场地进行比赛，比赛分为两节，每节10min； 3.第一节比赛结束后，1号场地和2号场地的队伍随机交换比赛对手，3号场地和4号场地的队伍随机交换比赛对手，继续进行第二节比赛。
时间	25min：练习 10min，间歇 5min，共 2 组	
器材	足球、球门	

	指导要点
	1.比赛中积极运用所学技术； 2.比赛中互相协作及交流； 3.比赛中互相鼓励，积极参与。

结束部分：放松拉伸

场地设置	组织方法
	1.教师将学生分成4排横队，所有人之间一臂间隔，教师带领学生做放松拉伸； 2.总结时成密集队形； 3.值日生回收器材。
	指导要点
	1.动作舒展、准确，身体放松； 2.总结课堂内容，给予积极反馈。

第五课　巩固假动作技术及 1V1 进攻技术

技能目标：通过练习，巩固学生运球过人技术及 1V1 进攻技术。
体能目标：通过练习，发展学生的协调性、灵敏性、柔韧性、平衡性。
情感目标：通过练习，培养学生的专注力、自信心及团队合作意识。

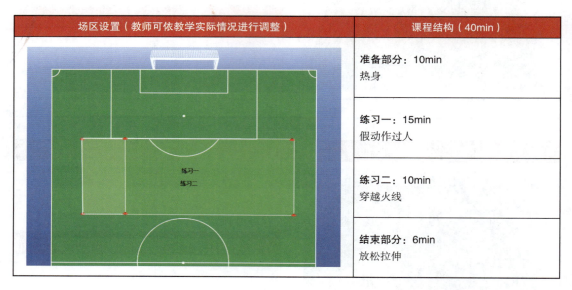

场区设置（教师可依教学实际情况进行调整）	课程结构（40min）
	准备部分：10min 热身
	练习一：15min 假动作过人
	练习二：10min 穿越火线
	结束部分：6min 放松拉伸

准备部分：热身	
场地设置	组织方法

场地	40m×30m	
时间	10min	1.绕场地进行慢跑热身； 2.教师将学生分成 5 人一组，共 8 组； 3.教师带领学生做行进间热身操； 4.行进间热身操包括：扩胸运动、振臂运动、体转运动、正面踢腿、侧面踢腿、小步跑、高抬腿等。
器材	标志盘	

	指导要点
	1.动作舒展、协调； 2.注意力集中。

练习一：假动作过人

场地设置	组织方法
场地 20m×8m **时间** 15min：练习3min，间歇1min，共4组 **器材** 足球、标志盘	1.教师将学生分成8人一组，共5组；（图示以1组为例） 2.每组在标志盘区域两侧各站4名学生； 3.学生运球至标志盘区域中心，向两侧变向运球至对面，将传球给下一名学生； 4.依次循环进行练习 变化：左右脚进行轮换。

	指导要点
	1.运球时注意抬头观察； 2.运球时需要注意触球力度大小及变向的角度； 3.运球人做完假动作后需要有速度的变化。

练习二：穿越火线

场地设置	组织方法
场地 20m×8m **时间** 10min：练习3min，间歇30s，共3组 **器材** 足球、标志盘	1.教师将学生分成8人一组，共5组；（图示以1组为例） 2.每组1球，标志盘区域一侧站4名学生，另一侧站3名学生，中间区域站1名学生为防守人；持球学生运球穿越标志盘区域至对侧将球交给下一名学生，防守方断球后带离此区域传球给下一名学生，被抢断后的学生，留在中间区域进行防守。

	指导要点
	1.运球时注意观察对手； 2.假动作的连贯性； 3.运球的速度变化。

结束部分：放松拉伸

场地设置	组织方法
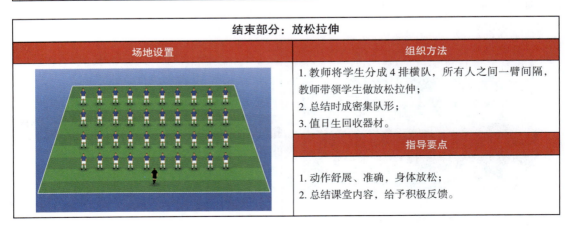	1.教师将学生分成4排横队，所有人之间一臂间隔，教师带领学生做放松拉伸； 2.总结时成密集队形； 3.值日生回收器材。

	指导要点
	1.动作舒展、准确，身体放松； 2.总结课堂内容，给予积极反馈。

第六课　提高射门技术及巩固 1V1 防守技术

技能目标：通过本节课学习，提高学生的射门技术及巩固学生 1V1 防守技术。
体能目标：通过练习，发展学生的协调性、灵敏性、柔韧性、平衡性。
情感目标：通过练习，培养学生的专注力、自信心及团队合作意识。

场区设置（教师可依教学实际情况进行调整）	课程结构（40min）
	准备部分：10min 热身
	练习一：15min 射门
	练习二：10min 1V1 防守
	结束部分：5min 放松拉伸

准备部分：热身	
场地设置	**组织方法**
场地　40m×30m 时间　10min 器材　标志盘 （场地示意图）	1.绕场地进行慢跑热身； 2.教师将学生分成 5 人一组，共 8 组； 3.教师带领学生做行进间热身操； 4.行进间热身操包括：扩胸运动、振臂运动、体转运动、正面踢腿、侧面踢腿、小步跑、高抬腿等。
	指导要点
	1.动作舒展、协调； 2.注意力集中。

练习一：射门	
场地设置	**组织方法**
场地　30m×20m 时间　15min 器材　足球、标志桶、球门 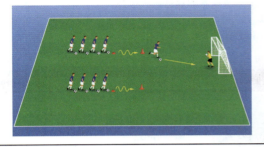	1.教师将学生分成5人一组，共8组；（图示以2组为例） 2.2组在一块场地上练习，分红、蓝两队，球门两侧各站一队； 3.蓝队运球通过标志桶射门后，红队开始运球射门；蓝队射门后要迅速靠近红队进行防守（消极防守）；同样，红队射门后，蓝队开始运球射门，红队上前防守； 3.完成一组后，2组学生交换位置。 变化：防守学生由消极防守变为积极防守。
	指导要点
	1.进攻学生持球时，防守学生快速压迫，给予压力； 2.距离进攻学生一臂距离，侧身站位； 3.重心降低，视线不离开球，不易被虚晃。

练习二：1V1防守	
场地设置	**组织方法**
场地　30m×20m 时间　10min：练习3min，间歇30s，共3组 器材　足球、标志桶、球门 	1.教师将学生分为5人一组，共8组；（图示以2组为例） 2.两组在一块场地练习，分红蓝两队在球门两侧各站一队，蓝队运球通过标志桶射门后，红队开始运球射门；蓝队射门后要迅速靠近红队进行防守（消极防守）；同样，红队射门后，蓝队开始运球射门，红队上前防守。 3.完成一组练习后，两组学生交换位置。 变化：防守学生由消极防守变为积极防守。
	指导要点
	1.注意抛球的力度和准确度； 2.根据球的落点，及时移动到位； 3.脚尖微翘将球接到需要的地方，便于下一个技术动作的衔接。

结束部分：放松拉伸	
场地设置	**组织方法**
	1.教师将学生分成4排横队，所有人之间一臂间隔，教师带领学生做放松拉伸； 2.总结时成密集队形； 3.值日生回收器材。
	指导要点
	1.动作舒展、准确，身体放松； 2.总结课堂内容，给予积极反馈。

第七课　小场地 5V5 比赛

技能目标：通过本节课的练习，提高学生在比赛中运用技术的能力。
体能目标：通过比赛，发展学生的速度和协调性。
情感目标：通过比赛，培养学生的团队合作精神和竞争意识。

场区设置（教师可依教学实际情况进行调整）	课程结构（40min）
	准备部分：10min 热身
	练习：25min 小场地 5V5 比赛
	结束部分：5min 放松拉伸

准备部分：热身	
场地设置	**组织方法**

场地	40m×20m
时间	10min
器材	无

组织方法

1. 绕场地进行慢跑热身；
2. 教师将学生分成 4 排横队，所有人之间一臂间隔，教师带领学生做徒手操；
3. 徒手操包括：头部运动、肩部运动、扩胸运动、体转运动、腹背运动、弓步压腿、膝关节运动、手腕 及踝关节运动。

指导要点

1. 动作舒展、协调；
2. 注意力集中。

练习：小场地 5V5 比赛	
场地设置	**组织方法**
场地 25m×15m 时间 25min：练习 10min，间歇 5min，共 2 组 器材 足球、球门 	1.教师将学生分为 5 人一组，共 8 组；（图示以 2 组为例） 2.8 组学生分别在编号为 1、2、3、4 的四块场地进行比赛，比赛分为两节，每节 10min； 3.第一节比赛结束后，1 号场地和 2 号场地的队伍随机交换比赛对手，3 号场地和 4 号场地的队伍随机交换比赛对手，继续进行第二节比赛。
	指导要点
	1.比赛中积极运用所学技术； 2.比赛中互相协作及交流； 3.比赛中互相鼓励，积极参与。

结束部分：放松拉伸	
场地设置	**组织方法**
	1.教师将学生分成 4 排横队，所有人之间一臂间隔，教师带领学生做放松拉伸； 2.总结时成密集队形； 3.值日生回收器材。
	指导要点
	1.动作舒展、准确，身体放松； 2.总结课堂内容，给予积极反馈。

第八课　身体素质练习

体能目标： 通过练习，发展学生的平衡性和速度素质。
情感目标： 通过练习，提高学生的专注度和自信心，促进相互协作。

场区设置（教师可依教学实际情况进行调整）	课程结构（40min）
	**准备部分：10min** 热身
	练习一：15min 平衡性练习
	练习二：10min 速度练习
	结束部分：5min 放松拉伸

准备部分：热身	
场地设置	**组织方法**

场地设置		组织方法
场地	40m×30m	1.绕场地进行慢跑热身； 2.教师将学生分成5人一组，共8组； 3.教师带领学生做行进间热身操； 4.行进间热身操包括：扩胸运动、振臂运动、体转运动、正面踢腿、侧面踢腿、小步跑、高抬腿等。
时间	10min	
器材	标志盘	

指导要点
1.动作舒展、协调； 2.注意力集中。

练习一：平衡性练习

场地设置		组织方法
场地	30m×15m	1. 教师将学生分为 10 人一组，共 4 组；（图示以每组第一名学生为例） 2. 第一组学生绕栏架左右脚轮换单腿跳； 3. 第二组学生在标志桶区域闭眼单脚支撑，1min 时换脚； 4. 第三组学生跨跳灵敏环，落地单腿支撑； 5. 第四组学生在标志桶区域双脚敲球，1min 时改为双脚交替踩球； 6. 每组练习结束，按顺时针轮换至下一组练习。
时间	15min：练习 3min，间歇 1min，共 4 组	
器材	足球、栏架、标志桶、灵敏环	

	指导要点
	1. 保持身体稳定，利用小肌肉群保持平衡； 2. 避免触碰标志物； 3. 每名学生之间衔接紧密。

练习二：速度练习

场地设置		组织方法
场地	30m×20m	1. 教师将学生分为 10 人一组，共 4 组；（图示以 2 组为例） 2. 每两组在一个场地练习，其中一组每名学生 1 球； 3. 听到教师口令后，有球的学生快速运球射门，无球的学生进行防守； 4. 每组练习结束，两组学生互换位置。 变化：罚球区前射门。
时间	10min：练习 3min，间歇 30s，共 3 组	
器材	足球、标志盘	

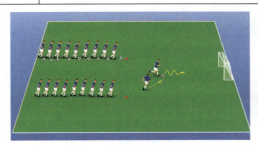

	指导要点
	1. 最快速度做出反应； 2. 避免猜测和抢跑。

结束部分：放松拉伸

场地设置	组织方法
	1. 教师将学生分成 4 排横队，所有人之间一臂间隔，教师带领学生做放松拉伸； 2. 总结时成密集队形； 3. 值日生回收器材。
	指导要点
	1. 动作舒展、准确，身体放松； 2. 总结课堂内容，给予积极反馈。

第九课 学习 2 V 1 战术配合

场区设置（教师可依教学实际情况进行调整）	课程结构（40min）
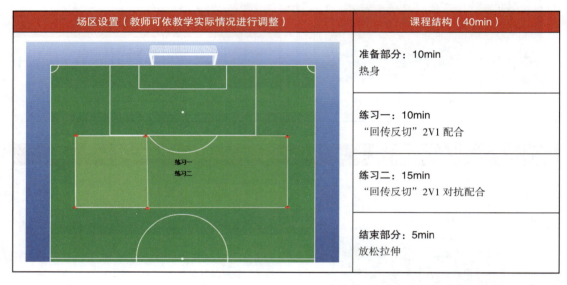	**准备部分：10min** 热身
	练习一：10min "回传反切" 2V1 配合
	练习二：15min "回传反切" 2V1 对抗配合
	结束部分：5min 放松拉伸

准备部分：热身	
场地设置	**组织方法**
场地 40m×30m 时间 10min 器材 标志盘	1. 绕场地进行慢跑热身； 2. 教师将学生分成 5 人一组，共 8 组； 3. 教师带领学生做行进间热身操； 4. 行进间热身操包括：扩胸运动、振臂运动、体转运动、正面踢腿、侧面踢腿、小步跑、高抬腿等。
	指导要点
	1. 动作舒展、协调； 2. 注意力集中。

练习一："回传反切" 2V1 配合

场地设置		组织方法
场地	20m×20m	1. 教师将学生分成 10 人一组，共 4 组，组内分为 2 队，其中一队每名学生 1 个球；（图示以 1 组为例） 2. 有球学生和无球学生两人一小组，有球的学生向前运球至标志桶处，将球回传给无球学生并快速向球门方向跑动（"反切"），无球学生接球后将球迅速传给"反切"的学生，"反切"的学生接球后完成射门； 3. 每小组 2 名学生完成"回传反切" 2V1 练习后回到队尾并交换位置； 4. 两队依次循环练习。
时间	10min：练习 3min，间歇 30s，共 3 组	
器材	足球、标志盘、小球门	
		**指导要点**
		1. "反切"时要迅速； 2. 注意传球的力度、准确度和时机； 3. 传接球时互相呼应。

练习二："回传反切" 2V1 对抗配合

场地设置		组织方法
场地	20m×20m	1. 教师将学生分成 10 人一组，共 4 组，每组在一个场地练习，同时组内均分成 3 个队，其中一队 2 人；（图示以 1 组为例） 2. 每组两个队伍作为进攻方，一个队伍作为防守方，在指定区域内进行 2V1 配合练习，进攻方将球打进球门得分，防守方抢断球后将球打进对方球门得分。 变化：（1）改变区域大小； 　　　（2）限制进攻时间。
时间	15min：练习 3min，间歇 1min，共 4 组	
器材	足球、标志盘、小球门	
		指导要点
		1. 强调使用"回传反切" 2V1 战术进攻； 2. 传接球时互相呼应。

结束部分：放松拉伸

场地设置	组织方法
	1. 教师将学生分成 4 排横队，所有人之间一臂间隔，教师带领学生做放松拉伸； 2. 总结时成密集队形； 3. 值日生回收器材。
	指导要点
	1. 动作舒展、准确，身体放松； 2. 总结课堂内容，给予积极反馈。

第十课　巩固 2V1 战术配合

场区设置（教师可依教学实际情况进行调整）	课程结构（40min）
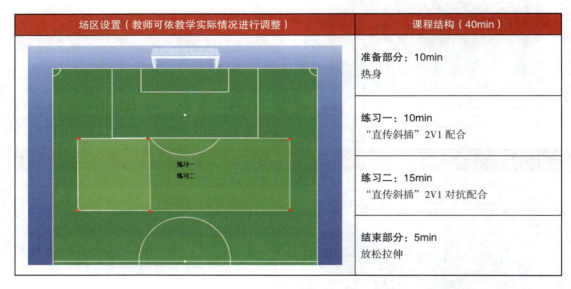	**准备部分**：10min 热身
	练习一：10min "直传斜插" 2V1 配合
	练习二：15min "直传斜插" 2V1 对抗配合
	结束部分：5min 放松拉伸

准备部分：热身	
场地设置	**组织方法**

场地设置		组织方法
场地	40m×30m	1.绕场地进行慢跑热身； 2.教师将学生分成 5 人一组，共 8 组； 3.教师带领学生做行进间热身操； 4.行进间热身操包括：扩胸运动、振臂运动、体转运动、正面踢腿、侧面踢腿、小步跑、高抬腿等。
时间	10min	
器材	标志盘	

指导要点

1.动作舒展、协调；
2.注意力集中。

练习一："直传斜插" 2V1 配合

场地设置		组织方法
场地	20m × 20m	1. 教师将学生分成 10 人一组，共 4 组，组内分为两队，其中一队每名学生 1 个球；（图示以 1 组为例） 2. 有球学生和无球学生两人一小组，有球的学生向前运球至标志桶处，将球直线向前传给无球斜向跑动（"斜插"）的学生，"斜插"的学生接球后完成射门； 3. 每小组两名学生完成"直传斜插" 2V1 练习后回到队尾并交换位置； 4. 两队依次循环练习。
时间	10min：练习 3min，间歇 30s，共 3 组	
器材	足球、标志盘、小球门	

	指导要点
	1. "斜插"时要迅速； 2. 注意传球的力度、准确度和时机； 3. 传接球时互相呼应。

练习二："直传斜插" 2V1 对抗配合

场地设置		组织方法
场地	20m × 20m	1. 教师将学生分成 10 人一组，共 4 组，每组在一个场地练习，同时组内均分成 3 个队，其中一队 2 人；（图示以 1 组为例） 2. 每组两个队伍作为进攻方，一个队伍作为防守方，在指定区域内进行 2V1 配合练习，进攻方将球打进球门得分，防守方抢断球后将球打进对方球门得分。 变化：（1）改变区域大小； 　　　（2）限制进攻时间。
时间	15min：练习 3min，间歇 1min，共 4 组	
器材	足球、标志盘、小球门	

	指导要点
	1. 强调使用"直传斜插" 2V1 战术进攻； 2. 传接球时互相呼应。

结束部分：放松拉伸

场地设置	组织方法
	1. 教师将学生分成 4 排横队，所有人之间一臂间隔，教师带领学生做放松拉伸； 2. 总结时成密集队形； 3. 值日生回收器材。

	指导要点
	1. 动作舒展、准确，身体放松； 2. 总结课堂内容，给予积极反馈。

第十一课　复习脚背内侧长传球技术

技能目标： 通过本节课的学习，使学生熟练掌握脚背内侧长传球的技术动作。
体能目标： 通过练习，发展学生的协调性和平衡性。
情感目标： 通过练习，培养学生的团队合作精神和竞争意识。

场区设置（教师可依教学实际情况进行调整）	课程结构（40min）
	**准备部分：10min** 热身
	练习一：10min 脚背内侧长传球练习
	练习二：15min 接停高空球练习
	结束部分：5min 放松拉伸

准备部分：热身	
场地设置	**组织方法**

场地	40m×30m
时间	10min
器材	标志盘

组织方法

1. 绕场地进行慢跑热身；
2. 教师将学生分成5人一组，共8组；
3. 教师带领学生做行进间热身操；
4. 行进间热身操包括：扩胸运动、振臂运动、体转运动、正面踢腿、侧面踢腿、小步跑、高抬腿等。

指导要点

1. 动作舒展、协调；
2. 注意力集中。

练习一：脚背内侧长传球练习

场地设置		组织方法
场地	20m×15m	1. 教师将学生分成 2 人一组，共 20 组；（图示以 1 组为例） 2. 学生用脚背内侧将球长传给对面的同伴，接球学生需要将球停至标示盘另一侧，然后将球传回。 变化：（1）变换踢球脚（左右脚）； 　　　　（2）尝试不同高度及不同球速。
时间	10min：练习 3min，间歇 30s，共 3 组	
器材	足球、标志盘	
		指导要点
		1. 斜线助跑，助跑方向与出球方向约呈 45°； 2. 支撑脚脚尖指向出球方向，距球内侧方 20～25cm，膝关节微屈，注意考虑支撑脚着地的过程中球行进的距离。

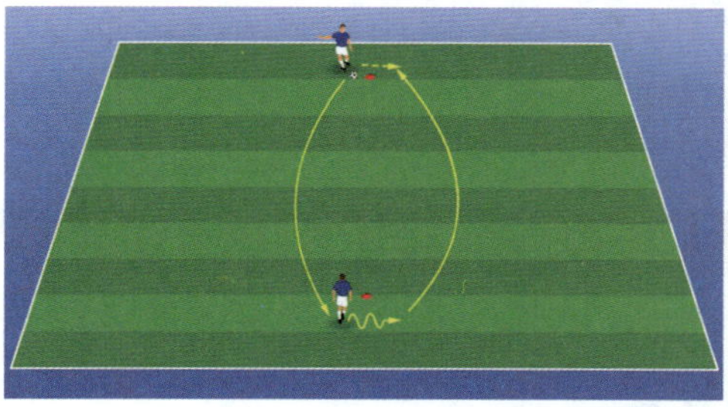

练习二：接停高空球练习

场地设置		组织方法
场地	20m×15m	1. 教师将学生分成 4 人一组，共 10 组，每组 1 球；（图示以 1 组为例） 2. 每组 4 名学生分立场地两侧，每侧 2 个标志盘相距 1m； 3. 2 名学生进行一次传球、做球后，由初始持球的学生长传球至对面学生，对面学生得球后做相同练习； 4. 一组练习结束后，做球的学生与长传球的学生互换位置进行练习。 变化：（1）变换踢球脚（左右脚）； 　　　　（2）尝试接停不同高度、不同速度的球。
时间	15min：练习 3min，间歇 1min，共 4 组	
器材	足球、标志盘	
		指导要点
		1. 注意传球的力度、时机以及准确性； 2. 注意力集中，反应迅速，跑动快速。

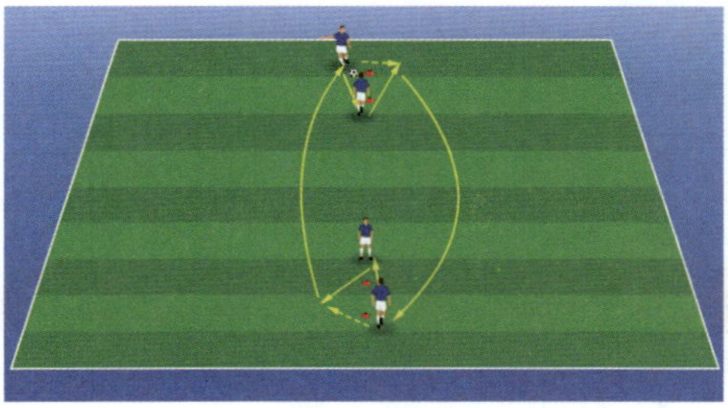

结束部分：放松拉伸

场地设置	组织方法
	1. 教师将学生分成 4 排横队，所有人之间一臂间隔，教师带领学生做放松拉伸； 2. 总结时成密集队形； 3. 值日生回收器材。
	指导要点
	1. 动作舒展、准确，身体放松； 2. 总结课堂内容，给予积极反馈。

第十二课　提高 1V1、2V1 技术能力

技能目标：通过本节课学习，提高学生 1V1 配合能力，提高 2V1 配合能力。
体能目标：通过练习，发展学生的协调性、灵敏性、柔韧性、平衡性。
情感目标：通过练习，培养学生的专注力和自信心。

场区设置（教师可依教学实际情况进行调整）	课程结构（40min）
	**准备部分：10min** 热身
	练习一：15min 1V1 连续过人
	练习二：10min 2V1 区域突破
	结束部分：5min 放松拉伸

准备部分：热身	
场地设置	组织方法

场地设置			组织方法

准备部分：热身

场地设置		组织方法
场地	40m×30m	1. 绕场地进行慢跑热身；
时间	10min	2. 教师将学生分成 5 人一组，共 8 组；
器材	标志盘	3. 教师带领学生做行进间热身操；
		4. 行进间热身操包括：扩胸运动、振臂运动、体转运动、正面踢腿、侧面踢腿、小步跑、高抬腿等。

指导要点
1. 动作舒展、协调； 2. 注意力集中。

练习一：1V1 连续过人

场地设置		组织方法
场地	20m × 10m	1. 教师将学生分成 8 人一组，共 5 组；（图示以 1 组为例） 2. 每组 4 名学生进攻（蓝），4 名学生防守（红）； 3. 4 名进攻学生运球同时出发，在规定区域突破 4 名防守学生且不丢球，即得分；2 次进攻后，攻守交换。 变化：进攻学生运球突破由同时出发变为依次出发。
时间	15min：练习 3min，间歇 1min，共 4 组	
器材	足球、标志盘、标志服	

	指导要点
	1. 抬头观察防守学生的位置； 2. 进攻学生寻找最佳线路，选择合理的位置突破； 3. 运球突破时注意人与球之间的距离不要太远。

练习二：2V1 区域突破

场地设置		组织方法
场地	20m × 10m	1. 教师将学生分成 8 人一组，共 5 大组；（图示以 1 组为例） 2. 2 名学生防守，其余学生 2 人一小组依次进攻； 3. 进攻 2 名学生可进行传球或运用个人突破得分； 4. 防守方不能离开自己防守区域； 5. 完成 2 次进攻后，攻守交换。
时间	10min：练习 3min，间歇 30s，共 3 组	
器材	足球、标志盘、标志服	

	指导要点
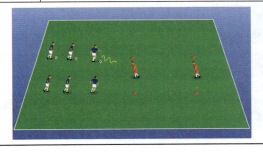	1. 抬头观察防守学生的位置； 2. 持球学生寻找突破的最佳线路； 3. 无球学生利用合理的跑位； 4. 利用人员优势通过传球突破防守学生。

结束部分：放松拉伸

场地设置	组织方法
	1. 教师将学生分成 4 排横队，所有人之间一臂间隔，教师带领学生做放松拉伸； 2. 总结时成密集队形； 3. 值日生回收器材。
	指导要点
	1. 动作舒展、准确，身体放松； 2. 总结课堂内容，给予积极反馈。

第十三课　身体素质练习

技能目标：通过本节课的学习，提高学生专项身体素质。
体能目标：通过练习，发展学生的协调性与快速反应能力。
情感目标：通过练习，激发学生主动参与足球运动的积极性。

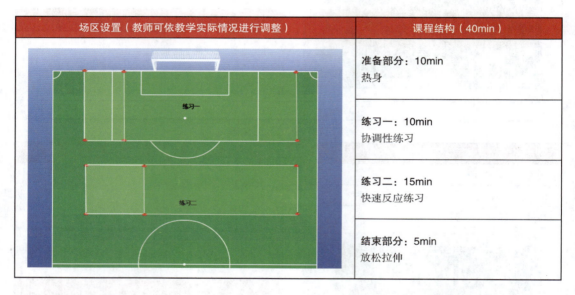

场区设置（教师可依教学实际情况进行调整）	课程结构（40min）
练习一 练习二	准备部分：10min 热身
	练习一：10min 协调性练习
	练习二：15min 快速反应练习
	结束部分：5min 放松拉伸

准备部分：热身	
场地设置	**组织方法**

场地	40m×30m
时间	10min
器材	标志盘

组织方法

1. 绕场地进行慢跑热身；
2. 教师将学生分成 5 人一组，共 8 组；
3. 教师带领学生做行进间热身操；
4. 行进间热身操包括：扩胸运动、振臂运动、体转运动、正面踢腿、侧面踢腿、小步跑、高抬腿等。

指导要点

1. 动作舒展、协调；
2. 注意力集中。

练习一：协调性练习	
场地设置	**组织方法**

	场地设置	组织方法
场地	30m×15m	1. 教师将学生分成 10 人一组，共 4 组；（图示以每组排头学生为例） 2. 第一组左右脚轮换单腿跳栏架； 3. 第二组 2 人一小组在标志区域自由结合单脚互推，脚不落地则获胜； 4. 第三组跨跳灵敏环，落地单腿支撑； 5. 第四组在标志区域单脚跳跃揉球，30s 时换脚揉球，1min 时换双脚交替踩球； 6. 每组练习结束，按顺时针轮换至下一组练习。
时间	10min：练习 3min，间歇 30s，共 3 组	
器材	足球、标志桶、灵敏环、栏架	
		指导要点
		1. 保持身体稳定，利用小肌肉群保持平衡； 2. 避免触碰标志物； 3. 每名学生之间衔接紧密。

练习二：快速反应练习	
场地设置	**组织方法**

	场地设置	组织方法
场地	20m×20m	1. 教师将学生分成 20 人一组，共 2 组，每名学生 1 球；（图示以 1 组为例） 2. 每组学生在指定区域内按教师要求的动作进行自由运球，当听到教师口令"脚"时，学生快速用脚将球停下，教师不断变换停球部位口令，循环练习。 变化：（1）由停球变为学生之间交换球； （2）增加口令变换的频率。
时间	15min：练习 3min，间歇 1min，共 4 组	
器材	足球	
		指导要点
		1. 注意力集中； 2. 控制运控球节奏。

结束部分：放松拉伸	
场地设置	**组织方法**

场地设置	组织方法
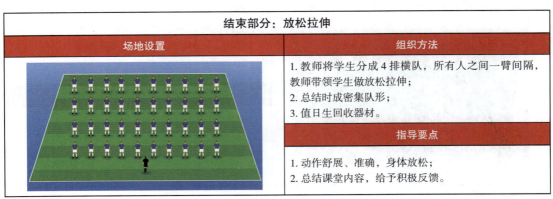	1. 教师将学生分成 4 排横队，所有人之间一臂间隔，教师带领学生做放松拉伸； 2. 总结时成密集队形； 3. 值日生回收器材。
	指导要点
	1. 动作舒展、准确，身体放松； 2. 总结课堂内容，给予积极反馈。

第十四课　小场地 5V5 比赛

场区设置（教师可依教学实际情况进行调整）	课程结构（40min）
	准备部分：10min 热身
	练习：25min 小场地 5V5 比赛
	结束部分：5min 放松拉伸

准备部分：热身

场地设置		组织方法
场地	40m × 30m	1. 绕场地进行慢跑热身； 2. 教师将学生分成 5 人一组，共 8 组； 3. 教师带领学生做行进间热身操； 4. 行进间热身操包括：扩胸运动、振臂运动、体转运动、正面踢腿、侧面踢腿、小步跑、高抬腿等。
时间	10min	
器材	标志盘	

	指导要点
	1. 动作舒展、协调； 2. 注意力集中。

练习：小场地 5V5 比赛	
场地设置	组织方法
<table><tr><td>场地</td><td>25m×15m</td></tr><tr><td>时间</td><td>25min：练习 10min，间歇 5min，共 2 组</td></tr><tr><td>器材</td><td>足球、球门</td></tr></table> 	1. 教师将学生分为 5 人一组，共 8 组；（图示以 2 组为例） 2.8 组学生分别在编号为 1、2、3、4 的四块场地进行比赛，比赛分为两节，每节 10min； 3. 第一节比赛结束后，1 号场地和 2 号场地的队伍随机交换比赛对手，3 号场地和 4 号场地的队伍随机交换比赛对手，继续进行第二节比赛。
	指导要点
	1. 比赛中积极运用所学技术； 2. 比赛中互相协作及交流； 3. 比赛中互相鼓励，积极参与。

结束部分：放松拉伸	
场地设置	组织方法
	1. 教师将学生分成 4 排横队，所有人之间一臂间隔，教师带领学生做放松拉伸； 2. 总结时成密集队形； 3. 值日生回收器材。
	指导要点
	1. 动作舒展、准确，身体放松； 2. 总结课堂内容，给予积极反馈。

第十五课　足球运动中的体育精神

知识目标：通过本节课的学习，培养学生的团结合作、积极进取、努力拼搏精神。
情感目标：通过练习，提高学生的思维能力。

课程结构（40min）			
开始部分（5min）	内容一（15min）	内容二（15min）	结束部分（5min）
介绍本节课内容	团结、合作	积极、拼搏	总结

开始部分：介绍本节课内容

组织方法				指导要点
时间	5min	地点	多媒体教室	1. 引导学生进入主题； 2. 了解学生关于体育精神的知识储备； 3. 介绍本节课内容。
1. 提问； 2. 讲解。				

内容一：团结、合作

组织方法				指导要点
时间	15min	地点	多媒体教室	1. 足球运动中的团结、合作体现在团队成员以及教师与学生之间，是个人素质和球队良好队风的体现，也是取得优异比赛成绩的保障（通过相关视频，如团队配合的视频集锦，加深学生对团结、合作的理解）； 2. 强调团结、合作在足球运动中的重要性，鼓励学生加强团队合作。
1. 提问、讨论； 2. 观看视频学习。 变化：知识竞答。				

内容二：积极、拼搏

组织方法				指导要点
时间	15min	地点	多媒体教室	1. 足球运动中的积极进取和永不放弃的拼搏精神； 2. 通过足球教育引导学生养成积极努力的心态； 3. 通过足球教育引导学生在日常学习和生活中追求理想。
1. 提问、讨论； 2. 观看视频学习。 变化：辩论。				

结束部分：总结

组织方法				指导要点
时间	5min	地点	多媒体教室	1. 本节课学习的主要内容； 2. 鼓励学生学以致用。
1. 提问； 2. 课堂作业。				

第十六课　足球技能考试

技能目标：通过考试，考查学生的运球技术能力。
体能目标：通过考试，测试学生的速度、灵敏性、协调性。
情感目标：通过考试，考查学生的注意力、决策能力。

场区设置（教师可依教学实际情况进行调整）	课程结构（40min）
	**准备部分：**5min 热身
	考试一：15min 折线运球
	考试二：15min 折线跑
	结束部分：5min 放松拉伸

准备部分：热身		
场地设置		**组织方法**
场地	40m×30m	1. 绕场地进行慢跑热身； 2. 教师将学生分成 5 人一组，共 8 组； 3. 教师带领学生做行进间热身操； 4. 行进间热身操包括：扩胸运动、振臂运动、体转运动、正面踢腿、侧面踢腿、小步跑、高抬腿等。
时间	10min	
器材	标志盘	
		指导要点
		1. 动作舒展、协调； 2. 注意力集中。

考试一：折线运球

场地设置		组织方法
场地	16m×8m	1.考试场地与组织形式：考试场地为 16m×8m 的长方形区域，20 人一大组，共 2 个大组，每个大组 2 人一小组同时开始。
时间	15min	2.考试方法：听教师口令后，从起点线出发开始运球，依次绕过 5 个标志桶，以运球过终点线为考试结束。
器材	足球、标志桶	

指导要点
教师计时，对照评分标准给予相应的成绩，测试 2 次，记录最佳成绩，漏桶则成绩无效。

考试二：折线跑

场地设置		组织方法
场地	16m×8m	1.考试场地与组织形式：考试场地为 16m×8m 的长方形区域，分 2 大组，2 人一小组同时开始。
时间	15min	2.考试方法：听教师口令后，学生采用站立式起跑，从起点线按顺序依次绕过标志桶外侧，冲过终点线。
器材	标志桶	

指导要点
教师计时，对照评分标准给予相应的成绩，测试 2 次，记录最佳成绩，碰倒桶或漏桶则成绩无效。

结束部分：放松拉伸

场地设置	组织方法
	1.教师将学生分成 4 排横队，所有人之间一臂间隔，教师带领学生做放松拉伸； 2.总结时成密集队形； 3.值日生回收器材。

指导要点
1.动作舒展、准确，身体放松； 2.总结课堂内容，给予积极反馈。

评分标准

测评内容	性别	单位	单项得分									
			100	90	80	70	60	50	40	30	20	10
折线运球	女	（秒）	≤11.1	11.2 ~ 12.0	12.1 ~ 12.8	12.9 ~ 13.6	13.7 ~ 14.2	14.23~14.7	14.8 ~ 15.3	15.4 ~ 15.9	16.0 ~ 16.5	16.6 ~ 17
	男		≤10.4	10.5 ~ 11.0	11.1 ~ 11.8	11.9 ~ 12.2	12.3 ~ 12.4	12.5 ~ 12.9	13.0 ~ 13.2	13.3 ~ 14.2	14.3 ~ 15.3	15.4 ~ 16.0
折线跑	女	（秒）	≤7.5	7.6 ~ 7.7	7.8 ~ 7.9	8.0 ~ 8.1	8.2 ~ 8.3	8.4 ~ 8.5	8.6 ~ 8.7	8.8 ~ 8.9	9.1 ~ 9.2	9.3 ~ 9.4
	男		≤6.8	6.9 ~ 7.0	7.1 ~ 7.2	7.3 ~ 7.4	7.5 ~ 7.6	7.7 ~ 7.8	7.9 ~ 8.0	8.1 ~ 8.2	8.3 ~ 8.4	8.5 ~ 8.6

注：教师可根据学生掌握技能的实际情况对考试标准进行适度调整。

综合评分：折线运球得分 ×0.6+ 折线跑得分 ×0.4。

六年级下学期

足球教学课次内容示例

第十七课　巩固传接球技术

技能目标： 通过本节课的学习，巩固学生的传接球技术。
体能目标： 通过练习，发展学生的协调性和平衡性。
情感目标： 通过练习，培养学生的团队合作精神和竞争意识。

场区设置（教师可依教学实际情况进行调整）	课程结构（40min）
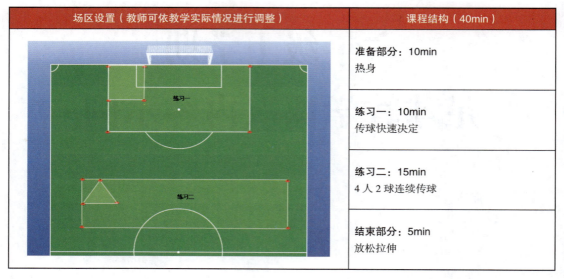	**准备部分：** 10min 热身
	练习一： 10min 传球快速决定
	练习二： 15min 4人2球连续传球
	结束部分： 5min 放松拉伸

准备部分：热身	
场地设置	**组织方法**

场地	40m × 30m	1. 绕场地进行慢跑热身； 2. 教师将学生分成5人一组，共8组； 3. 教师带领学生做行进间热身操； 4. 行进间热身操包括：扩胸运动、振臂运动、体转运动、正面踢腿、侧面踢腿、小步跑、高抬腿等。
时间	10min	
器材	标志盘	

指导要点
1. 动作舒展、协调； 2. 注意力集中。

练习一：传球快速决定

场地设置		组织方法
场地	8m×8m	1. 教师将学生分成 4 人一组，共 10 组；（图示以 1 组为例） 2. 每组 1 名学生担任防守方负责抢球，另外 3 名学生站在规定区域的标志盘上，2 名学生持球，3 名学生间进行相互传球，避免球被抢到； 3. 被抢到球的学生与防守同学进行角色互换，然后继续练习。 变化：（1）改变区域大小； 　　　（2）规定踢球脚（左右脚）。
时间	10min：练习 3min，间歇 30s，共 3 组	
器材	足球、标志盘	
		**指导要点**
		1. 接应学生快速判断并移动； 2. 持球学生观察防守学生位置快速做出决定。

练习二：4 人 2 球连续传球

场地设置		组织方法
场地	边长 5m 的三角形	1. 教师将学生分成 4 人一组，共 10 组；（图示以 1 组为例） 2. 每组初始站位如图所示，其中 2 名学生持球，1 名学生站在左侧顶点准备接球； 3. 一名学生先进行传球，顶点穿红色标志服的学生接球后传给初始时无球的第 3 名学生； 4. 与此同时，另一名初始持球学生将球传给穿红色标志服的学生，其接球后继续将球传给另一名无球学生，如此循环反复。 变化：（1）一脚传球； 　　　（2）改变传球距离。
时间	15min：练习 3min，间歇 1min，共 4 组	
器材	足球、标志盘	
		**指导要点**
		1. 调整身体姿势，打开身体； 2. 注意力集中，迅速做出判断； 3. 注意传球时机、力度以及准确性。

结束部分：放松拉伸

场地设置	组织方法
	1. 教师将学生分成 4 排横队，所有人之间一臂间隔，教师带领学生做放松拉伸； 2. 总结时成密集队形； 3. 值日生回收器材。
	指导要点
	1. 动作舒展、准确，身体放松； 2. 总结课堂内容，给予积极反馈。

第十八课　提高运控球技术

场区设置（教师可依教学实际情况进行调整）	课程结构（40min）
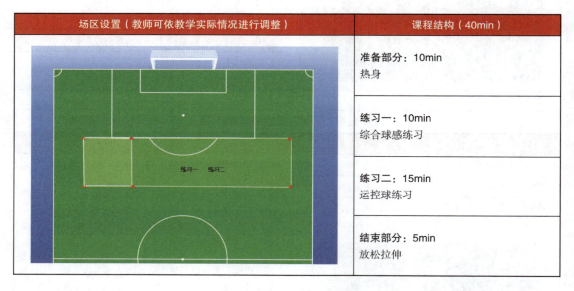	**准备部分：** 10min 热身
	练习一： 10min 综合球感练习
	练习二： 15min 运控球练习
	结束部分： 5min 放松拉伸

准备部分：热身	
场地设置	**组织方法**
场地　40m×30m 时间　10min 器材　标志盘	1. 绕场地进行慢跑热身； 2. 教师将学生分成 5 人一组，共 8 组； 3. 教师带领学生做行进间热身操； 4. 行进间热身操包括：扩胸运动、振臂运动、体转运动、正面踢腿、侧面踢腿、小步跑、高抬腿等。
	指导要点
	1. 动作舒展、协调； 2. 注意力集中。

练习一：综合球感练习

场地设置		组织方法
场地	15m×15m	1. 教师将学生分为 5 人一组，共 8 组；（图示以 2 组为例） 2. 如图所示，每组学生均匀分布在标志盘后，每名学生 1 个球； 3. 练习开始后，学生运球过 Z 字标志桶后快速带球返回至队尾，循环练习； 4. 教师规定运球动作，如踩拉球、敲球、推拉球、拨球、扣球等。
时间	10min：练习 3min，间歇 30s，共 3 组	
器材	足球、标志盘	
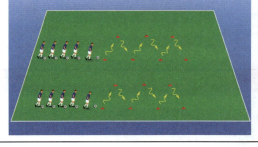		**指导要点**
		1. 运球时注意抬头观察； 2. 学生运球时尽量加快频率； 3. 学生运球时身体重心前倾。

练习二：运控球练习

场地设置		组织方法
场地	15m×15m	1. 教师将学生分成 5 人一组，共 8 组； 2. 每两组在一个场地练习，其中一组每名学生 1 个球；（图示以 2 组为例） 3. 有球的学生在规定区域内自由运球，躲避无球的学生，无球的学生在区域内抢球，得到球后将球控制在自己脚下； 4. 规定时间内，最终获得球权的学生获胜，循环练习。 变化：（1）改变场地大小； 　　　（2）改变组间时间。
时间	15min：练习 3min，间歇 1min，共 4 组	
器材	足球	
		指导要点
		1. 运球时抬头观察，控制运球节奏； 2. 变速变向时，身体重心跟上； 3. 注意安全，避免相撞。

结束部分：放松拉伸

场地设置	组织方法
	1. 教师将学生分成 4 排横队，所有人之间一臂间隔，教师带领学生做放松拉伸； 2. 总结时成密集队形； 3. 值日生回收器材。
	指导要点
	1. 动作舒展、准确，身体放松； 2. 总结课堂内容，给予积极反馈。

第十九课　提高前额正面头顶球、胸部停球技术

技能目标：通过本节课的学习，使学生熟练掌握前额正面头顶球和胸部停球技术。
体能目标：通过练习，发展学生的协调性和灵敏性。
情感目标：通过练习，培养学生的团队合作精神和竞争意识。

场区设置（教师可依教学实际情况进行调整）	课程结构（40min）
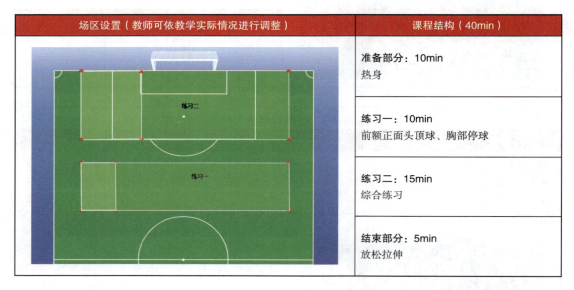	**准备部分：**10min 热身
	练习一：10min 前额正面头顶球、胸部停球
	练习二：15min 综合练习
	结束部分：5min 放松拉伸

准备部分：热身	
场地设置	**组织方法**
场地 40m×30m 时间 10min 器材 标志盘	1. 绕场地进行慢跑热身； 2. 教师将学生分成5人一组，共8组； 3. 教师带领学生做行进间热身操； 4. 行进间热身操包括：扩胸运动、振臂运动、体转运动、正面踢腿、侧面踢腿、小步跑、高抬腿等。
	指导要点
	1. 动作舒展、协调； 2. 注意力集中。

练习一：前额正面头顶球、胸部停球

场地设置		组织方法
场地	10m×5m	1. 教师将学生分成 2 人一组，共 20 组；（图示以 1 组为例） 2. 每一组在规定区域面对面进行正面头顶球和胸部停球练习。一名学生手抛球，另一名学生头顶球将球顶回；一名学生手抛球，另一名学生用胸部停球后将球传回； 3. 熟练之后，头顶球和胸部接球相衔接，保持球不掉落地面； 4. 依次循环练习。 变化：（1）拉大距离，提高难度； 　　　（2）采用计分比赛的方法提高学生积极性。
时间	10min：练习 3min，间歇 30s，共 3 组	
器材	足球、标志盘	
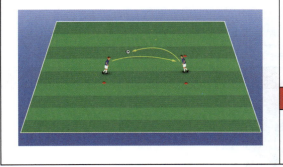		
		指导要点
		1. 接球前身体做好准备姿势，脚下移动迅速； 2. 接球前认真观察，判断来球方向和速度； 3. 保持好 2 名学生的间距，控制好顶球的力度。

练习二：综合练习

场地设置		组织方法
场地	20m×30m	1. 教师将学生分为 5 人一组，共 8 组；（图示以 2 组为例） 2. 2 组学生在规定区域进行手球游戏； 3. 运用足球比赛的规则，手抛球传球，接球时先用胸部传球，设置 2 个常规的球门区，在该区域可以头球射门得分； 4. 依次循环练习。 变化：增加比赛人数。
时间	15min：练习 3min，间歇 1min，共 4 组	
器材	足球、球门、标志盘	
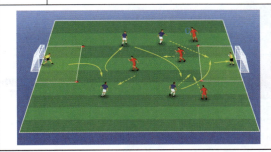		
		指导要点
		1. 注意传球后通过移动创造空间，保持区域的进攻人数优势； 2. 引导学生进行头球射门。

结束部分：放松拉伸

场地设置	组织方法
	1. 教师将学生分成 4 排横队，所有人之间一臂间隔，教师带领学生做放松拉伸； 2. 总结时成密集队形； 3. 值日生回收器材。
	指导要点
	1. 动作舒展、准确，身体放松； 2. 总结课堂内容，给予积极反馈。

第二十课　小场地 5V5 比赛

技能目标： 通过本节课的练习，提高学生在比赛中运用技术的能力。
体能目标： 通过比赛，发展学生的速度和协调性。
情感目标： 通过比赛，培养学生的团队合作精神和竞争意识。

场区设置（教师可依教学实际情况进行调整）	课程结构（40min）
	**准备部分：10min** 热身
	练习：25min 小场地 5V5 比赛
	结束部分：5min 放松拉伸

准备部分：热身	
场地设置	**组织方法**

场地	40m×30m	
时间	10min	1. 绕场地进行慢跑热身； 2. 教师将学生分成 5 人一组，共 8 组； 3. 教师带领学生做行进间热身操； 4. 行进间热身操包括：扩胸运动、振臂运动、体转运动、正面踢腿、侧面踢腿、小步跑、高抬腿等。
器材	标志盘	

	指导要点
	1. 动作舒展、协调； 2. 注意力集中。

练习：小场地 5V5 比赛	
场地设置	组织方法
<table><tr><td>场地</td><td>25m × 15m</td></tr><tr><td>时间</td><td>25min：练习 10min，间歇 5min，共 2 组</td></tr><tr><td>器材</td><td>足球、球门</td></tr></table> 	1. 教师将学生分为 5 人一组，共 8 组；（图示以 2 组为例） 2. 8 组学生分别在编号为 1、2、3、4 的四块场地进行比赛，比赛分为两节，每节 10min； 3. 第一节比赛结束后，1 号场地和 2 号场地的队伍随机交换比赛对手，3 号场地和 4 号场地的队伍随机交换比赛对手，继续进行第二节比赛。
	指导要点
	1. 比赛中积极运用所学技术； 2. 比赛中互相协作及交流； 3. 比赛中互相鼓励，积极参与。

结束部分：放松拉伸	
场地设置	组织方法
	1. 教师将学生分成 4 排横队，所有人之间一臂间隔，教师带领学生做放松拉伸； 2. 总结时成密集队形； 3. 值日生回收器材。
	指导要点
	1. 动作舒展、准确，身体放松； 2. 总结课堂内容，给予积极反馈。

第二十一课　提高假动作技术及 1V1 进攻技术

技能目标：通过本节课学习，提高学生的假动作技术及 1V1 进攻技术。
体能目标：通过练习，发展学生的协调性、灵敏性、柔韧性、平衡性。
情感目标：通过练习，培养学生的专注力和自信心。

场区设置（教师可依教学实际情况进行调整）	课程结构（40min）
	**准备部分：** 10min 热身
	练习一： 10min 急停急转
	练习二： 15min 1V1 进攻
	结束部分： 5min 放松拉伸

准备部分：热身	
场地设置	**组织方法**

场地	40m×30m	1.绕场地进行慢跑热身； 2.教师将学生分成 5 人一组，共 8 组； 3.教师带领学生做行进间热身操； 4.行进间热身操包括：扩胸运动、振臂运动、体转运动、正面踢腿、侧面踢腿、小步跑、高抬腿等。
时间	10min	
器材	标志盘	

指导要点

1.动作舒展、协调；
2.注意力集中。

练习一：急停急转

场地设置		组织方法
场地	15m×5m	1. 教师将学生分成5人一组，共8组，每2组在一个场地练习；（图示以2组为例）
时间	10min：练习3min，间歇30s，共3组	2. 每组学生在指定区域标志盘处站位，其中一组学生作为进攻组，面向防守组学生，从起点出发至终点标志桶处，期间可前后左右移动并做急停急转动作，防守组学生需要模仿进攻组学生做相同的动作，直至终点处；
器材	标志盘、标志桶	3. 每次练习结束后，每组参与练习的学生回到队尾呼唤位置，依次循环练习。
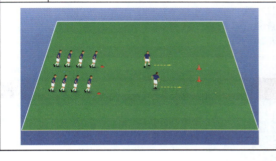		**指导要点**
		1. 急停急转时衔接紧密； 2. 动作简单有效。

练习二：1V1进攻

场地设置		组织方法
场地	15m×15m	1. 教师将学生分成5人一组，共8组，每两组在一个场地练习，分为进攻组和防守组，进攻组每名学生1球；（图示以2组为例）
时间	15min：练习3min，间歇1min，共4组	2. 进攻组学生可进攻左右两个小球门，进球得分，防守组学生将球破坏出区域得分；
器材	足球、标志盘、标志桶、小球门	4. 每次练习结束，双方互换队伍，依次循环练习。 变化：（1）改变场地大小； 　　　（2）改变组间时间。
		指导要点
		1. 进攻时注意变速变向衔接紧密； 2. 动作简单有效，避免拖延时间。

结束部分：放松拉伸

场地设置	组织方法
	1. 教师将学生分成4排横队，所有人之间一臂间隔，教师带领学生做放松拉伸； 2. 总结时成密集队形； 3. 值日生回收器材。
	指导要点
	1. 动作舒展、准确，身体放松； 2. 总结课堂内容，给予积极反馈。

第二十二课　提高射门技术及 1V1 防守技术

技能目标：通过本节课学习，提高学生的射门技术及 1V1 防守技术。
体能目标：通过练习，发展学生的协调性、灵敏性、柔韧性、平衡性。
情感目标：通过练习，培养学生的专注力和自信心。

场区设置（教师可依教学实际情况进行调整）	课程结构（40min）
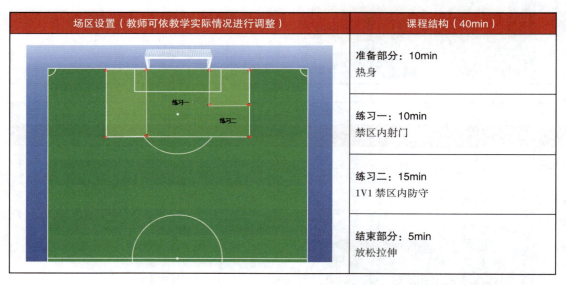	准备部分：10min 热身
	练习一：10min 禁区内射门
	练习二：15min 1V1 禁区内防守
	结束部分：5min 放松拉伸

准备部分：热身	
场地设置	**组织方法**
场地　40m × 30m 时间　10min 器材　标志盘 	1.绕场地进行慢跑热身； 2.教师将学生分成 5 人一组，共 8 组； 3.教师带领学生做行进间热身操； 4.行进间热身操包括：扩胸运动、振臂运动、体转运动、正面踢腿、侧面踢腿、小步跑、高抬腿等。
	指导要点
	1.动作舒展、协调； 2.注意力集中。

练习一：禁区内射门

场地设置		组织方法
场地	30m×15m	1. 教师将学生分成 2 人一组，共 20 组，每 5 组在一个场地练习；（图示以 5 组为例）
时间	10min：练习 3min，间歇 30s，共 3 组	2. 每组学生在指定区域标志盘处站位，其中一组学生负责守门，负责传球的两组每名学生 1 球，剩余两组学生负责接球射门；
器材	足球、标志盘、标志桶、球门	3. 每次练习时，左右两侧传球组学生先运球至标志桶后向禁区球门前传"回头球"，负责射门的学生每组分别有一名学生进行"包抄"射门；

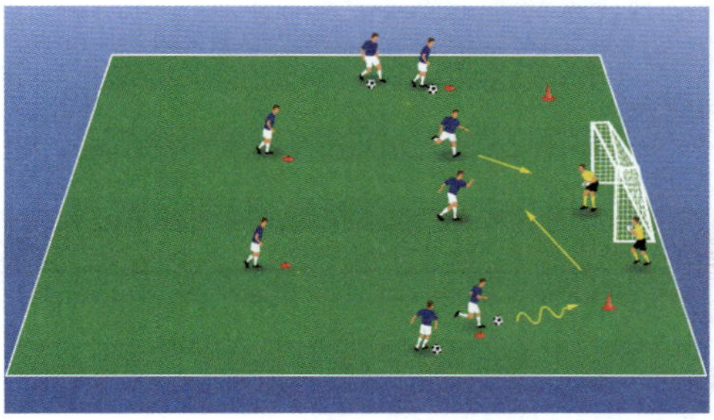

4. 每次练习结束后，每组参与练习的学生按逆时针方向轮转到队尾，传球组的学生将球捡回，依次循环练习。
指导要点
1. 传接球时注意相互交流呼应；
2. 首选脚内侧推射。

练习二：1V1 禁区内防守

场地设置		组织方法
场地	15m×15m	1. 教师将学生分成 5 人一组，共 8 组，每两组在一个场地练习，分为进攻组和防守组，进攻组其中 4 名每名学生 1 球；（图示以 2 组为例）
时间	15min：练习 3min，间歇 1min，共 4 组	2. 每次练习时，负责进攻的学生和负责防守的学生进入指定区域做好准备，当进攻组学生接球瞬间，防守队员开始靠近防守；
器材	足球、标志盘、标志桶、小球门	3. 进攻组学生进球得分，防守组学生将球破坏出区域得分；

4. 每次练习结束，双方互换队伍，依次循环练习。 变化：（1）改变场地大小； （2）改变组间时间。
指导要点
1. 注意防守站位，保护球门；
2. 抢球果断，但不能轻易丢失防守位置；
3. 延缓进攻，将进攻的学生向边线驱赶。

结束部分：放松拉伸

场地设置	组织方法
	1. 教师将学生分成 4 排横队，所有人之间一臂间隔，教师带领学生做放松拉伸；
	2. 总结时成密集队形；
	3. 值日生回收器材。

指导要点
1. 动作舒展、准确，身体放松；
2. 总结课堂内容，给予积极反馈。

第二十三课　小场地 5V5 比赛

技能目标：通过本节课的练习，提高学生在比赛中运用技术的能力。
体能目标：通过比赛，发展学生的速度和协调性。
情感目标：通过比赛，培养学生的团队合作精神和竞争意识。

场区设置（教师可依教学实际情况进行调整）	课程结构（40min）
	准备部分：10min 热身
	练习：25min 小场地 5V5 比赛
	结束部分：5min 放松拉伸

准备部分：热身	

场地设置		组织方法
场地	40m×30m	1. 绕场地进行慢跑热身；
时间	10min	2. 教师将学生分成 5 人一组，共 8 组；
器材	标志盘	3. 教师带领学生做行进间热身操；
		4. 行进间热身操包括：扩胸运动、振臂运动、体转运动、正面踢腿、侧面踢腿、小步跑、高抬腿等。

指导要点
1. 动作舒展、协调；
2. 注意力集中。

练习：小场地 5V5 比赛	
场地设置	组织方法
场地　25m×15m **时间**　25min：练习 10min，间歇 5min，共 2 组 **器材**　足球、球门 	1.教师将学生分为 5 人一组，共 8 组；（图示以 2 组为例） 2.8 组学生分别在编号为 1、2、3、4 的四块场地进行比赛，比赛分为两节，每节 10min； 3.第一节比赛结束后，1 号场地和 2 号场地的队伍随机交换比赛对手，3 号场地和 4 号场地的队伍随机交换比赛对手，继续进行第二节比赛。
	指导要点
	1.比赛中积极运用所学技术； 2.比赛中互相协作及交流； 3.比赛中互相鼓励，积极参与。

结束部分：放松拉伸	
场地设置	组织方法
	1.教师将学生分成 4 排横队，所有人之间一臂间隔，教师带领学生做放松拉伸； 2.总结时成密集队形； 3.值日生回收器材。
	指导要点
	1.动作舒展、准确，身体放松； 2.总结课堂内容，给予积极反馈。

第二十四课　身体素质练习

体能目标：通过练习，发展学生的协调性与快速反应能力。
情感目标：通过练习，使学生有参与身体素质练习的主动性和积极性。

场区设置（教师可依教学实际情况进行调整）	课程结构（40min）
	**准备部分：** 10min 热身
	练习一： 10min 平衡性练习
	练习二： 15min 快速反应练习
	结束部分： 5min 放松拉伸

准备部分：热身

场地设置		组织方法
场地	40m×30m	1. 绕场地进行慢跑热身； 2. 教师将学生分成5人一组，共8组； 3. 教师带领学生做行进间热身操； 4. 行进间热身操包括：扩胸运动、振臂运动、体转运动、正面踢腿、侧面踢腿、小步跑、高抬腿等。
时间	10min	
器材	标志盘	

指导要点
1. 动作舒展、协调； 2. 注意力集中。

练习一：平衡性练习		
场地设置		**组织方法**
场地	35m × 20m	1. 教师将学生分成 10 人一组，共 4 组；（图示以每组 2 名学生为例） 2. 第一组学生单腿支撑跨跳灵敏环； 3. 第二组学生单腿侧跳标志杆； 4. 第三组学生过敏捷梯进行步法练习； 5. 第四组学生单腿支撑进行跳栏； 6. 每组练习结束，按顺时针轮换至下一组练习。
时间	10min：练习 3min，间歇 30s，共 3 组	
器材	标志盘、灵敏环、标志杆、敏捷梯、栏架	
		指导要点
		1. 保持身体稳定，利用小肌肉群保持平衡； 2. 避免触碰标志物； 3. 每名学生之间衔接紧密。

练习二：快速反应练习		
场地设置		**组织方法**
场地	30m × 5m	1. 教师将学生分成 2 人一组，共 20 组；（图示以 1 组为例） 2. 每组学生相距 2m 的距离进行传球； 3. 听到教师哨音（一声哨音或两声哨音）后转身跑到标志盘或向对面的标志盘跑。 变化：（1）指定口令，一起向所指定方向跑； 　　　（2）根据学生的掌握情况，可缩短传球距离。
时间	15min：练习 3min，间歇 1min，共 4 组	
器材	足球、标志盘	
		指导要点
		1. 快速传球； 2. 听到指令后快速做出反应； 3. 快速识别口令。

结束部分：放松拉伸		
场地设置		**组织方法**
		1. 教师将学生分成 4 排横队，所有人之间一臂间隔，教师带领学生做放松拉伸； 2. 总结时成密集队形； 3. 值日生回收器材。
		指导要点
		1. 动作舒展、准确，身体放松； 2. 总结课堂内容，给予积极反馈。

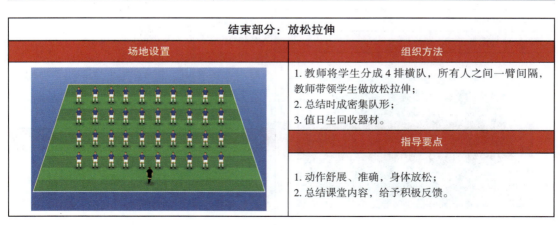

第二十五课 巩固 2V1 战术配合

场区设置（教师可依教学实际情况进行调整）	课程结构（40min）
	**准备部分：** 10min 热身
	练习一： 10min 组合传球
	练习二： 10min 2V1 配合
	结束部分： 5min 放松拉伸

准备部分：热身	
场地设置	**组织方法**

场地	40m × 30m	
时间	10min	1. 绕场地进行慢跑热身； 2. 教师将学生分成 5 人一组，共 8 组； 3. 教师带领学生做行进间热身操； 4. 行进间热身操包括：扩胸运动、振臂运动、体转运动、正面踢腿、侧面踢腿、小步跑、高抬腿等。
器材	标志盘	

	指导要点
	1. 动作舒展、协调； 2. 注意力集中。

练习一：组合传球	
场地设置	**组织方法**
场地 15m×15m 时间 10min：练习 2min，间歇 30s，共 4 组 器材 足球、标志盘 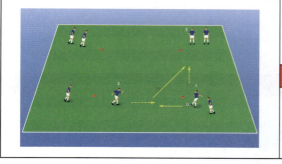	1. 教师将学生分成 8 人一组，共 5 组；（图示以 1 组为例） 2. 每个标志盘处 2 名学生依次传球； 3. 2 号学生将球传给 1 号学生后靠近接球，1 号学生回做后，跑向 3 号学生，2 号学生将球传给 1 号学生，完成"回传反切"2V1 配合； 4. 然后 2 号学生到 1 号学生的标志盘后面排队，1 号学生同样与 3 号学生做"回传反切"2V1 配合。 变化：转换传球方向；可根据传球质量增缩场地。 **指导要点** 1. 接球学生和传球学生对视并摆脱接应； 2. 传球学生根据接球学生的距离选择触球次数。 3. 传球学生根据与接球学生之间的距离选择摆腿幅度与速度，一次控制球速。

练习二：2V1 配合	
场地设置	**组织方法**
场地 15m×15m 时间 15min：练习 3min，间歇 1min，共 4 组 器材 足球、标志盘 	1. 教师将学生分为 20 人一组，共 2 组；（图示以 1 组为例） 2. 每个标志盘后面 5 名学生，红色标志盘为进攻学生，蓝色标志盘为防守学生； 3. 进攻学生每次派 2 名学生，防守学生每次派 1 名学生； 4. 由进攻学生持球； 5. 进攻学生 2V1 通过得分线 3 分，在规定区域传递 5 次 2 分，运球过线 1 分。 **指导要点** 1. 当防守学生靠近持球学生时，无球的同伴进行接应； 2. 当防守学生逐渐靠近，且无球的同伴进行接应时，持球学生进行传球； 3. 持球的学生根据防守学生和同伴的位置关系，选择跑动路线。

结束部分：放松拉伸	
场地设置	**组织方法**
	1. 教师将学生分成 4 排横队，所有人之间一臂横队，教师带领学生做放松拉伸； 2. 总结时成密集队形； 3. 值日生回收器材。 **指导要点** 1. 动作舒展、准确，身体放松； 2. 总结课堂内容，给予积极反馈。

第二十六课　提高 2V1 战术配合能力

场区设置（教师可依教学实际情况进行调整）	课程结构（40min）
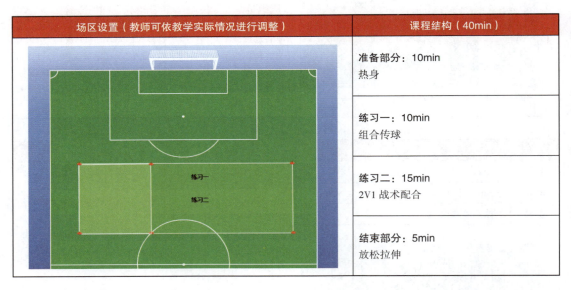	**准备部分：** 10min 热身
	练习一： 10min 组合传球
	练习二： 15min 2V1 战术配合
	结束部分： 5min 放松拉伸

准备部分：热身		
场地设置		**组织方法**

场地设置		组织方法
场地	40m×30m	1. 绕场地进行慢跑热身； 2. 教师将学生分成 5 人一组，共 8 组； 3. 教师带领学生做行进间热身操； 4. 行进间热身操包括：扩胸运动、振臂运动、体转运动、正面踢腿、侧面踢腿、小步跑、高抬腿等。
时间	10min	
器材	标志盘	

	指导要点
	1. 动作舒展、协调； 2. 注意力集中。

练习一：组合传球

场地设置		组织方法
场地	25m×25m	1. 教师将学生分成 10 人一组，共 4 组，每组 2 人 1 个球；（图示以 1 组为例） 2. 每组在规定区域内以标志桶作为障碍物，通过不同形式的 2V1 传接球绕过障碍物。
时间	10min：练习 3min，间歇 30s，共 3 组	
器材	足球、标志桶	
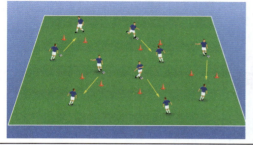		**指导要点**
		1. 互相呼应，注意观察； 2. 注意传球的力度和方向。

练习二：2V1 战术配合

场地设置		组织方法
场地	25m×25m	1. 教师将学生分成 10 人一组，共 4 组，组内分为两队，其中一队有名学生 1 球；（图示以 1 组为例） 2. 每次练习时，每队各一名学生同时出发，两名学生在标志桶处做"斜传直插"2V1 配合； 3. 每次练习结束，参与练习的学生将球捡回，返回队尾，依次循环练习。
时间	15min：练习 3min，间歇 1min，共 4 组	
器材	足球、标志盘、标志桶、小球门	
		指导要点
		1. 准确把握传球和跑动的时机； 2. 注意传球的力度和方向。

结束部分：放松拉伸

场地设置	组织方法
	1. 教师将学生分成 4 排横队，所有人之间一臂间隔，教师带领学生做放松拉伸； 2. 总结时成密集队形； 3. 值日生回收器材。
	指导要点
	1. 动作舒展、准确，身体放松； 2. 总结课堂内容，给予积极反馈。

第二十七课　提高脚背内侧长传球传接球技术

技能目标：通过本节课的学习，学生掌握脚背内侧长传球的传、接球技术。
体能目标：通过练习，发展学生的协调性和灵敏性。
情感目标：通过练习，增强学生的自信心，培养团队合作精神和竞争意识。

场区设置（教师可依教学实际情况进行调整）	课程结构（40min）
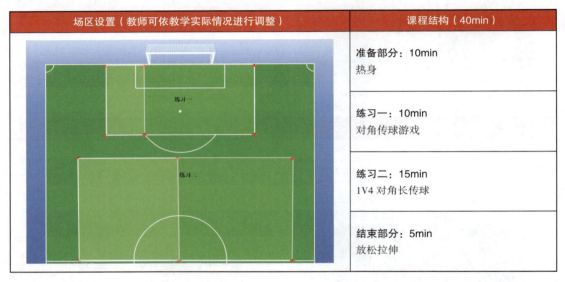	**准备部分：**10min 热身
	练习一：10min 对角传球游戏
	练习二：15min 1V4 对角长传球
	结束部分：5min 放松拉伸

准备部分：热身		
场地设置		**组织方法**
场地	40m×30m	1.绕场地进行慢跑热身； 2.教师将学生分成 5 人一组，共 8 组； 3.教师带领学生做行进间热身操； 4.行进间热身操包括：扩胸运动、振臂运动、体转运动、正面踢腿、侧面踢腿、小步跑、高抬腿等。
时间	10min	
器材	标志盘	
		指导要点
		1.动作舒展、协调； 2.注意力集中。

练习一：对角传球游戏

场地设置		组织方法
场地	20m×10m	1. 教师将学生分成 2 人一组，共 20 组；（图示以 4 组为例） 2. 学生面对面站立，进行直线距离 20m 长传接球游戏； 3. 1 号学生先拿球，哨声开始后，1 号学生将球传给 2 号学生，按顺序进行，接球学生接球停球后传球给下一名学生； 变化：比赛结束轮换下一组学生。
时间	10min：练习 3min，间歇 30s，共 3 组	
器材	足球、标志盘	
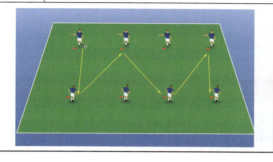		**指导要点**
		1. 接球前身体做好准备姿势； 2. 接球学生注意观察球的飞行轨迹，提前移动到位； 3. 接球与传球的衔接顺畅、迅速。

练习二：1V4 对角长传球

场地设置		组织方法
场地	40m×40m	1. 教师将学生分为 5 人一组，共 8 组；（图示以 2 组为例） 2. 2 组学生在对角标志盘区域等待教师口令。哨声开始，学生在标志盘区域进行 1 抢 4。根据时机和空当，传球学生一脚将球传向斜对面区域； 3. 接球学生接球后在规定区域 4 人间传球，寻找空当伺机传回。该区域第一次接长传球时，防守学生不得触球，之后可以进行抢断。 变化：（1）防守学生由消极防守到积极防守； 　　　　（2）可以通过扩大区域和增加防守学生数量来控制难易程度。
时间	15min：练习 3min，间歇 1min，共 4 组	
器材	足球、标志盘	
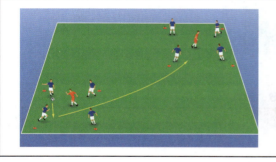		**指导要点**
		1. 接球与传球的衔接顺畅、迅速； 2. 接球学生接球后将球控制好。

结束部分：放松拉伸

场地设置	组织方法
	1. 教师将学生分成 4 排横队，所有人之间一臂间隔，教师带领学生做放松拉伸； 2. 总结时成密集队形； 3. 值日生回收器材。
	指导要点
	1. 动作舒展、准确，身体放松； 2. 总结课堂内容，给予积极反馈。

第二十八课　提高 1V1、2V1 技术能力

场区设置（教师可依教学实际情况进行调整）	课程结构（40min）
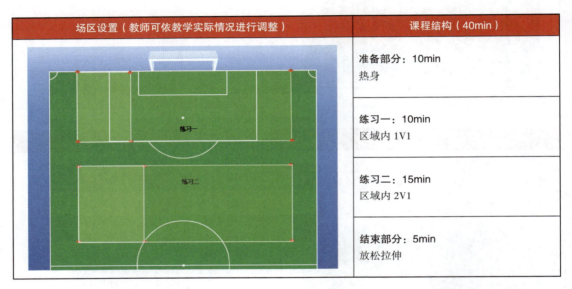	准备部分：10min 热身
	练习一：10min 区域内 1V1
	练习二：15min 区域内 2V1
	结束部分：5min 放松拉伸

准备部分：热身	

场地设置		组织方法
场地	40m × 30m	1. 绕场地进行慢跑热身； 2. 教师将学生分成 5 人一组，共 8 组； 3. 教师带领学生做行进间热身操； 4. 行进间热身操包括：扩胸运动、振臂运动、体转运动、正面踢腿、侧面踢腿、小步跑、高抬腿等。
时间	10min	
器材	标志盘	

指导要点
1. 动作舒展、协调； 2. 注意力集中。

练习一：区域内 1V1

场地设置		组织方法
场地	20m×15m	1. 教师将学生分成 8 人一组，共 5 组，组内分为红、蓝两队；（图示以 1 组为例） 2. 每次练习时，红队和蓝队分别一名学生进入区域内进行 1V1，其他学生分布在各自区域外，区域内有球的学生运球突破至对方区域底线处得分，无球学生抢断后同样运球突破至对方区域的底线处得分，其间区域外学生可通过传接球协助区域内学生进行 1V1，但区域外学生不能进入区域内； 3. 每次练习结束后，每组参与练习的学生与区域外学生互换角色，依次循环练习。
时间	10min：练习 3min，间歇 30s，共 3 组	
器材	足球、标志盘	

		指导要点
		1. 进攻时，突破要果断； 2. 充分利用区域外队友的协助。

练习二：区域内 2V1

场地设置		组织方法
场地	30m×20m	1. 教师将学生分成 10 人一组，共 4 组，组内分为红、蓝两队；（图示以 1 组为例） 2. 每次练习时，其中一队两名学生进入区域内负责进攻，另一队一名学生进入区域内负责防守，区域内形成 2V1，其他学生在区域外可通过传接球协助区域内的同队学生； 3. 进攻的学生进球得分，防守的学生抢断后进球得分； 4. 每次练习结束，每组参与练习的学生与区域外学生互换角色，红队进攻结束后蓝队进攻，依次循环练习。
时间	15min：练习 3min，间歇 1min，共 4 组	
器材	足球、标志盘、小球门	

		指导要点
		1. 充分利用人数优势； 2. 根据场景选择不同形式 2V1 配合。

结束部分：放松拉伸

场地设置	组织方法
	1. 教师将学生分成 4 排横队，所有人之间一臂间隔，教师带领学生做放松拉伸； 2. 总结时成密集队形； 3. 值日生回收器材。
	指导要点
	1. 动作舒展、准确，身体放松； 2. 总结课堂内容，给予积极反馈。

第二十九课 身体素质练习

体能目标：通过练习，发展学生的灵敏性、协调性、平衡性。
情感目标：通过练习，强化学生规则意识，学会调控情绪的方法。

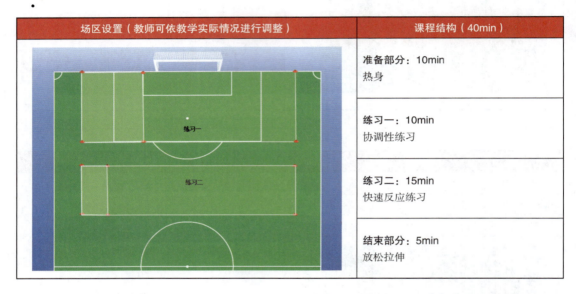

场区设置（教师可依教学实际情况进行调整）	课程结构（40min）
	准备部分：10min 热身
	练习一：10min 协调性练习
	练习二：15min 快速反应练习
	结束部分：5min 放松拉伸

准备部分：热身	
场地设置	**组织方法**

场地	40m × 30m
时间	10min
器材	标志盘

组织方法

1. 绕场地进行慢跑热身；
2. 教师将学生分成 5 人一组，共 8 组；
3. 教师带领学生做行进间热身操；
4. 行进间热身操包括：扩胸运动、振臂运动、体转运动、正面踢腿、侧面踢腿、小步跑、高抬腿等。

指导要点

1. 动作舒展、协调；
2. 注意力集中。

练习一：协调性练习

场地设置		组织方法
场地	20m×15m	1. 教师将学生分成 10 人一组，共 4 组；（图示以每组 2 名学生为例） 2. 第一组学生单腿支撑进行跨跳灵敏环； 3. 第二组学生单腿侧跳标志杆； 4. 第三组进行步行敏捷梯练习； 5. 第四组学生单腿支撑跳栏； 6. 各组从左到右轮换练习。
时间	10min：练习 3min，间歇 30s，共 3 组	
器材	灵敏环、标志杆、敏捷梯、栏架	

指导要点
1. 最快速度完成每组所要求的动作； 2. 避免触碰标志物； 3. 每名学生之间衔接紧密。

练习二：快速反应练习

场地设置		组织方法
场地	10m×5m	1. 教师将学生分成 4 人一组，共 10 组；（图示以 1 组 为例） 2. 每个标志盘处各站一名学生。中间的学生接球，两侧 的学生传球，另外一名学生出示标志盘； 3. 接球学生根据同伴所出示的标志盘颜色选择接球 方向； 4. 传球的学生根据出示的标志盘颜色快速反应并进行 传球。 变化：（1）不同高度、不同部位的来球； 　　　　（2）举红色标志盘，接蓝色标志盘学生的球。
时间	15min：练习 3min，间歇 1min，共 4 组	
器材	足球、标志盘	

指导要点
1. 抬头观察以最快速度收到指令； 2. 收到指令后快速做出决定； 3. 规范传球。

结束部分：放松拉伸

场地设置	组织方法
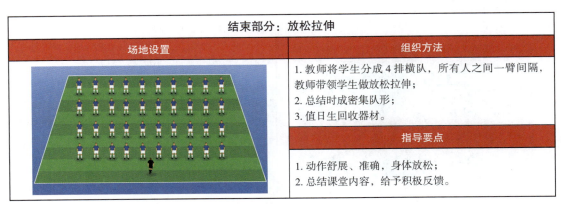	1. 教师将学生分成 4 排横队，所有人之间一臂间隔， 教师带领学生做放松拉伸； 2. 总结时密集队形； 3. 值日生回收器材。

指导要点
1. 动作舒展、准确，身体放松； 2. 总结课堂内容，给予积极反馈。

第三十课　小场地 5V5 比赛

场区设置（教师可依教学实际情况进行调整）	课程结构（40min）
	准备部分：10min 热身
	练习：25min 小场地 5V5 比赛
	结束部分：5min 放松拉伸

准备部分：热身	
场地设置	**组织方法**
场地　40m×30m	1. 绕场地进行慢跑热身；
时间　10min	2. 教师将学生分成 5 人一组，共 8 组；
器材　标志盘	3. 教师带领学生做行进间热身操；
	4. 行进间热身操包括：扩胸运动、振臂运动、体转运动、正面踢腿、侧面踢腿、小步跑、高抬腿等。
	指导要点
	1. 动作舒展、协调；
	2. 注意力集中。

练习：小场地 5V5 比赛		
场地设置		**组织方法**
场地	25m×15m	1. 教师将学生分为5人一组，共8组；（图示以2组为例） 2. 8组学生分别在编号为1、2、3、4的四块场地进行比赛，比赛分为两节，每节10min； 3. 第一节比赛结束后，1号场地和2号场地的队伍随机交换比赛对手，3号场地和4号场地的队伍随机交换比赛对手，继续进行第二节比赛。
时间	25min：练习 10min，间歇 5min，共 2 组	
器材	足球、球门	
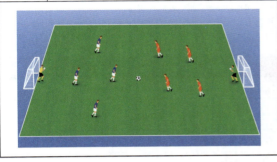		**指导要点**
		1. 比赛中积极运用所学技术； 2. 比赛中互相协作及交流； 3. 比赛中互相鼓励，积极参与。

结束部分：放松拉伸	
场地设置	**组织方法**
	1. 教师将学生分成4排横队，所有人之间一臂间隔，教师带领学生做放松拉伸； 2. 总结时成密集队形； 3. 值日生回收器材。
	指导要点
	1. 动作舒展、准确，身体放松； 2. 总结课堂内容，给予积极反馈。

第三十一课　运动营养与运动防护

知识目标：通过本节课的学习，使学生了解运动营养与运动防护基础知识。
情感目标：通过练习，提升学生健康意识、保护意识。

课程结构（40min）			
开始部分（5min）	内容一（15min）	内容二（15min）	结束部分（5min）
介绍本节课内容	运动饮食和运动补水	足球运动常见损伤与防护	总结

开始部分：介绍本节课内容				
组织方法				指导要点
时间	5min	地点	多媒体教室	1. 引导学生进入主题； 2. 了解学生关于运动营养与运动防护的知识储备； 3. 介绍本节课内容。
1. 提问； 2. 讲解。				

内容一：运动饮食和运动补水				
组织方法				指导要点
时间	15min	地点	多媒体教室	1. 足球比赛持续时间长，能量消耗大，运动后应及时补充含糖量较高的食物，青少年运动员注意补充蛋白质和维生素； 2. 运动前可适当补水，减少运动中因缺水导致的运动能力下降。运动中补水应注意少量多次。
1. 提问、讨论； 2. 观看视频学习。 变化：知识竞答。				

内容二：足球运动常见损伤与防护				
组织方法				指导要点
时间	15min	地点	多媒体教室	1. 校园足球常见运动损伤包括擦伤、挫伤、扭伤等； 2. 运动前积极热身，检查护腿板、足球鞋等装备是否齐全； 3. 运动中应提高保护意识，避免危险动作的出现； 4. 运动后注意保持足量的睡眠，加速恢复，促进生长发育； 5. 出现运动损伤应及时向教师反映情况，及时处理。
1. 提问、讨论； 2. 观看视频学习。 变化：辩论。				

结束部分：总结				
组织方法				指导要点
时间	5min	地点	多媒体教室	本节课学习的主要内容。
1. 提问； 2. 课堂作业。				

第三十二课　足球技能考试

技能目标：通过考试，考查学生的运球技术能力。
体能目标：通过考试，测试学生的速度、灵敏性、协调性等。
情感目标：通过考试，考查学生集中注意力的能力。

场区设置（教师可依教学实际情况进行调整）	课程结构（40min）
	准备部分：5min 热身
	考试一：15min 折线运球
	考试二：15min 运球踢准
	结束部分：5min 放松拉伸

准备部分：热身	
场地设置	**组织方法**

	场地设置	组织方法
场地	40m×30m	1.绕场地进行慢跑热身； 2.教师将学生分成5人一组，共8组； 3.教师带领学生做行进间热身操； 4.行进间热身操包括：扩胸运动、振臂运动、体转运动、正面踢腿、侧面踢腿、小步跑、高抬腿等。
时间	10min	
器材	标志盘	

	指导要点
	1.动作舒展、协调； 2.注意力集中。

考试一：折线运球	
场地设置	**组织方法**
<table><tr><td>场地</td><td>16m×8m</td></tr><tr><td>时间</td><td>15min</td></tr><tr><td>器材</td><td>足球、标志桶</td></tr></table>	1.考试场地与组织形式：考试区域 16m×8m 区域，分 2 队，2 人一组同时开始。 2.考试方法：听教师口令后，从起点线出发开始运球，依次绕过 5 个标志桶，以运球过终点线为考试结束。
	指导要点
	教师计时，对照评分标准给予相应成绩，测试 2 次，记录最佳成绩，漏桶则成绩无效。

考试二：运球踢准	
场地设置	**组织方法**
<table><tr><td>场地</td><td>25m×25m</td></tr><tr><td>时间</td><td>15min</td></tr><tr><td>器材</td><td>足球、标志盘、小球门</td></tr></table>	1.考试场地与组织形式：考试区域 25m×25m，以标志盘为起点，起点线距踢球区 5m，踢球区 5m×8m，踢球区距球门 15m，球门之间相距 5m，学生分 2 组持球站在起点线后。 2.考试方法：听教师口令后，从起点线开始运球，进入踢球区内，用脚内侧以地滚球的方式将球踢进球门。
	指导要点
	教师计分，在踢球区进行踢球得分有效，踢进中间球门得 10 分，踢进两侧球门得 20 分，累计相加为最终得分。每人 5 个球，记录总分。

结束部分：放松拉伸	
场地设置	**组织方法**
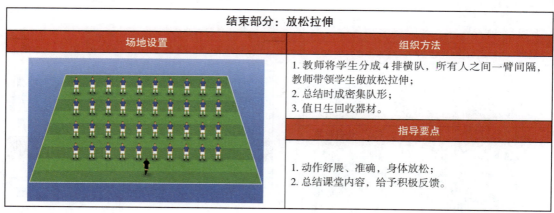	1.教师将学生分成 4 排横队，所有人之间一臂间隔，教师带领学生做放松拉伸； 2.总结时成密集队形； 3.值日生回收器材。
	指导要点
	1.动作舒展、准确，身体放松； 2.总结课堂内容，给予积极反馈。

评分标准											
考试内容	性别	单位	单项得分									
			100	90	80	70	660	50	40	30	20	10
折线运球	女	（秒）	≤ 11.1	11.2 ~ 12	12.1 ~ 12.8	12.9 ~ 13.6	13.7 ~ 14.2	14.3 ~ 14.7	14.8 ~ 15.3	15.4 ~ 15.9	16.0 ~ 16.5	≥ 16.6
	男		≤ 10.4	10.5 ~ 11.0	11.1 ~ 11.8	11.9 ~ 12.2	12.3 ~ 12.4	12.5 ~ 12.9	13.0 ~ 13.2	13.3 ~ 14.2	14.3 ~ 15.3	≥ 15.4
运球踢准	—	分	100	90	80	70	60	50	40	30	20	10

注：教师可根据学生掌握技能的实际情况对考试标准进行适度调整。

综合评分：折线运球得分 ×0.5+ 运球踢准得分 ×0.5。